공감하는 인간

호모 엠파티쿠스

데브 팻나이크 지음 | 주철범 옮김

HOMO EMPATHICUS

호모 엠파티쿠스

데브 팻나이크 지음 | 주철범 옮김

공감하는 인간

이상

공감하는 인간 호모 엠파티쿠스

2016년 2월 22일 초판 1쇄 인쇄
2016년 2월 29일 초판 1쇄 발행

지은이   데브 팻나이크
옮긴이   주철범
펴낸이   이상규
펴낸곳   이상미디어
등록번호 209-06-98501
등록일자 2008.09.30
주소   서울시 성북구 정릉동 667-1
대표전화 02-913-8888
팩스   02-913-7711
E-mail   leesangbooks@gmail.com
ISBN   979-11-5893-012-7

*본 도서는 2010년 출간된 《와이어드》의 개정판입니다.

차례

CHAPTER

01

공감능력을 잃어버린
사회의 비극

우리는 누구를 위해 일하는가?

1979년 어느 이른 아침, 뉴욕에 살고 있던 젊은 디자이너 패티 무어Pattie Moore는 평소와 다르게 행동하기 시작했다. 그녀는 침대에서 일어나자마자 자신을 노인처럼 보이도록 변장하고 있었다. 우선 자신의 몸을 보조기구에 묶어 허리가 굽게 만들고, 매혹적인 적갈색 머리카락은 흰색 가발로 감추었다. 눈썹도 노인처럼 회색으로 다시 그렸다. 게다가 진짜 노인처럼 보이기 위해 자신의 귀를 막아 잘 들을 수 없도록 했고 특수한 안경을 써서 앞도 잘 볼 수 없게 만들었다. 이렇게 자신의 실제 나이보다 세 배나 더 늙게 변신한 패티는 지팡이 하나를 들고 세상 밖으로 나갔다. 그녀는 자신이 살고 있던 그라머시 공원Gramercy Park 지역을 벗어나면서 지금껏 경험해보지 못했던 새로운 세상과 만나게 된다. 패티가 노인으로 변신하자 평소 친하게 지내오던 이웃들조차 낯설게 느껴졌다.

몇 주 전, 패티는 냉장고 신제품 디자인 회의에 참석했다. 당시 그녀는 코카콜라 병의 디자인으로 유명한 20세기 최고의 산업 디자이너 레이먼드 로위Raymond Loewy의 사무실에 막 입사한 신입사원이었다. 브레인스토밍 회의에 참석한 그녀는 다른 디자이너들이 냉장고 신제품의 콘셉트에 대해 의견을 나누는 것을 가만히 듣고 있었다. 잠시 후 그녀는 손을 들고 차분하게 자신의 생각을 말했다. 그녀는 그들이 신제품 디자인을 개발할 때, 관절염을 가지고 있거나 시력이 나쁜 사람들 혹은 늙어서 힘이 약해진 사람들의 입장을 고려하여 제품 디자인에 반영해야 한다고 주장했다.

어릴 때 할머니와 함께 산 패티는 그녀의 할머니가 요리를 포기해야만 했던 이유를 생생히 기억하고 있었다. 할머니는 나이가 들면서 몸이 점차 허약해지자 감자껍질을 벗기는 일, 우유팩을 여는 일, 냉장고 문을 여는 것조차 힘들어지자 직접 음식 만드는 것을 포기해야만 했다. 냉장고 신제품을 디자인하던 그녀는 할머니들이 나이가 들어서도 계속 요리할 수 있도록 도울 방법은 없는지 고민했던 것이다. 하지만 이런 패티의 의견에 대해 다른 디자이너들은 부정적인 반응을 보였다. 그녀가 의견을 말하는 동안 가만히 쳐다보고만 있던 한 디자이너가 대답했다. "이봐, 패티. 우리는 그런 사람들을 위해 디자인 하는 게 아니야."

바로 그 순간이 패티의 경력을 뒤흔들어놓을 줄은 아무도 몰랐다. 패티는 이 세상에 자신의 할머니와 같은 사람들이 많다는 것을 확신했다. 하지만 당시에는 그런 사람들을 위한 제품을 개발하려는 디자이너들이 거의 없었다. 그녀는 이런 상황을 바꾸겠다고 결심했지만 정작 자신도 노인들에 대한 진정한 이해와 공감empathy이 전혀 없다는 사실을 깨달았다. 그때까지 그녀는 노인들이 느끼는 것처럼 세상을 경험해볼 기회가 없었던 것이다. 이 때부터 그녀는 자신만의 독특한 실험을 계획하기 시작했다.

패티는 노인들이 느끼는 대로 세상을 경험하기 위해 모의실험을 계획했 다. 우선 그녀가 직접 노인이 되어 세상을 체험해봄으로써 다른 노인들이 세상을 어떻게 느끼는지 이해하는 것이었다. 그녀는 TV방송국 분장사로 있던 친구의 도움으로 자신을 85세 할머니로 변신시키는 데 성공했다. 그 녀는 노인으로 변신하자마자 세상의 많은 것들이 노인들을 위해 디자인되 어 있지 않다는 사실을 깨달았다.

약병은 손을 자유롭게 쓸 수 있는 사람 외에는 열기 어려웠고, 전화기는 손을 자유롭게 사용하지 못하는 노인들이 번호를 누르기에 힘들었다. 심 지어 시내버스를 타는 것조차 노인들에게는 너무 위험한 일이었다. 가끔은 낯선 사람들이 힘든 순간에 도움을 주기도 했지만 도움을 준 후 그들은 곧 떠나버렸다. 결국 노인을 위한 배려라곤 눈곱만큼도 없는 세상에 다시 홀 로 남겨진 그녀는 모든 것을 혼자 힘으로 해내야 했다. 더욱 견디기 힘들었 던 것은 사람들이 노인이 된 그녀를 무시하고 때로는 그녀를 농담의 대상 으로 삼았다는 점이었다. 그녀는 노인이 되자 더 이상 사회의 한 구성원으 로 대우받지 못한다는 사실이 서글펐다.

훗날 패티는 자신의 사업을 시작하면서 실험을 통해 직접 보고 듣고 절 실히 느꼈던 노인들의 고통을 자신의 디자인에 반영했다. 이 경험들은 패티 를 항상 고민하게 만들었다. 어디를 둘러보든지 개선할 수 있는 여지가 계속 그녀의 눈에 띄었다. 노인들을 위해 세상의 많은 부분들이 개선되어야 했던 것이다.

그녀의 실험은 3년 동안 계속되었는데, 캐나다와 미국 전역에 걸쳐 모두 100개 도시에서 몰래 진행되었다. 그녀의 실험방식은 매번 같았다. 아침에 잠자리에서 일어나면 노인으로 변장하고, 노인들의 시각으로 세상을 보는 것이었다. 패티는 이런 과정을 겪으면서 세상을 다른 시각으로 볼 수 있었다. 늙는다는 것은 본질적인 문제가 아니었다. 진짜 문제는 다른 데 있었다. 만약 우리들이 감자껍질 벗기는 기구를 제대로 사용할 수 없다면, 문제는 그 기구를 사용하는 사람이 아니라 그 기구 자체에 있다는 것이다. 또한 만약 우리들이 힘이 부족해서 문을 열지 못한다면, 문제는 우리의 나약한 근력이 아니라 바로 그 문에 있는 것이다. '장애'란 우리들이 만든 제품과 건축에 의해 충분히 극복될 수 있는 것이지 나이나 건강에 의해 결정되는 것은 아니지 않은가.

패티의 경험은 평소 일상적인 업무방식에 길들여져 있던 디자이너들에게 전혀 새로운 세상을 열어주었다. 이와 동시에 오랫동안 그 누구도 생각하지 못했던 엄청난 사업 기회도 찾을 수 있었다. 이후 그녀의 실험을 바탕으로 보잉Boeing, 머크Merch, 도요타Toyota와 같은 다양한 기업들이 자신들의 제품을 새롭게 개선하여 제품을 차별화함으로써 기업을 성장시키고 수익을 극대화할 수 있었다. 대부분의 기업들이 그때까지 믿어왔던 것과는 달리 노인들은 단순한 틈새시장이 아니라는 사실이 증명된 것이다. 노인들이 가지고 있는 욕구도 우리 모두가 가지고 있는 일반적인 욕구와 결코 다르지 않다. 노인들이 보다 쉽게 열 수 있는 문을 개발하는 것이 결국 젊은이와 노인을 포함한 모든 사람들의 삶을 더욱 편하게 해주는 일이기 때문이다.

패티 무어는 자신의 실험을 통해서 각계각층에 존재하는 수많은 사람들이 좀 더 살기 좋은 세상을 만드는 데 기여했다. 그리고 이를 통해서 우리들이 주변 세상과 공감할 때 지금까지 보이지 않던 뜻밖의 기회를 찾아낼 수 있다는 매우 중요한 사실을 증명한 것이다. 공감한다는 것은 개인적인 차원에서 보면, 다른 사람의 입장에서 생각하고 판단할 수 있는 능력을 기르는 일이다. 동시에 회사나 큰 조직의 입장에서 보면, 그들이 높고 두터운 담으로 둘러쌓은 세상에 나머지 세상을 끌어들이는 방법을 찾는 것이다.

타인을 배려하는 본능을 잃어버렸는가?

이 책은 왜 기업이나 다른 모든 조직들이 자신만의 틀을 벗어나 다른 사람들과 공감하는 능력을 발휘할 때 성장하는지 설명할 것이다. 또한 직원들과 외부와의 연결이 끊어질 때 왜 수많은 조직들이 그렇게도 방향을 잃고 경영악화에 시달리는지 살펴볼 것이다. 인간은 본질적으로 사회적 동물이다. 게다가 우리의 뇌는 다른 사람들이 느끼고 생각하는 바를 이해할 수 있도록 미묘하고도 복잡한 구조로 진화해왔다. 즉 우리는 모두 타인을 배려하는 본능적 성향을 가지고 있다. 우리들은 자신의 결정이 주변 사람들에게 영향을 미친다는 점을 알고 있기 때문에 더 좋은 의사결정을 하기 위해 남을 배려하는 본능에 의존한다. 하지만 불행히도 이런 본능은 큰 조직에서는 제대로 발휘되지 않을 때가 많다. 조직 내에 인위적으로 만들어진 시스템으로 인해 개인의 본능적인 직관을 잃어버려 조직 밖에서 어떤 일이 벌어지고 있는지 알아차릴 수 없게 된다. 따라서 기업이라는 조직은 더욱 고립되기 쉽다. 이런 본능적인 감각을 잃게 되면 대학들도 현실과 동떨어진 이상적인 세계로 매몰되고, 정치인들은 선거운동에서 다른 사람들의 의견을 완전히 무시하고 자신만의 주장을 내세우게 된다. 이런 자기 고립은 결국 재앙과도 같은 결과를 초래한다. 기업, 대학, 정치권 모두 이윤과 명성 그리고 정치적 지지를 얻기 위해서 외부 세계와 연결되고 거기에 의존해야 함을 잊어서는 안 된다.

　조직 내에 있는 사람들이 본능적인 직관을 더욱 발전시켜 외부세계에서 벌어지고 있는 일들에 대해 잘 알게 되면, 경쟁자들보다 더 빨리 성장을 위한 새로운 기회를 찾을 수 있다. 본능적인 직관을 가진 조직은 다른 경쟁자들이 〈월 스트리트 저널Wall Street Journal〉을 통해 기회를 찾는 것보다 훨씬 더 빠르고 정확하게 새로운 기회를 발견한다는 것이다. 그들은 새로운 것을 추구하는 데 따르는 위험을 감수할 수 있는 용기가 있으며, 그들의 행동이 중요한 사람들에게 어떤 영향을 미칠 것인지에 대해 본능적 직관을 가지고 있다. 여기서 중요한 사람이란 그들의 제품을 구입하는 구매자인 동시에 그들의 브랜드에 상호영향을 주고받으며 결국 그들에게 퇴직연금을 제공해주는 고객들이다! 이와 같은 본능적 직관은 기업들이 지금까지 사용해온 그 어떤 시장조사보다 훨씬 더 효과적이다. 조직 내에 형성된 폭넓은 공감은 그 조직의 기업문화에 영향을 주고, 조직원들에게 명확한 소명을 제시한다. 이를 통해 기업은 쓸데없는 부분에 대한 무의미한 논쟁을 줄일 수 있다. 이와 더불어 공감능력은 조직원들이 윤리적으로 올바르게 행동하도록 도와준다. 이것은 결코 사내 규정과 행동지침만으로 조직원들을 이끌 수 없는 부분이다.

일반적인 시각으로 보면 이 책은 경영학 서적이다. 하지만 이 책은 사업가, 교육자, 디자이너, 마케팅 담당자, 정치가, 운동선수 그리고 일반 시민에 이르기까지 모든 사람들과 관련된 내용을 담고 있다. 가장 먼저 우리 모두가 원래부터 가지고 있는 '다른 사람의 입장에서 생각할 수 있는 본능'을 어떻게 발전시킬 수 있는지 찾아볼 것이다. 그리고 거대한 조직이 그들을 둘러싸고 있는 세계와 연결되기 위해 필요한 다양한 공감능력도 알아볼 것이다. 이를 통해 생성된 폭넓은 공감을 성장과 변화의 엔진으로 활용하는 방법을 모색하고자 한다.

우리는 이 물음에 대한 답을 찾아가는 과정에서 큰 조직들이 외부세계와 단절되는 이유와 다시 공감능력을 찾는 방법, 그 결과가 어떻게 변하는지도 알아볼 것이다. 이를 위해 우리는 세계에서 가장 오래된 회사 중 하나인 질지언(Zildjian, 드럼과 심벌 등 악기를 만드는 회사)을 찾아가 그들이 터키 왕족부터 필라델피아의 힙합그룹에 이르기까지 수많은 슈퍼스타급 고객들과 관계를 유지하며 400년 동안이나 계속 성장해온 비결을 캐낼 것이다. 또한 두뇌의 신경시스템 속으로 깊숙이 들어가 공감능력을 형성하는 생물학적 근거를 찾아 여행할 것이다. 우리가 다른 사람들이 느끼는 바를 똑같이 느낄 수 있도록 해주는 거울신경과 대뇌 변연계의 작용에 대해서도 알아야 할 필요가 있다. 그리고 복잡하고 때로는 상충적인 정보의 진탕 속을 헤쳐 나갈 수 있는 영민함을 배우기 위해 제임스 카빌James Carville, 존 매케인John McCain과 같은 정치인들도 살펴볼 것이다. 이외에도 우리는 아이비엠IBM, 타깃Target, 인텔Intel과 같은 대기업에 대해서도 알아보고, 농산물시장과 종교회의에 대해서도 살펴볼 것이다. 모든 것들을 살펴보고 나면, 수치적인 데이터와 간접적인 정보들이 직접적인 경험과 인간 사이의 연결을 대신할 수 없다는 사실을 다시 깨닫게 될 것이다.

이 책은 크게 세 부분으로 구성되어 있다. 1~3장에서는 공감하는 능력이 왜 중요한가를 다룬다. 무엇 때문에 많은 조직들이 세상을 보는 올바른 시각을 잃게 되었으며, 어떻게 외부와 다시 연결될 수 있는지 알아볼 것이다. 4~7장에서는 사람들이 다른 사람들과 공감하고 연결되려는 이유와 대규모 조직 내에 공감능력을 확산할 수 있는 방법을 제시한다. 8~11장에서는 공감능력이 조직 내 충만할 때 얻을 수 있는 보상에 대해 다룰 것이다. 공감능력을 되찾으면 왜 기업들이 더 빨리 성장 기회를 찾아내고 지속적으로 발전할 수 있는지 알려준다. 조직의 구성원들이 윤리적으로 행동하도록 이끄는 원리를 설명하는 한편, 공감능력이 조직 내의 구성원들에게 스며들어가는 과정도 살펴볼 것이다.

나는 지금까지 세상에서 가장 혁신적인 기업, 재단 그리고 공공기관의 최고경영자들과 함께 일할 수 있는 특권을 누렸다. 그 중 몇몇은 신문이나 잡지 등에서 흔히 볼 수 있을 정도로 유명한 사람들이며, 나머지는 우리가 지금까지 한 번도 들어보지는 못했지만 반드시 알아야 할 사람들이다. 또한 나는 스탠퍼드 대학에서 경영학과 학생들과 디자인을 전공하는 학생들을 가르치기도 하는데, 기업으로부터 혁신에 대한 강의를 해달라는 요청을 많이 받았다. 그때마다 나는 요즘 기업들의 문제는 혁신이 부족한 것이 아니라 공감능력이 부족한 것이라고 답해주었다. 물론 상대방이 장난감 디자이너인지 아니면 정유회사의 임원인지에 따라 다양한 반응을 보였다. 기업을 운영하는 사람들이 시대의 조류에 맞추어 경영에서 인간적인 면을 강조한 정책이나 자료를 재빠르게 발표할 때면 나는 놀라움을 금치 못했다.

그러나 공감능력은 연례보고서나 연하장에 포함되어 있는 추상적이고 애매한 개념 이상의 것이다. 공감능력은 자신만의 틀에서 벗어나 다른 사람들의 시각으로 세상을 보는 능력이다. 공감은 그 동안 위대한 기업들의 성장엔진으로서 그 역할을 다했지만 막상 공감능력 자체는 조명을 받은 적이 없었다.

자동차 주차금지 구역이라고? : 할리 데이비슨

다른 사람들과 공감할 수 있는 가장 간단한 방법은 바로 그들처럼 생각하고 판단하는 것이다. 지금까지 이루어진 많은 연구에 따르면, 소녀는 소녀를 더 잘 이해할 수 있으며, 소년은 소년을 더 잘 이해할 수 있다는 사실이 밝혀졌다. 또 비슷한 정치적 성향을 가진 사람들끼리는 비슷한 소통능력을 가지고 있다. 여기에서 알 수 있듯이 기업이 고객과 공감할 수 있는 가장 손쉬운 방법은 자신들의 고객을 직원으로 고용하는 것이다. 할리 데이비슨 Harley-Davidson이야말로 직원들이 오토바이를 몰아본 경험을 바탕으로 고객들과 폭넓은 공감대를 형성한 대표적인 기업이다. 그들의 공감은 본사 주차장에서부터 시작된다.

모든 회사의 주차장은 그 회사에 대해 많은 것을 알려준다. 회사의 주차장을 보면 그 조직의 계급체계, 지향하는 가치 그리고 그 회사가 세상을 어떻게 바라보는지 알 수 있다. 어떤 회사들은 주차장의 가장 앞자리를 고객을 위해 비워놓는 반면, 다른 회사들은 주차장의 가장 좋은 자리를 경영진에게 제공한다. 위스콘신 주 밀워키에 있는 할리 데이비슨 본사 주차장을 방문한 사람들은 누구나 회사가 가장 중요하게 생각하는 부분을 표지판에서 발견할 수 있다. '케이지(Cage) 주차금지. 오토바이만 주차 가능!' 속어인 케이지를 모르는 고객들을 위해 친절하게 오토바이만 주차 가능하다고 다시 써놓은 것이다. 케이지란 오토바이족들끼리 자동차를 일컬을 때 쓰는 그들만의 은어로, 그들은 자동차가 사람들을 광활하게 열린 세상으로부터 격리시킨다고 생각한다. 기회가 된다면 위스콘신 공항에 내려서 포드 자동차 토러스Taurus를 빌린 다음 할리 데이비슨 본사까지 직접 운전해 가보라. 할리 데이비슨에 도착하면 주차장관리 담당직원으로부터 다음과 같이 친절한 설명을 듣게 될 것이다. "할리 데이비슨에 잘 오셨습니다. 주차는 건물 뒤편에 해주십시오."

본사를 방문해본 사람들은 주차장에서 처음 접한 할리 데이비슨의 규칙이 앞으로 그곳에서 경험하게 될 모든 것을 말해준다는 사실을 깨닫게 된다. 회사의 전폭적인 지지 덕분에 탄생할 수 있었던 할리 데이비슨만의 독특한 사무실 분위기는 오토바이 문화를 보여주는 성지와 같다. 어디서나 볼 수 있는 평범한 사무실의 통로를 걷다 보면, 각종 오토바이 사진과 사인들 그리고 멋지게 색칠된 오토바이 연료탱크들이 끝없이 진열되어 있다. 또한 한쪽 벽에는 직원들 중 한 명이 최근 오토바이를 타고 플로리다에 있는 해변에 갔을 때 찍은 기념사진이 붙어 있다. 다른 쪽 벽에는 매년 수십만 명의 오토바이족들이 참가하는 오토바이 경주대회에서 사용되는 각종 깃발과 걸개그림들이 자랑스럽게 전시되어 있다.

본사 건물 내 각 층의 명칭은 브이-트윈V-Twin이나 이볼루션Evolution과 같은 예명을 갖고 있는데, 이는 모두 할리 데이비슨이 생산한 다양한 엔진들의 이름에서 따왔다. 건물뿐만 아니라 회의실 탁자도 4개의 엔진 위에 두꺼운 유리판을 올려놓아 만들었고, 빌딩 한 쪽에서는 실제로 가죽 냄새가 나기도 한다.

흥미로우면서도 튀지 않는 할리 데이비슨 본사의 오토바이 관련 기록들은 단순히 외부인들에게 보여주기 위한 과시용이 아니다. 본사 벽면에 게시되어 있는 모든 사진들은 할리 데이비슨을 타는 사람들이 오랫동안 써내려간 비망록이며, 그들의 마음을 담고 있는 하나의 메시지다. 이 안에서 고객과 직원들은 모두 하나가 된다. 또한 사무실 안에 있는 모든 직원들은 예외 없이 할리 데이비슨의 로고와 오토바이 대회가 열리는 지역의 각종 지명으로 장식된 티셔츠와 조끼를 입고 있는데, 이러한 복장은 할리 데이비슨의 생활방식을 표현하는 데 기여하고 있다.

할리 데이비슨에서 가장 놀라운 점은 생산 현장의 엔지니어부터 재무담당자까지 회사 내의 모든 구성원들이 자신들의 고객인 오토바이족에 대한 직관적인 이해력을 가지고 있다는 것이다. 회사는 직원과 고객 사이에 형성되어 있는 이런 관계를 중요하게 생각하여 각 부서의 팀장들에게 되도록 많은 시간을 오토바이족들과 함께 보낼 것을 요구했다. 하지만 할리 데이비슨에서 일하기 위해서 반드시 오토바이를 타야 하는 것은 아니다. 실제로 회사 내의 많은 사람들은 오토바이를 전혀 탈 줄 모른다. 그러나 할리 데이비슨은 직원들에게 회사가 중요시하는 그들만의 가치를 심어줄 수 있었다. 즉, 할리 데이비슨은 단순히 오토바이를 타는 사람들을 직원으로 고용함으로써 고객과 공감한 것이 아니다. 오토바이를 타지 못하는 사람들도 오토바이족들과 공감할 수 있도록 도와준 것이다. 할리 데이비슨 본사를

19

방문한 사람들은 누구나 할리 데이비슨의 경영철학에 따르면 자동차는 할리 데이비슨에서 환영받지 못한다는 사실을 주차장에서부터 깨닫게 된다.

지금까지 할리 데이비슨의 경영실적이 가장 좋았던 기간은 1986년부터 2006년까지 약 20년간이다. 당시는 미국의 대표적인 자동차 제조업체들이 수십억 달러의 천문학적인 손실을 기록하며 역사상 최대 인원을 감원하던 때였다. 하지만 그 힘든 시기에도 할리 데이비슨은 거침없이 10퍼센트 이상의 성장을 기록했다. 당시 대부분의 사람들은 미국 제조업체들이 높은 인건비와 지나친 복지 혜택 때문에 경영상의 어려움을 겪고 있다고 믿고 있었다. 그러나 할리 데이비슨은 노동조합에 가입되어 있는 위스콘신 본사 직원들에게 과거와 다름없이 업계 최고의 급여를 지급하고 있었다. 할리 데이비슨이 생산한 오토바이는 일본과 유럽의 경쟁자들이 만든 제품에 비해 훨씬 더 높은 가격으로 팔렸을 뿐만 아니라, 오토바이를 타는 사람들은 할리 데이비슨이 생산하는 모든 제품을 앞 다투어 샀다. 얼마 지나지 않아 할리 데이비슨이 생산한 오토바이는 모든 오토바이들 중에서 타의추종을 불허하는 독보적 위치에 서게 되었다. 그리고 다른 오토바이들과 차별되는 할리 데이비슨만의 독특한 엔진 소리와 그들이 제공하는 자유로운 삶은 오토바이족들의 경외의 대상이 되었다. 할리 데이비슨이 오랫동안 지속적으로 성장했던 시기와 그들이 폭넓은 공감 형성을 핵심전략으로 추진했던 시기가 일치하는 것은 결코 우연이 아니다.

할리 데이비슨이 이처럼 성공하기 전에는 매우 어려운 처지에 놓여 있었다. 강력한 일본 기업들이 더 싸고 더 가벼운 제품들을 앞세워 할리 데이비슨의 시장을 잠식해오면서 할리 데이비슨의 모든 제품군들이 타격을 받아 회사는 도산 직전에 처해 있었다. 할리 데이비슨은 이와 같은 위기를 극복하기 위해 그들의 제품을 타는 오토바이족들의 입장에서 생각하고 판단하여 제품을 개발하고 생산하기 시작했다. 이를 통해 그들은 할리 데이비슨 제품을 소유하고 있는 사람들을 할리 데이비슨을 선전해주는 복음전도사 집단으로 만들 수 있었다. 더 나아가 할리 데이비슨은 자신을 미국의 자유를 상징하는 아이콘으로 승화시켰다. 이 과정에서 오토바이족들과 오랫동안 쌓아왔던 폭넓은 공감대는 직원들이 의사결정을 하는 데 큰 도움이 되었다. 할리 데이비슨은 성장을 위한 새로운 기회를 경쟁자들보다 훨씬 빠르게 찾아내고 상업화하는 데 성공했다. 그들은 성공에 대한 확신이 부족할 때에도 과감히 새로운 사업에 착수했다. 그 결과 그들은 세상에 있는 모든 조직들이 부러워하는 높은 고객충성도를 갖게 되었다.

할리 데이비슨처럼 조직 전반에 공감능력이 확산된다면 흥미로운 현상이 일어난다. 조직이 외부세계와 형성한 견고한 연대는 시간이 지남에 따라 생산자와 소비자의 구분, 우리와 그들 사이의 구분을 모호하게 만든다. 할리 데이비슨의 경우, 오토바이족이기도 한 직원들 중 대다수가 자신들의 제품을 구입하는 사람들을 고객이 아닌 오토바이족이라 부른다. 할리 데이비슨의 서비스 부문 책임자였던 라라 리Lara Lee의 말은 이 점을 잘 보여준다. "우리들은 고객들이 무엇을 원하느냐를 두고 고민하지 않습니다. 우리가 바로 그들이고, 그들이 곧 우리이기 때문이죠."

할리와 오토바이족들 사이에 형성된 견고한 연대를 바탕으로 수십 년간 지속된 높은 성장률이 차츰 느려지던 2007년, 그들은 회사의 지속적인 성장을 좌우할 장기적 과제와 마주하게 된다. 그것은 바로 자신의 부모들이 타던 오토바이를 더 이상 타고 싶어 하지 않는 새로운 세대들과 어떻게 공감하고 연결될 것인가 하는 문제였다.

8살짜리 소녀의 눈으로 바라본 세상 : 아메리칸 걸

위와 같이 할리 데이비슨이 처한 위기는 다른 조직들도 대부분 경험하게 된다. 자신의 고객 입장에서 생각하고 느낀다는 것은 쉬운 일이 아니기 때문이다. 예를 들어, 매우 위중한 환자들을 위해 치료제를 만드는 제약회사를 생각해보라. 환자들의 고통을 이해하기 위해 그 환자들과 같은 위중한 병을 앓을 수는 없지 않은가. 성공하기 위해서는 단순히 옆에서 지켜본 바를 제품에 반영하는 것 이상의 노력이 필요한데, 이와 같은 경우에는 고객의 입장이 되기 어렵다. 이런 경우에도 계속 성장하기 위해서는 자신만의 틀을 깨고 나와 다른 사람들의 시각으로 세상을 바라봐야 한다.

아메리칸 걸American Girl의 수석 디자이너였던 지나 비비Gina Beebe는 이 일을 어느 누구보다 훌륭히 해냈다. 그녀의 회사는 어린 소녀들을 대상으로 인형 제작과 출판을 하고 있었다. 그들의 인형과 책은 어린 소녀들과 부모들로부터 큰 관심과 사랑을 받았다. 아메리칸 걸은 독특한 상상력의 소유자인 플리전트 로랜드Pleasant Rowland에 의해 설립되었는데, 그는 소녀들의 반려자인 인형과 소녀들이 성장하면서 교훈을 배울 수 있는 다양한 이야기들을 만드는 데 평생을 바쳤다. 그들이 생산하는 인형은 1764년에 살았던 미국 원주민 네즈퍼스Nez Perce족의 '카야'라는 이름의 소녀부터 1974년에 샌프란시스코에서 이혼한 부모와 함께 살았던 '줄리'에 이르기까지 각기 다른 시대와 장소에서 살았던 소녀들을 보여준다.

공감하는 인간, 호모 엠파티쿠스

이처럼 아메리칸 걸은 단순히 예쁜 인형을 만드는 것 이상의 일을 해왔다. 그들은 소녀들이 세상을 바라보는 시각과 딱 맞아떨어지는 인형과 책을 만들어냄으로써 소녀들이 자신도 모르게 그 속으로 빠져들게 만들었다. 하지만 이 일은 시간이 흐를수록 더욱 어려워졌다. 언젠가 나는 지나에게 어떻게 어린 소녀들에게 딱 맞는 인형과 책을 만들어낼 수 있었는지 그 비법을 물어본 적이 있다. 조금은 엉뚱한 질문에 그녀는 잠시 생각한 후 웃으며 대답했다. "보다시피…… 뭐, 저는 원래 그런 사람이에요." 그녀는 많은 소녀들이 아메리칸 걸의 새 인형과 책들을 사기 위해 몰려드는 것을 보는 것이야말로 가장 즐거운 일이라고 말했다.

그녀는 주로 소녀들이 회사로 보내온 편지를 읽으면서 시간을 보낸다. 또 회사는 소녀들이 보내온 편지들을 회사 직원 모두가 볼 수 있도록 복도에 게시해 놓는다. 이를 통해 지나와 아메리칸 걸의 직원들은 그들의 제품을 사는 소녀들에 대해 감정이입을 하며 그녀들이 생각하고 느끼는 바를 알 수 있다.

자신의 틀을 깨고 다른 사람의 시각으로 세상을 보는 것은 여러 종류의 사람들과 공감할 때 더욱 필요하다. 예를 들어, 의사는 자신과 비슷한 나이의 환자들과만 공감해서는 안 된다. 마찬가지로 교사도 자신과 성별이 같거나 생각이 같은 학생들만 가르칠 수 없다. 다양한 종류의 수많은 고객들을 대상으로 하는 회사는 제품에 어느 한 사람의 생각만을 반영해서는 안 된다. 다양한 종류의 사람들과 폭넓게 공감할 수 있는 능력은 기업의 장기적인 성공과 지속적인 생존을 결정하는 중요한 요인이 된다.

여덟 살 소녀들의 생각을 읽어내는 지나 비비와 동료들의 능력이야말로 아메리칸 걸의 성공 비결이다. 그들은 자신의 생각은 한편으로 제쳐 놓고, 언제 어디서든 여덟 살짜리 소녀들이 세상을 어떻게 보는지에 대해 고민했다. 이것은 매우 효과적인 방법이긴 하지만 완전히 새로운 방법은 아니다. 실제로 데일 카네기Dale Carnegie는 거의 100년 전에 이 방법을, 그의 저서인 《카네기 인간관계론How to win friends and influence people》에서 이미 언급했다. 우리는 카네기가 쓴 책을 처음 읽을 때, 특별히 놀랄만한 내용도 없을뿐더러 복잡하게 생각할 필요도 없다는 사실을 발견하게 된다. 사실 그의 논지는 매우 단순하다. 만약 다른 사람들이 당신에게 관심을 가져주기를 원하면, 당신이 먼저 그 사람들에게 진지하게 관심을 쏟아야만 한다는 것이다.

이 교훈은 지나치게 직설적이지만 커다란 의미를 담고 있다. 파티에서 누군가 나에게 다가와 내가 어떤 사람인지, 나의 가족들은 어떻게 지내고 있는지, 최근에 본 영화는 무엇인지 그리고 내가 하고 있는 일이 최근에 어떻게 진행되는지 물어올 경우, 나는 상대방이 내 곁을 떠나기까지 계속 이런 생각에 빠져 있을 것이다. '참 흥미로운 사람을 만났는걸.' 그 이유는 우리에게 가장 관심 있는 분야는 바로 나 자신이며, 그와 나는 가장 흥미로운 주제에 대해 서로 대화를 나누었기 때문이다. 자신에게 관심을 보이는 사람에게 관심을 가지는 것은 인간의 본능이다. 이렇게 간단한 충고만 잘 따른다면, 누구나 다른 사람들에게 더욱 매력적인 존재로 탈바꿈할 수 있으며, 기업도 마찬가지로 큰 효과를 거둘 수 있다. 만약 다른 사람들이 정말로 원하는 상품과 서비스를 생산하고 싶다면, 자신의 생각은 제쳐 놓고 다른 사람들의 삶과 사고에 대해 관심을 가지고 지켜보라.

이처럼 기업이 고객을 비롯하여 다른 사람들과 깊이 공감하면 성장률이 높아지는 것 말고도 다른 효과를 얻게 된다. 그것은 바로 직원들에게 일의 의미를 제공해준다는 것이다. 우리는 대부분 자신이 하고 있는 일의 진정한 의미를 느끼지 못하고 있다. 많은 회사들이 매력적인 연봉을 지급하고 충분한 휴가와 완벽한 의료보험제도 그리고 퇴직연금까지 제공하고 있지만, 아쉽게도 우리가 매일 하고 있는 일이 세상에 어떤 영향을 미치는지에 대해서는 거의 보여주지 못한다. 우리는 자신과 가족의 생계를 꾸려간다는 목적 이외에 매일 아침 일찍 일어나 각자의 회사로 출근하는 뚜렷한 이유를 알지 못한다. 하지만 기업이 고객과 공감하기 시작하면 성장률 상승과 같은 경제적인 효과를 얻으면서 동시에 직원들은 매일 수행하는 일상적인 업무가 자신과 다른 사람들의 삶을 어떻게 바꿀 수 있는지 깨닫게 된다. 이것이야말로 공감이 조직과 개인에게 주는 최고의 보상이다.

누구를 위해 개발하고 있는가? : 엑스박스와 준

우리는 지금까지 개인들이 공감을 통해 얼마나 다른 관점으로 세상을 볼 수 있는지 몇 가지 예를 살펴보았다. 이제 공감이라는 키워드가 변화무쌍한 벤처업계에서 얼마나 큰 역할을 하는지 살펴보고자 한다. 지금부터 함께 살펴볼 이야기는 세상에서 가장 큰 회사 중 하나인 마이크로소프트와 관련된 것이다.

IT산업의 거물인 마이크로소프트는 시장규모가 별로 크지 않은 게임기 시장에 특별한 관심을 기울이지 않았다. 하지만 1999년 봄이 되자, 게임기 관련 산업은 마이크로소프트가 더 이상 무시하기 어려울 만큼 크게 성장했다. 마이크로소프트의 경영진은 아타리Atari와 닌텐도Nintendo를 게임기 산업의 개척자라고 생각했다. 이들은 초기에 소규모에 지나지 않았던 게임기 시장을 개척하고, 게임기용 게임의 수많은 열성팬들을 만들어냈다. 이 때문에 게임기 제작뿐만 아니라 게임기용 소프트웨어의 수익성도 높아져 전체 게임기 관련 산업은 빠르게 성장할 수 있었다.

하지만 1990년대 중반 들어 게임기 산업을 완전히 다른 차원으로 발전시킨 것은 바로 소니Sony였다. 소니는 자신들이 보유하고 있는 엄청난 기술력을 게임기에 접목하여 플레이스테이션PlayStation을 세계적으로 성공시킬 수 있었다. 그 후 소니는 플레이스테이션1의 성공을 바탕으로 플레이스테이션2의 출시를 준비하고 있었다. 플레이스테이션2는 이전에 출시되었던 게임기들과는 차원이 달랐다. 플레이스테이션2는 수준 높은 게임은 물론, DVD영화까지 볼 수 있을 정도로 고성능 시스템을 내장하고 있었으며 인터넷 연결도 가능했다. 무엇보다 이 모든 작업을 마이크로소프트가 제작한 구동프로그램을 전혀 사용하지 않고 구현해냈다. 1999년 봄, 아이비엠IBM, 애플Apple 그리고 넷스케이프Netscape와 같은 쟁쟁한 경쟁자들을 제치고 성공적으로 사업을 확장해왔던 마이크로소프트는 자신들이 전혀 상상하지 못했던 현실과 마주하게 된다. 젊은이들이 게임기를 가지고 노는 시간은 계속 늘어나는 반면, 개인용 PC를 사용하는 시간은 점차 줄어들고 있었던 것이다. 마이크로소프트는 미래에도 지속적으로 성장하기 위해서는 이와 같은 부정적인 상황을 극복할 수 있는 대응전략이 필요했다.

마이크로소프트가 게임기 산업에 뛰어들기로 결정했을 때, 그들은 전적으로 불리한 입장에서 시작해야만 했다. 당시 소니는 지구상에서 가장 막강한 소비재 전자제품 업체로서 오랫동안 제품개발 경력을 쌓아왔을 뿐만 아니라 수많은 인기 게임을 보유하고 있었다. 반면 마이크로소프트는 프로그램을 만드는 회사였기 때문에 그때까지 전자제품을 만들어 팔아본 경험이 전혀 없었다. 결국 마이크로소프트는 2001년 하반기가 되어서도 자신의 게임기를 출시하지 못한 반면, 소니의 플레이스테이션2는 이미 천만 대의 판매량을 기록하고 있었다. 당시 마이크로소프트의 더욱 큰 문제는, 그들이 오랫동안 운영시스템과 사무용 프로그램만 개발해온 탓에 새로운 사업에 대한 통찰력과 직감이 전혀 없다는 것이었다.

마이크로소프트는 소니와의 승부에서 이기기 위해 이익이 보장되지 않는 게임기 사업에 수년간 막대한 금액을 투자하기로 결정했다. 그들이 오랫동안 해왔던 분야가 아니라 전혀 알지 못하는 새로운 영역에 발을 디뎌야 한다는 사실을 절감한 마이크로소프트는 엔지니어, 디자이너 그리고 영업부문의 인력까지 한 곳에 모아 게임기 개발팀을 만들고, 그들에게 소니의 플레이스테이션2를 꺾을 수 있는 궁극의 게임기를 개발하라고 주문했다.

마이크로소프트의 게임기 개발 담당자들은 모든 사람을 만족시킬 수 있는 게임기를 만드는 일은 애초에 포기하기로 결정했다. 또한 게임기라고 해서 타깃 사용자를 어린이에게만 국한시키지 않았다. 마술버섯을 사용하는 유치한 게임과 동화 속 공주를 구하는 단순한 게임들을 만드는 닌텐도나 소니와는 달리, 마이크로소프트의 개발팀은 마치 액션영화를 방불케하는 사실적이고 폭력의 강도가 높은 게임을 만들기로 결정했다. 그들은 이 게임을 대형 액션영화보다 몰입도가 더 높게 만들고, 게임 도중 남성호르몬이 왕성하게 분비되는 것을 몸소 느낄 수 있는 색다른 경험을 제공하기로 했다. 마이크로소프트의 개발팀은 강렬하고 폭력적인 게임을 즐기는 사람들을 대상으로 삼았다. 그들의 생각은 이랬다. "본디 남자들이란 남자들만의 세계를 좋아하기 마련이다."

2년 후 마침내 마이크로소프트는 자신들의 게임기인 엑스박스를 출시했다. 엑스박스는 당시의 고성능 PC의 부품들과 똑같은 것들로 만들어졌다. 게임기 본체는 표면을 거칠게 만들었고, 색상은 강렬한 녹색과 검은색이었다. 엑스박스용으로 출시된 대표적인 게임은 액션이 강렬한 1인칭 사격 게임인 할로^{Halo}였다. 이 게임의 내용은 마스터 치프^{Master Chief}로 알려진 복면영웅이 호전적인 외계인들을 물리치기 위해 은하수를 여행한다는 것이었다.

엑스박스가 게임기 시장에 등장한 것은 미국에서 대사건이었다. 할로는 날개 돋친 듯 팔려나가 총 5백만 개라는 천문학적인 매출을 기록하면서 최대 판매기록을 수립했다. 하지만 마이크로소프트 입장에서 더욱 의미가 컸던 것은 할로로 인해 엑스박스가 강력한 게임을 좋아하는 게이머들의 필수 아이템으로 자리 잡았다는 것이다. 마이크로소프트는 엑스박스를 통해서 게임기 사업의 추진력을 얻을 수 있었다. 그 결과 엑스박스의 다음 버전인 엑스박스360의 미국 내 매출은 소니의 플레이스테이션3를 2배나 앞지르게 된다. 마이크로소프트는 엑스박스를 통해 소니와 경쟁할 수 있는 성공적인 방법을 찾아낸 것이다. 게임기 시장에 진입한 지 채 10년도 지나지 않아 엑스박스는 마이크로소프트 수익의 10%를 차지했을 뿐만 아니라, 마이크로소프트가 IT 시장에서 우뚝 서는 데 큰 역할을 했다.

엑스박스가 크게 성공하자 마이크로소프트는 이 개발팀에게 또 다른 프로젝트를 맡겼다. 당시 애플은 소니 워크맨 이후 가장 잘 팔리는 휴대용 음악재생기인 아이팟을 출시하여 시장을 거의 독점하고 있었다. 마이크로 소프트의 경영진들은 엑스박스 개발팀이 막강한 소니를 상대로 선전했으 니 애플도 이겨낼 수 있을 것이라 믿었다. 엑스박스를 만들어냄으로써 자 신들의 과업을 훌륭히 수행해냈던 개발팀은 아이팟을 능가하는 음악재생 기 개발 프로젝트에 돌입했다. 준^{Zune}의 본체는 약간 촌스러운 갈색이긴 했 지만, 아이팟보다 조금 두꺼워 보이는 무난한 사각형의 제품이었다. 하지만 준은 사용하기에 어려울 뿐만 아니라 디자인도 딱히 어느 누구를 대상으로 개발되었는지 알 수 없었다. 어느 신랄한 평론가는 준의 사용 소감을 적으 면서 '마치 얼굴 앞에 에어백을 펼쳐놓은 듯했다'고 말할 정도였다. 애플은 아이팟이 출시된 이후 18개월 동안 8천4백만 대를 팔았지만, 준은 같은 기 간 동안 2백만 대밖에 팔리지 않았다. 결국 마이크로소프트의 야심찬 도전 에도 불구하고 애플은 음악재생기 시장에서의 지배력을 유지할 수 있었다.

그토록 훌륭한 비디오게임을 개발했던 마이크로소프트의 개발팀이 단 순한 휴대용 음악재생기 개발에는 왜 실패했을까? 무슨 이유 때문에 마이 크로소프트의 개발팀은 멋진 비디오게임을 개발하고도 그 후에 완전히 형 편없는 음악재생기를 만들고 말았을까? 이처럼 같은 팀이 전혀 다른 결과 를 만들어낸 것은 '공감'과 깊은 관련이 있다. 개발팀원 중 한 명의 발언에 서 그 이유를 짐작할 수 있었다. "가장 힘들었던 일은 우리가 누구를 위해 서 준을 개발하고 있는지 구체적으로 알지 못했다는 것입니다. 엑스박스를 개발할 때 우리는 누구를 위해 그것을 개발하고 있는지 잘 알고 있었죠. 바 로 우리 자신이 게임기를 사용하는 고객이었기 때문입니다."

이미 눈치 챈 독자들도 있겠지만 마이크로소프트는 개발팀이 게이머들과 형성한 공감대를 적절히 활용함으로써 엑스박스를 성공시킬 수 있었다. 그러나 불행히도 그 공감대는 모든 프로젝트에 적용될 수는 없었다. 강력한 게임을 좋아하는 게이머들과 깊이 공감했다는 사실에 취해 있었던 개발팀은 준을 사용하게 될 사람들이 누구인지 이해하고 공감하려 하지 않았다. 특정 고객들이 가지고 있는 생각을 개발 중인 제품에 반영하는 일은 고객들에게 접근할 수 있는 가장 빠르고 쉬운 방법임이 틀림없다. 그러나 조직이 장기간 지속적으로 성장하기 위해서는 자신의 관점에서 벗어나 다른 사람의 관점으로 외부세계에서 일어나는 일들을 바라봐야 한다. 자신의 틀을 깨고 나와 다른 사람의 입장에서 세상을 볼 수 있어야 하는 것이다.

사람들은 누구나 타인을 배려하는 성향을 가지고 있다. 이와 마찬가지로 기업들도 타인에 대한 배려에 목숨을 걸어야 한다. 기업이 다른 사람들을 배려하는 성향을 강화할수록 공감을 통해 얻을 수 있는 효과는 더욱 커진다. 당연히 기업들은 성장하고 사회도 더불어 풍요롭게 발전하며 그런 조직과 사회의 구성원은 좀 더 행복에 가까워진다.

단순한 지도의 함정에
빠지지 마라

세상에서 가장 단순한 지도의 탄생

1908년 이전에 런던의 지하철을 한번이라도 타본 여행자들은 모두 이렇게 생각하고 있었다. '런던 지하철에서는 걸핏하면 길을 잃기 십상이다.' 10개나 되는 노선들이 실타래처럼 복잡하게 뒤얽혀 있는 영국 지하철을 생각해보면 당연한 일이다. 그 당시 지하철 운영 관리자는 낯선 여행자들이 복잡한 런던 지하철 노선을 좀 더 쉽게 이해할 수 있도록 새로운 노선도를 만들기로 결정했다. 오랜 노력 끝에 마침내 새로운 노선도를 완성한 런던 지하철은 화려한 홍보전을 펼치며 새 노선도를 발표했는데, 이 노선도는 지하철 노선뿐만 아니라 런던 전역에 걸쳐 있는 모든 명소들을 일일이 다 소개하고 있었다. 그들이 노선도 제작에 들인 엄청난 노력에도 불구하고, 이 노선도는 결국 여행자들에게 큰 도움이 되지 않았다.

런던이라는 도시는 도시개발계획에 따라 일정한 간격으로 개발되지 않았기 때문에, 그들이 만든 지하철 노선은 도시를 가로질러 빙빙 꼬여 있었다. 새 노선도는 이처럼 빙빙 꼬여 있는 복잡한 지하철 노선을 정확하게 나타냈지만, 마치 형형색색의 스파게티처럼 보였다. 그렇지 않아도 복잡한 노선도에 지상의 명소들까지 함께 소개해놓았으니, 낯선 여행자들이 지도를 읽는 일은 더욱 힘들 수밖에 없었다. 이전에 런던을 방문해본 경험이 없는 여행객들은 웨스트민스터Westminster 역에서 패딩턴Paddington 역까지 가는 방법을 찾기 위해 새로 만들어진 노선도를 보더라도 알 수 없었다. 새로 만들어진 런던 지하철 노선도에는 정확하고 유익한 내용들이 많이 있었지만 여행객들에게는 막상 아무런 쓸모가 없었던 것이다.

한때 지하철 회사에서 일했던 29세의 해리 벡Harry Beck이 새 노선도가 가지고 있던 문제의 핵심을 이해할 때까지 새 노선도의 난독성 문제는 해결되지 않았다. 해리 벡은 사람들이 정확히 어디쯤에서 지하철이 휘어져 있는지를 알기 위해서나 혹은 역간의 정확한 거리를 알기 위해서 지하철 노선도를 보지 않는다는 사실을 깨달았다. 사람들은 단지 한 역에서 다른 역으로 이동하기 위해서 노선도를 참고했던 것이다. 지하철 승객들이 정말로 필요로 했던 것은 런던 지도가 아니라 단순한 지하철 노선도였다!

이 사실을 파악한 벡은 작은 노트에 지나칠 정도로 단순화된 런던 지하철 노선도를 그려보았다. 그는 수평선과 수직선 그리고 45도 사선을 이용하여 모든 런던 지하철 노선을 그려 넣었는데, 템스 강을 제외한 모든 지형상의 특징은 노선도에서 전혀 고려하지 않았다. 템스 강마저도 기호를 사용하여 최대한 단순하게 표시했다. 그는 실제 역 사이의 거리가 200미터든 혹은 3킬로미터든 상관없이 모든 역 사이의 거리를 똑같은 간격으로 그렸다. 또한 런던에서 인구 밀도가 가장 높은 시내지역에는 역이 많기 때문에 역 이름을 알아보기 쉽게 시내 중심지를 크게 그렸다. 그는 이런 과정을 거쳐, 노선도를 그리기 시작한 지 불과 몇 분 만에 복잡한 런던 지하철의 환승시스템을 어린아이도 쉽게 이해할 수 있을 만큼 단순화할 수 있었다.

오늘날 많은 사람들이 사용하고 있는 해리 벡의 단순노선도는 세계에서 가장 사랑받는 지도 중 하나가 되었다. 모스크바나 도쿄 등 수많은 도시들이 지하철 환승시스템을 지도로 만들 때 해리 벡의 단순노선도 방식을 채택했다. 사실 지도라는 측면에서 볼 때, 해리 벡의 노선도는 많은 문제를 가지고 있다. 수많은 노선을 너무 단순화시키다 보니 역 사이의 거리 비례가 맞지 않아 지상의 지형에 대한 오해를 불러일으킬 수 있었다. 크게 그려진 시내 중심부에서 얼마나 멀리 떨어져 있는가에 따라 지하철 노선의 휘어짐이나 역간 거리들이 과장되거나 축소되었다. 이 때문에 해리 벡의 노선도상에서는 걸어서 15분이면 충분할 것 같은 두 역 사이가 실제 지하철로 이동할 경우 한 시간 이상이 걸리기도 했다.

해리 벡의 노선도는 우리에게 단 한 가지 정보만 제공한다. 이 노선도는 우리가 패딩턴 역에서 코벤트 가든Covent Garden까지 지하철로 이동할 때, 어떤 출구로 나가야 유명한 카레전문점을 찾을 수 있는지에 대한 정보는 제공하지 않는다. 그 음식점이 매우 유명하고 지하철이 그 음식점에 갈 수 있는 최적의 교통수단이라 할지라도 노선도에 표시되어서는 안 된다. 해리 벡의 노선도는 여행자들이 지하철을 탈 때, 한 역에서 다른 역으로 이동하는 것을 돕는다는 단 한 가지 목적만을 위해 만들어졌기 때문이다. 사람들이 지하철을 이용해 이동하는 것을 도와준다는 측면에서 보면 해리 벡의 노선도는 가장 탁월한 선택이다. 하지만 이 노선도는 사람들이 실제로 런던을 방문해서 체험할 수 있는 모든 것을 보여줄 수는 없다. 맛있는 카레집이 어디에 있는지 보여주지 못하는 것처럼 말이다.

폴란드 출신의 미국 철학자인 알프레드 코지프스키Alfred Korzybski는 1931년 개최된 미국수학협회 모임에서 이 개념을 처음으로 문서화하여 발표했다. 당시 코지프스키는 사람들이 일정한 패턴을 발견해내는 데 뛰어난 능력을 가지고 있다는 사실에 주목했다. 사람들은 선천적으로 감각기관을 통해 받아들인 복잡한 정보를 축약함으로써 활용하기 쉬운 상태로 만들 수 있는 능력을 타고났다. 그러나 축약된 정보에 익숙해지다 보면 가끔 우리는 현재 사용하고 있는 자료들이 실제 세상과 다르다는 사실을 간과하곤 한다. 노인들의 삶을 다룬 책을 읽는 것과 자신이 직접 노인이 되어 노인들의 삶을 체험해보는 것은 전혀 다른 차원의 문제다. 마찬가지로 음악에 대한 사람들의 선호도를 분석한 자료만으로 모든 사람들이 좋아할 MP3를 만들어낼 수는 없다. 하지만 현실을 정확하게 반영하는 직접적인 경험을 다른 사람들과 공유할 수 있다면, 성공을 위한 유용한 정보를 추출할 수 있다.

기업이 일반적으로 정보를 처리하는 방법을 생각해보면 코지프스키가 주장한 내용의 중요성을 알 수 있다. 지난 수백 년간 기업은 회사 내부와 외부에서 벌어지는 여러 가지 일들을 정확하게 이해하기 위해 점점 더 복잡한 시스템을 개발해왔다. 일반적으로 이런 행동은 올바른 선택이다. 보통

공감하는 인간, 호모 엠파티쿠스

큰 조직 내에 속해 있는 특정 부서의 사람들은 다른 부서에서 무슨 일이 벌어지고 있는지 전혀 모르는 경우가 많다. 공장에서 볼트를 재주문하기도 전에 볼트 재고가 소진되어버리는 경우가 그런 예다. 판매상들은 어떤 제품이 크게 성공하여 전국적으로 판매가 늘어나고 있음에도 불구하고 과거와 같은 수량을 주문하기도 한다. 그 이유는 판매상들이 각종 정보를 서로 공유할 수 있는 마땅한 수단이 없어 부정확한 자료에 근거하여 의사결정을 하기 때문이다.

하지만 이러한 주먹구구식 방식은 기업이 실시간으로 정보를 입수하고 분석할 수 있는 시스템을 갖추기 시작하면서 바뀌기 시작했다. 전문가들은 기업이 보유하고 있는 재고와 최소 재고량 그리고 제품 공급망 등과 같이 필요한 정보만 주어지면, 엄청난 양의 계산도 손쉽게 해낼 수 있는 최첨단 분석시스템을 개발해냈다. 이 덕분에 요즘은 우리가 집 근처 매장에서 스웨터를 한 벌 사면 그 즉시 스페인으로부터 울 염색용 염료를 얼마나 주문해야 할지 바로 계산된다. 이처럼 대부분의 경영자들은 성장률, 시장동향, 생산성과 같은 경영상의 중요지표들을 언제든지 바로 볼 수 있다. 그들은 이런 정보를 바탕으로 회사 전반에 걸쳐 진행되고 있는 모든 사항들을 논리적으로 취합한다. 그리고 이렇게 취합된 자료는 경영자들이 의사결정을 하는 과정에서 비합리적인 부분을 줄이고 사실에 기초한 의사결정을 할 수 있도록 도와준다.

혁명적인 정보관리 시스템의 발달은 경영전략, 예상매출 그리고 생산품질 보고서 등을 포함한 거시적 경영 지도maps를 탄생시켰다. 해리 벡의 지하철 노선도가 편리한 반면 실제 사실과 크게 다른 것처럼, 이 경영 지도 역시 굉장히 비현실적이다. 그리고 많은 회사들이 이처럼 비현실적인 경영 지도에만 집착함으로써 현실세계와 연결된 끈을 놓쳐버리고 마는 우를 범했다. 해리 벡의 지하철 노선도에는 런던을 방문한 여행자들이 목적지에 가기 위해서 지하철을 타는 것이 더 빠른 것처럼 표시되어 있지만 실제로는 지하철을 타는 것보다 걷는 것이 더 빠를 수 있다. 이처럼 기업도 경영 지도 상의 계획만 믿고 쫓아가다가 현실을 간과할 수 있다.

최근 들어 기업이 수많은 정보에 기초하여 의사결정을 함에 따라 그들의 제품과 서비스를 구입하는 고객의 정보와 같은 기본 데이터를 수집하는 방법도 진화했다. 기업은 고객의 일상적인 행동 및 그런 행동을 하게 된 동기와 욕구 등에 대한 정보를 정확하게 수집하기 위해 세분화된 시장 분석 자료와 보고서 등을 활용해 의사결정에 필요한 경영 지도를 만들어냈다. 그러나 이 경영 지도는 실제로 사람들을 만나서 수집할 수 있는 다양하고 구체적인 정보들을 거의 담고 있지 않다. 결국 수많은 관리자들이 직접적인 경험이나 조사를 하지 않은 상태에서 회사의 성패를 가를 수도 있는 중요한 의사결정을 하곤 한다.

최근에 만난 많은 최고경영자들은 다음과 같은 불만을 털어 놓았다. "요즘 젊은이들은 야망도 있고 똑똑하지만, 자신들이 앞으로 해야 할 일에 대한 본능적인 직감이 부족해요." 파워포인트로 잘 만들어진 서류만 있으면 자신들이 하고 있는 사업을 전부 이해할 수 있다고 믿는 마케팅 관리자들이 많다는 조사결과도 있다. 그들은 자신이 전적으로 의존하고 있는 파워포인트의 내용이 불확실하며 그것에 기초하여 작성된 마케팅 계획 역시 현실과 괴리되고 단순화된 경영 지도에 지나지 않는다는 사실을 간과한다.

간단히 말하면 그들은 자신들의 사업영역을 제대로 알지 못한다.

사업은 경영 지도 상에 있는 가상공간이 아니라 가게나 거리 혹은 집과 같은 실제 세상에서 벌어진다. 누구든지 다른 사람과 함께 많은 시간을 보내게 되면 상대방과 공감할 수 있다. 의사결정자가 타인과 공감하게 되면, 자신의 결정이 향후 어떤 결과를 가져올지 짐작할 수 있다. 또한 불확실한 정보를 확실하게 만들어 즉각 적용할 수 있고 자신이 사용하고 있는 경영 지도가 정확한 것인지도 판단할 수 있다. 기업이 그들의 고객과 개인적인 관계를 형성하지 못하면 올바른 의사결정을 할 수 있는 정확한 정보와 경험은 부족할 수밖에 없다. 이 때문에 많은 경영자들이 자신의 사업영역에 대한 직접적이고 구체적인 경험과 감각도 없는 상태에서 중요한 의사결정을 하게 된다. 즉 고객과 공감하지 못하는 기업은 조금씩 경쟁력을 잃게 된다. 미국 커피산업의 성공과 실패는 이러한 상황을 보여주는 아주 좋은 사례이다.

원재료를 속인 커피의 운명 : 맥스웰 하우스의 몰락

사람들은 보통 훌륭한 맛을 가진 커피가 미국에서 유행한 것은 최근의 일이라고 생각한다. 하지만 1950년대만 해도 단돈 5센트로 뛰어난 맛의 커피를 전국 어디서든 마실 수 있었다는 사실을 아는가? 미국인들이 커피의 맛에 깊이 빠져들면서 커피 수요는 폭등했지만 반대로 공급은 급격히 줄어들었다. 1953년 6월 말에 닥친 치명적인 기상이변으로 브라질의 커피 수확량이 급감했고 이 때문에 커피 도매가가 폭등했다. 브라질에 내린 네 번의 치명적인 서리 때문에 미국 내의 커피 한잔 값은 10센트로 치솟았다. 폭등하는 커피 수요를 맞추는 데 급급했던 미국의 대표적인 커피 제조사 맥스웰 하우스Maxwell House, 폴저스Folgers, 힐스 브로스Hills Bros의 제품 가격도 함께 치솟았다.

하지만 커피에 빠져 있던 미국인들을 상대로 커피 가격을 계속 올리는 것은 결코 좋은 생각이 아니었다. 계속 인상되는 커피 가격은 결국 미국인들의 분노를 샀다. 화가 난 소비자들은 식당에서 시위를 하는 한편 커피 제조사의 경영진들에게 분노에 찬 항의편지를 보냈다. 정치권과 언론은 브라질 정부가 미국 시민들을 갈취하기 위해 미국으로 수출되는 커피의 양을 인위적으로 제한했다며 강력히 비난했다. 당시 커피 제조사들이 당면하고 있던 공급 부족 사태는 소비자들과의 관계악화로 이어졌다. 이런 상황에 처한 커피 제조사들은 즉시 큰 폭의 가격인하를 단행하지 않을 경우, 미국인들의 커피 사랑도 예전같지 않을 것이라고 판단했다. 절박한 상황에 처한 그들은 과거에는 차마 생각지도 못했던 결정을 하게 된다. 값싼 로부스타Robusta 커피 원두를 원료로 사용하기로 한 것이다.

당시에는 아라비카Arabica와 로부스타라는 두 종이 커피 원료로 가장 많이 사용되고 있었다. 아라비카는 쓴맛이 덜하고 매우 부드러우며 훌륭한 향을 가지고 있지만 아라비카 나무는 비싸고 병충해에 약해 대량재배가 힘들어 원료공급의 안정성이 떨어졌다. 1953년에 닥친 기상이변 이후, 모든 커피 제조사들은 아라비카 나무가 너무 약해서 장기적으로 커피의 주원료로 쓰기 어렵다는 결론을 내렸고 안정적인 커피 원두를 새로 찾기 시작했다. 그들이 마침내 찾아낸 것이 바로 로부스타 커피 원두였다. 로부스타는 싸고 기후변화에 강할 뿐 아니라 생산량도 풍부했다. 그러나 결정적으로 로부스타로 만든 커피는 맛이 형편없었다. 이 형편없는 맛 때문에 수십 년 동안 커피 제조사들은 그들이 생산하는 어느 제품에도 로부스타를 사용하지 않았던 것이다. 그러나 아라비카의 공급량이 부족해지자 맥스웰 하우스의 경영진들은 로부스타 사용을 고려하게 되었다. 그들의 생각은 기존 제품에 로부스타를 소량 첨가하여 맛에 큰 영향을 주지 않으면서도 제품 가격을 내릴 수 있다는 것이었다. 만약 그들의 모험이 성공한다면 틀림없이 아라비카만을 사용했을 때보다 훨씬 싼 가격에 제품을 생산할 수 있었다.

단 기존 제품의 맛에 영향을 주지 않기 위해서 첨가하는 로부스타의 양은 무시할 수 있을 만큼 극소량이어야만 했다. 또한 고객 중 어느 누구도 로부스타를 첨가했다는 반갑지 않은 사실을 몰라야 했다. 이 원가절감 방안 때문에 혹시나 고객을 잃지 않을까 걱정이 된 맥스웰 하우스 경영진들은 본격적인 생산을 앞두고 기존 제품과 로부스타가 첨가된 신제품을 가지고 시음회를 개최했다. 결과는 의외였다. 시음자 대부분이 두 제품 사이의 차이점을 알아차리지 못했다. 이에 용기를 얻은 맥스웰 하우스는 로부스타가 포함된 신제품을 출시하기로 결정했다. 맥스웰 하우스는 기존 제품에 로부스타를 섞음으로써 생산원가를 대폭 줄일 수 있었지만 다른 경쟁자들은 계속 가격인상 압박에 시달리고 있었다. 기존 제품에 로부스타를 섞는 도박은 즉각 경제적 보상을 가져왔다. 그들은 로부스타 덕택에 생산원가를 낮출 수 있었으며 대부분의 소비자들은 기존 제품과 신제품의 차이를 알아차리지 못했다. 이런 사실을 파악한 다른 커피 제조사들도 재빠르게 맥스웰 하우스의 전략을 따라했고 그 누구도 이에 대해 불평하지 않았다.

그러나 맥스웰 하우스는 로부스타를 첨가하는 방법으로 단기간의 이익을 얻었지만 당시 커피 산업이 당면해 있던 장기적인 문제는 해결할 수 없었다. 가장 핵심적인 문제는 커피에 대한 수요는 계속 늘어나는 반면 아라비카의 공급은 만성적으로 부족하다는 것이었다. 이와 같은 구조적인 문제 아래서 맥스웰 하우스의 경영진은 그 다음해에도 수익을 내기 위해 또다시 커피의 혼합비율을 조정하기로 했다. 과거 소량의 로부스타를 첨가한 사실을 알아차리지 못했던 소비자들이 소량의 로부스타를 더 첨가한다고 했을 때 과연 맛의 차이를 알아차릴 수 있을까? 기존 제품과 소량의 로부스타를 더 첨가한 신제품, 이 두 가지 종류의 커피를 가지고 다시 시음회를 열었다. 다행히 이번 결과도 매우 긍정적이었다. 소비자들은 전과 같이 기존 제품과 로부스타가 더 첨가된 제품의 차이를 알아차리지 못했던 것이다.

이런 상황이 몇 년간 계속되었다. 커피에 대한 수요가 지속적으로 증가함에 따라 이익에 대한 압박도 동시에 커졌다. 매년 맥스웰 하우스는 다른 커피 제조사들과 함께 로부스타의 혼합비율을 알아차릴 수 없을 만큼 아주 조금씩 계속 늘려갔다. 커피 제조사들은 그들의 새로운 혼합비율이 소비자의 기호에 맞는지 확인하기 위해 매년 시음회를 개최했다. 그 결과 새로운 신제품은 소비자의 기호를 크게 벗어나지 않았다. 시음회라는 사실적인 방법에 기초한 접근방법은 짧은 기간 동안 커피 제조사들이 소비자들의 기호를 충족한 신제품을 생산할 수 있도록 도와주었다. 그러나 커피 제조사들이 매년 시음회를 통해 얻었던 소비자 정보는 역설적이게도 더욱 악화되는 시장상황을 감추고 있었다.

1964년에 들어서자 커피 매출이 미국 역사상 처음으로 감소하게 된다. 커피 제조사들은 그 원인을 알 수 없었다. 매년 개최하는 시음회 결과에 따르면 소비자들은 신제품에 만족하는 것으로 나타났기 때문이다. 그러나 그들이 미처 생각지 못했던 다른 문제가 있었다. 기존에 커피를 마시던 사람들이 점차 늙어간다는 사실이다. 소비재 기업들이 지속적으로 성장하기 위해서는 기존의 소비자들을 대체할 새로운 세대의 고객을 확보할 수 있어야 한다. 미국의 커피 제조사들도 이와 같은 문제와 맞닥뜨리게 된 것이다. 매년 조금씩 첨가량을 늘려온 로부스타로 인해 몇 년이 지난 시점의 제품에는 상당히 많은 양의 로부스타가 첨가되었다. 오랫동안 계속 그 커피를 마셔온 사람들은 로부스타가 많이 첨가된 커피도 아무런 거부감 없이 마실 수 있었지만 처음 커피를 마시는 젊은이들에게 로부스타가 많이 첨가된 커피의 맛은 쓰기만 했다. 또한 아침에 일어나 마시는 커피 한 잔은 하루의 시작을 불쾌하게 만들었다. 젊은 사람들은 왜 그들의 부모들이 그렇게 형편없는 커피를 마시는지 이해하지 못했다. 젊은 세대들이 외면한 로부스타 커피의 매출은 계속해서 떨어졌고 코카콜라와 펩시 같은 탄산음료에 시장의 일부분을 내주고 말았다. 이러한 상황이 계속 이어지면서 커피 산업은 저성장 저수익 구조로 변해버렸다.

이런 결과를 초래한 원인은 무엇이었을까? 매년 시행했던 시음회에 참가했던 사람들이 신제품의 품질에 문제가 없다고 말했기 때문이다. 커피 제조사의 경영진들은 탄산음료가 커피 시장을 잠식해 들어오는 상황을 젊은이들이 탄산음료 광고나 이벤트에 영향을 받아 생긴 일시적 현상이라고만 생각했다. 그래서 커피 제조사들의 경영진들은 탄산음료 회사의 감각적인 광고에 대응할 수 있는 튀는 광고를 만들기 위해 엄청난 예산을 쏟아 부었다. 하지만 이런 그들의 노력도 시장의 흐름을 되돌리지는 못했다.

여기서 눈여겨볼 부분은 그들이 효과적인 경영 지도를 바탕으로 의사결정을 했다는 점이다. 영업 부문의 직원들이 충실히 청취한 소비자들의 의견과 각종 시장조사 결과는 소비자들이 커피 가격 상승에 부정적으로 반응한다는 사실을 보여주었다. 또한 그들이 시행했던 시음회는 소비자들이 기존 제품과 로부스타가 첨가된 제품의 맛 차이를 구분하지 못한다는 사실도 보여주었다. 그러나 이 소비자 테스트는 다음과 같은 결정적인 결함이 있었다. 기존의 고객들이 새 커피와 기존 커피의 맛 차이를 구분하지 못한다는 사실과는 별개로 새 커피의 맛이 형편없다는 사실을 보여주지 못한 것이다. 그리고 또 하나 간과한 사실은 사람들이 뛰어난 맛의 커피를 마시기 위해서는 더 많은 돈을 지불할 의사가 있다는 점이었다. 커피 제조사들은 이와 같은 소비자들의 욕구에 맞는 제품을 개발함으로써 소비자들의 구매를 유발하고 만족시킬 수 있었지만 커피 제조사들의 경영 지도는 그것을 제대로 보여주지 못했던 것이다.

커피 제조사들은 수십 년 동안 기존 제품에 로부스타를 첨가함으로써 생산원가를 절감하는 데만 집중했다. 그러나 이와 같은 상황은 게임의 규칙을 바꾼 한 사람에 의해 완전히 바뀌게 된다. 당시 커피 제조사들이 로부스타를 섞은 낮은 품질의 커피를 생산하고 있었음에도 불구하고, 고품질의 아라비카 커피 시장은 완전히 소멸하지 않고 도심지나 대학가 근처 작은 카페 등에 틈새시장으로 존재하고 있었다.

1980년대 초, 젊은 기업가인 하워드 슐츠Howard Schultz는 우연히 방문했던 이탈리아 에스프레소 가게에서 커피의 새로운 면을 발견했다. 사람들이 커피 품질의 차이를 확실히 느낄 수만 있다면, 좋은 맛의 커피를 마시기 위해서 더 많은 돈을 지불할 것이라는 사실을 발견했다. 커피 제조사들의 경영 지도가 틀렸다는 사실을 확신한 슐츠는 미국에 돌아와 소비자들에게 최고급 커피를 제공하는 스타벅스^{Starbucks}라는 새로운 커피 체인점을 개척했다. 그는 자신이 이탈리아에서 경험했던 것과 같은 훌륭한 품질의 커피를 고객들에게 제공했다. 그 후 스타벅스가 보여준 지속적인 성장은 미국 커피 제조업체들이 시장에 접근하는 방법을 완전히 바꾸어놓았다. 1990년대부터 대부분의 커피 제조사들은 다시 순수한 아라비카 커피를 생산하기 시작했다. 이때부터 커피를 마시기 시작한 신세대들은 그들의 부모들이 그랬던 것처럼 커피의 향기에 흠뻑 빠져들게 되었다.

수치화된 정보보다 경험적 직관을 믿어라

미국 커피 제조사들의 경험은 조직이 단순화된 정보를 바탕으로 의사결정을 할 경우 발생할 수 있는 문제점을 여실히 보여준다. 당시 커피 제조사들은 시음회를 통해 획득한 불확실한 정보를 전적으로 신뢰하고 회사의 운명을 걸었다. 소비자들은 맛의 차이를 구분하지 못한다는 사실을 시음회가 수치화된 정보로 제공함에 따라, 그들은 로부스타를 사용해도 된다는 잘못된 결정을 내리고 만다. 커피 제조사들은 기존 고객에게만 집착하면서 자신도 모르게 실패의 나락으로 떨어지고 말았다. 미국 커피산업의 퇴보에 일조했던 커피 제조사 경영진들은 신제품의 맛이 떨어질 것이라는 사실을 뻔히 알고도 질 낮은 커피를 계속 생산했다. 그 이유는 오로지 단 하나, 소비자들이 커피의 맛을 구별하지 못한다는 시음회 결과를 믿었기 때문이다! 커피 소비자들과 제대로 공감하지 못했던 경영진들은 점차 고객과 멀어지게 되었고 결국은 잘못된 경영 지도의 유혹에 빠져들고 만 것이다.

어느 조직이든 의사결정자는 불확실한 정보를 의사결정에 활용하고 있는 경우가 많다. 그들은 관련된 부분을 직접 경험하려 하지 않고 경영 시스템을 통해 수집된 불확실한 정보에만 의존하려 한다. 고객과 괴리된 경영자는 의사결정을 할 때 자신의 의견을 개진하기 위해서 본인이 조직 내에서 가지고 있는 권위에 의존하게 된다. 그러나 경영자가 다른 사람들을 직관적으로 이해할 수 있다면 이런 위험은 쉽게 피할 수 있다. 고객과의 공감은 기업이 경영 시스템을 통해 획득한 불확실한 정보를 보완해준다. 경영 시스템을 통해 획득한 정보들 대부분은 경영진이 잘 알고 있는 주변 사람들과 관련된 것이기 때문이다. 공감은 경영 지도만으로는 알 수 없는 직접적인 정보를 제공해줌으로써 기업이 획득한 정보의 확실성을 높인다. 다른 사람과 형성한 공감대는 직원들에게 자신의 사업영역과 관련된 직접적인 경험을 제공함으로써 새로운 사업 기회를 보다 쉽고 빠르게 찾을 수 있도록 도와준다.

그 정보 믿을 만한 거야? : IBM의 루 거스트너

루 거스트너Lou Gerstner는 작은 키에 단단한 몸집을 가진 사람이었다. 그는 희끗희끗한 머리에 따듯하지만 위엄 있는 미소를 지니고 있었다. 그는 언제나 침착한 모습으로 자신의 생각을 솔직하고 단호하게 말하곤 했다. 누구나 그에게서 신뢰감과 자신감 그리고 뛰어난 능력을 직감적으로 느낄 수 있었다. 많은 사람들은 루 거스트너의 첫인상만 보고도 그에게 큰 회사의 경영을 맡겨도 괜찮겠다고 생각한다. 그의 경력을 살펴보면 이런 첫인상이

틀리지 않다는 것을 알 수 있다. 다트머스^{Dartmouth} 대학에서 공학 학사학위를 취득한 그는 하버드 대학에서 경영학 석사학위를 받았다. 하버드를 졸업한 그는 맥킨지&컴퍼니^{McKinsey and Company}에서 일하면서 경영 컨설턴트로서 명성을 쌓았다. 이후 그는 맥킨지를 떠나 아메리칸 익스프레스^{American Express}의 사장으로 부임하여 회사를 급속하게 성장시켰다. 부임 당시 860만 명밖에 되지 않던 카드 회원 수가 그의 부임 후 무려 3,007만 명으로 급속히 늘어났다. 11년 동안 아메리칸 익스프레스의 사장으로 근무한 거스트너는 RJR 나비스코^{RJR Nabisco}의 대표이사로 자리를 옮겼다. 나비스코에 부임한 그는 치열했던 인수과정으로 인해 인수 이후에도 갈등 상황에 있던 두 이질적인 기업문화를 융합하는 데 성공했다. 그는 이 과정에서 전략수립과 조직관리 경험을 쌓을 수 있었고, 어떤 마케팅이 고객들에게 효과적인지 알 수 있었다. 모든 면에서 거스트너는 규모가 있는 소비재 기업의 CEO 자리에 적임자였다.

1993년, 소비재 기업에 적합하다고 생각되던 거스트너가 IBM의 대표로 선출되자 사람들은 의아해했다. 당시 초대형 첨단기업이던 IBM은 IT산업에 새로 진입한 민첩하고 재빠른 경쟁자들로 인해 큰 어려움을 겪고 있었다. IBM의 핵심 사업이었던 메인프레임 컴퓨터가 점점 쇠퇴해가고 있었기 때문이다. 게다가 회사의 비용지출은 이미 통제할 수 있는 수준을 넘어서고 있었다. IBM이 이와 같은 힘든 상황에서 살아남기 위해서는 강력한 지도자가 필요했다. 그러나 일부 사람들은 과연 거스트너가 IBM의 대표로 적합한 인물인가에 대해 회의적인 의견을 제시했다. 일반적으로 첨단산업을 운영하는 경영자들은 두 가지 분야 중 적어도 한 분야에서 풍부한 경력을 보유하고 있었다. 즉 오라클Oracle의 래리 엘리슨Larry Ellison처럼 공학 분야에서 잔뼈가 굵었거나, 마이크로소프트Microsoft의 스티브 발머Steve Ballmer처럼 영업과 마케팅 분야에서 경력을 쌓은 경우가 많았다. 그러나 거스트너는 둘 중 어느 분야의 경험도 갖고 있지 않았다. 그는 개인적으로 첨단기술을 꺼려했기 때문에 더더욱 첨단산업 분야의 경력을 가지고 있을 리가 만무했다. 그의 경력 중 대부분은 소비자들에게 직접 제품을 판매하는 영업 분야에 집중되어 있었으며, IBM의 수익 원천인 기업 간 거래에 대해서는 아무런 경험도 가지고 있지 않았다. 어떤 경제지들은 과자 회사를 경영하던 사람이 세계에서 가장 큰 컴퓨터 회사를 제대로 경영할 수 있겠는가 하는 의문을 제기하기도 했다.

하지만 거스트너에게 호의적인 사람들도 적지 않았다. 그들은 IBM이 진짜 필요로 하는 경영자는 이미 IBM 내에 차고 넘치는 공학자가 아니라 뛰어난 관리자라고 주장했다. 그들은 거스트너처럼 회사를 올바른 방향으로 이끌어갈 뛰어난 경영자를 영입하는 것이 구조적인 문제로 인해 서서히 붕괴해가고 있는 IBM을 살릴 것이라고 주장했다. 당시 사람들의 일반적인 생각은 IBM이 하나의 회사로 존재하기에는 너무 덩치가 크다는 것이었다. 전문가와 언론인 그리고 업계 인사들까지 모두 첨단산업에서는 한 부문에 전문화된 업체만이 살아남을 수 있다고 믿고 있었다. 그런 시각에서 보면, 마이크로소프트는 구동 프로그램만 개발해왔고, 인텔Intel은 반도체만 생산하고 있었으며, 오라클Oracle은 기업용 정보관리 프로그램만을 구축해왔다.

그들의 시각에서 볼 때 세분화된 시장환경과 부문별로 특화된 민첩한 경쟁자들로 가득 찬 첨단산업의 생태계에서 IBM이라는 거대기업은 어떤

공감하는 인간, 호모 엠파티쿠스

경쟁력도 가질 수 없는 회사였다. 그들은 IBM이 이런 상황에서 살아남기 위해서는 회사를 10여 개의 작은 회사로 분사해야 한다고 주장했다. 당시 컴퓨터 업계에 종사하고 있던 모든 사람들이 이 생각에 동의했다. 거스트너의 전임자였던 존 애커스John Akers도 이 생각에 전적으로 동감했고, 회사를 분할하기 위한 절차를 이미 시작해놓은 상태였다. 이 작업은 상당히 진행되어 IBM의 기억장치 사업부문은 애드스타Adstar라는 이름으로, 프린터 사업부문은 이미 렉스마크Lexmark라는 이름으로 분사가 완료되기도 했다.

당시 조직 내부와 외부에 있는 모든 사람들이 IBM을 분사하는 것이 옳다고 동의했다. 하지만 거스트너의 생각은 달랐다. IBM의 직원들이 새로 부임해온 자신에게 점차 익숙해지자, 그는 IBM을 분사하지 않겠다고 공표했다. 그는 현재 IBM이 가지고 있는 낡은 사업모델에 대한 수많은 비난에 맞서, IBM의 규모와 사업부문의 다양성이야말로 IBM이 가지고 있는 진정한 강점이라고 주장했다. 그러나 그의 주장대로 추진하다가 만에 하나라도 잘못되면, IBM은 시대에 뒤떨어진 조직으로 전락하고 사운이 완전히 기울수도 있는 위험한 상황이었다. 거스트너의 회생안에 따르면, 대량해고가 필요했지만 회사를 쪼개지 않고 갈 수 있는 방법이었다. 훗날 거스트너는 다음과 같이 회고했다. "회사의 고유한 강점을 스스로 포기하고, IBM을 소규모 부품 공급자로 분사하려는 생각은 옳지 않습니다."

그러나 대다수 언론인들의 생각은 그와 달랐다. 성공적인 그의 전력에도 불구하고 많은 언론인들은 그가 IBM을 제대로 경영할 수 있을지에 대한 의구심을 공개적으로 표명했다. 금융 전문지 〈배런스Barron's〉는 회사 사업부문을 매각하는 대신 직원 수를 줄여 회사를 정상화하려는 거스트너의 전략을 '기업 거식증corporate anorexia'이라고 비난했다. 게다가 경제지 〈이코노미스트〉는 IBM에 투자한 투자자들은 곧 자신들의 일꾼인 거스트너가 밤 사이에 헛된 망상을 버리기를 바랄 것이라고 비아냥거렸다.

하지만 거스트너Gerstner는 그의 뜻을 굽히지 않았다. 모든 전문가들과 IBM 내부의 관리자들조차 기업 분할만이 살 길이라고 생각했지만, 거스트너는 그들의 의견을 무시했다. 그는 한 부문에 특화된 경쟁자들과 달리 IBM은 자신만의 독특한 강점을 가지고 있다는 사실을 직관적으로 알 수 있었다. IBM의 강점은 고객들의 모든 문제를 일괄적으로 처리할 수 있는 다양한 사업부문을 보유하고 있으며 그 규모도 엄청나다는 것이었다.

IBM은 이런 메시지를 모든 고객들에게 전달하기 위해 새로운 광고를 시작했다. 당시 유능한 광고회사였던 오길비 앤 마더Ogilvy & Mather가 제작한 새로운 시리즈 광고는, 체코 수녀들부터 파리의 노인들에 이르기까지 모든 사람들의 다양한 기술적인 요구를 IBM이 어떻게 해결해주는지를 짧은 이야기로 담고 있었다. 영리하기도 하면서 약간은 별난 이 광고는 IBM의 엄청난 크기가 바로 최대의 강점이라는 생각을 사람들에게 심어주었다. 광고에 등장하는 사람들은 단순히 PC 한 대만을 요구하는 것이 아니라 운영프로그램, 관련 서비스 그리고 컴퓨터 운영에 따르는 부수적인 지원까지 포함한 복잡하고 개별화된 요구사항을 가지고 있다. 그리고 IBM은 고객들의 이런 요구사항을 모두 충족시킬 수 있다. 이 광고는 IBM이 베이징부터 베를린에 이르기까지 전 세계 어디서나 제품을 공급할 수 있는 세계적인 기업임을 강조했다. 거스트너는 '작은 지구를 위한 해결책'이라는 독특한 슬로건을 내걸고, 한때 많은 사람들의 조롱거리였던 회사의 규모를 IBM만의 독특한 경쟁력으로 변화시켰다.

'작은 지구' 광고는 사람들에게 IBM을 사업에 필요한 모든 기술적인 서비스를 한꺼번에 제공해줄 수 있는 세계적인 기업이라고 소개했다. 새로운 광고가 방영되는 동안 거스트너는 회사를 안에서부터 개혁해나갔다. 그가 부임했을 당시 사업부문은 지역에 따라 나뉘어져 있었다. 그러나 이런 구분은 IBM이 전 세계에 있는 고객들에게 적절한 서비스를 제공하는 데 효과적이지 못했다. 이 사실을 간파한 그는 회사를 지역이 아닌 사업부문별로 다시 분류했다. 이를 통해 IBM은 각 사업부문별로 관련된 문제에 대해 효과적으로 대처할 수 있는 세계적 수준의 사내 그룹을 여러 개 탄생시켰다. 이외에도 그는 관리와 마케팅 시스템을 개편하는 한편 임직원들에 대한 임금과 성과급 체계도 완전히 바꾸었다.

거스트너가 조직을 개편한 이후, IBM은 차츰 전환점에 도달하게 된다. 그는 부임 첫 해에 회사를 적자로부터 벗어나게 했다. 부임 2년째가 되자 IBM은 새롭게 시작한 여러 사업 분야의 실적을 바탕으로 수익성이 개선되기 시작했다. 1996년이 되자 거스트너는 IBM을 'e-business 전문기업'으로 새롭게 포지셔닝하고, 다른 기업들이 인터넷의 위력을 제대로 활용할 수 있도록 도와주는 사업을 본격적으로 추진하기 시작했다. 거스트너가 물러날 시점인 2002년이 되자 IBM은 이런 과정을 거쳐 다시 IT업계의 정상에 설 수 있었다. 또한 IBM은 다른 회사들의 경영 관련 문제를 해결하는 데 전념한 결과, 서비스와 컨설팅 부문에서 높은 수익률을 올릴 수 있었다. 결과적으로 IBM의 수익은 거스트너가 부임한 첫해 이후 매년 성장했다.

되돌아보면 언론의 주장이 반은 맞았다고 볼 수도 있다. 당시 IBM에 정말 필요했던 것은 뛰어난 경영자였다. 거스트너는 잘못된 경영방식을 타파하고 영업비용을 절감했을 뿐만 아니라 효과적인 의사결정을 했다. 그는 이 과정에서 새로운 업종과 이머징 마켓^{Emerging market}을 대상으로 현명하고 전략적인 모험을 감행했으며, 이 모험이야말로 IBM의 지속적인 성장에 중요한 밑거름이 되었다. 그러나 거스트너가 실제 뛰어난 경영자이기는 했지만 이것만으로 IBM의 성공을 설명하기는 어렵다. 언론은 그의 실패를 점치면서 거스트너가 훌륭한 경영자라는 사실 외에 또 다른 중요한 사실을 간과했다. 그들은 거스트너가 이전에 IBM의 중요한 고객이었다는 사실을 몰랐던 것이다. 거스트너는 효과적인 경영방식이나 전략적 사고, 탁월한 동기부여 능력 이상의 것을 가지고 있었다. 그가 IBM의 사업영역을 이해하고 IBM을 위기에서 구해내는 데는 바로 IBM의 고객이었던 자신의 경험이 큰 역할을 했다. 그리고 그가 의사결정을 할 때마다 가장 많이 활용했던 것도 바로 IBM과 고객들 간의 공감이었다.

거스트너는 아메리칸 익스프레스 사장으로 재임할 당시, 정보처리 기술에 대한 기업들의 요구가 기하급수적으로 늘어간다는 것을 절실히 느꼈다. 고객들이 언제 어디서든 아메리칸 익스프레스 카드로 아무런 문제없이 제품을 구매할 수 있도록 하기 위해서는 아멕스^{Amex} 신용카드가 항상 제대로 작동하는지 확인해야 했다. 이를 위해서는 카드 사용현황에 대한 실시간 정보를 획득하는 것이 필수적이었다. 이와 같은 시스템을 실현하기 위해서는 지금까지 사용해온 그 어떤 컴퓨터보다도 더 복잡한 컴퓨터 시스템이 필요했으며 이를 운영할 수 있는 프로그램과 고성능의 통신장비도 필요했다. 또한 이와 더불어 대규모의 정보처리 기반시설도 필요했다.

아메리칸 익스프레스는 자신들만의 능력으로 이런 일들을 해내기에는 능력과 시설이 절대적으로 부족하다는 사실을 깨달았다. 마침 다행스럽게도 이런 일들은 IBM이 오랫동안 계속 다루어왔던 분야였다. 거스트너는 고객들이 기술적인 문제로 인해 어떠한 피해도 입지 않도록 기술적인 부분을 IBM에 전폭적으로 의존하고 있었다. IBM은 아메리칸 익스프레스를 위해 정보처리 센터를 짓는 한편 고객관리 프로그램도 개발해주었다. 또한 아멕스가 지속적으로 발전할 수 있도록 전 세계에 걸친 의사소통수단을 개발하는 일을 도와주기도 했다. 만약 IBM이 각 사업부문별로 나뉘어져 12개의 작은 회사들로 구성되어 있었다면, IBM으로부터 제공받았던 통합 서비스는 결코 기대할 수 없었을 것이다. 이런 경험 덕분에 다른 사람들의 IBM 분할 요구를 뿌리치고 거대한 규모야말로 IBM의 강점이라고 고집할 수 있었던 것이다.

거스트너는 IBM이 고객들에게 제공해줄 수 있는 해결책 외에 반대로 IBM의 다른 모습에 대해서도 잘 알고 있었다. IBM이 최악의 상황에 처해 있을 때를 경험한 그는 IBM이 고객들에게 끼칠 수 있는 해악에 대해서도 고려했던 것이다. 그가 아메리칸 익스프레스 대표로 있을 때 일이다. 하루는 한 사업부 책임자가 IBM이 개발한 방대한 정보처리 시스템이 IBM 컴퓨터가 아닌 다른 컴퓨터에서도 제대로 실행되는지 확인하기 위해 암달Amdahl 사의 컴퓨터를 한 대 구입했다. 얼마 지나지 않아 이 사실을 알게 된 IBM은 마치 화가 난 어린아이처럼 보복을 해왔다. 각종 설비와 정보처리 시스템을 포함하여 수백만 달러에 해당하는 프로그램의 납품을 갑자기 취소하겠다고 통보해왔던 것이다. IBM은 이 과정에서 자신의 가장 중요한 고객 중 하나를 잃고 말았다. 이런 일을 경험했던 거스트너는 IBM이 이처럼 말도 안 되는 행동을 다시는 하지 못하도록 했다. 그는 IBM이 중요한 고객들에게 최선의 배려를 다하는 기업이 될 수 있도록 모든 노력을 기울였다. 여기서 말하는 중요한 고객이란 자신의 사업을 운영하기 위해 첨단기술에 의존하고 있는 대기업의 임원들이다.

IBM은 과연 고객들이 IBM을 어떻게 평가하고 있는지 궁금해졌다. IBM의 사장으로 취임한 후 거스트너는 주요 고객사 대표들을 만나 IBM이 잘 못하고 있는 점들에 대해 물어보았다. 이를 통해 그는 IBM의 제품 가격이 너무 비싸다는 사실과 고객사들의 각종 요청사항들에 대한 응답이 너무 늦다는 점을 알게 되었다. 당시 IBM은 고객사들을 방문하여 그들과 직접 만나 사업을 협의하기 위해 전 세계에 직원들을 파견하는 데만 수천만 달러를 쓰고 있었다. 그러나 이런 협의 이후 이어지는 각종 지원과 서비스는 엉망이었다. 이 문제의 심각성을 파악한 거스트너는 빠른 응답 시스템을 구축하고 제품 가격을 인하하는 데 회사의 모든 자원을 투입했다. 그리고 서비스 품질 및 지원 시스템을 개선하기 위해 최선을 다했다. 이런 노력의 결과로 얼마 지나지 않아 서비스 품질과 지원 시스템은 회사에서 가장 크게 개선된 분야가 되었다.

거스트너는 오랜 기간에 걸쳐 고객에 대한 자신의 관심을 회사의 최고경영진들에게 전파했다. 그는 거의 강박적으로 모든 직원회의 때마다 임직원들에게 고객으로부터 무슨 말을 들었는가에 대해 물어보았다. 이 때문에 IBM의 모든 직원들은 기술적인 부분은 일단 제쳐두고, 회사 밖에 있는 사람들이 IBM에 대해 무슨 말을 하고 있는지 귀를 기울여야 했다. 그는 또한 소비자 관련 부서의 문화도 새롭게 개선했다. 그는 IBM에서 고쳐야 할 부분을 찾아내고 앞으로 어떤 사업을 해야 할지 파악하기 위해 끊임없이 노력했다. 이런 변화의 시작부터 마지막 순간까지, 그는 중요한 고객들을 수시로 만나 현재 IBM의 경영이 얼마나 바뀌었고 자신들이 개발한 최신기술이 고객의 당면 과제들을 어떻게 해결할 수 있는지에 대해 자세히 설명했다.

그는 '설명담당 대표이사chief explaining officer'라는 직함으로 활동하는 독특한 CEO였다. 그는 자신의 제품이 어떤 원리로 작동하는지 잘 이해하지 못했지만, 그 대신 고객들에게 IBM이 이 기술을 활용하여 몇 년 안에 컴퓨터 메인프레임의 가격을 63,000달러에서 2,500달러로 내릴 수 있다고 효과적으로 설명할 수 있었다. 그는 기술자는 아니었지만 정보기술이 가지고 있는 전략적인 위력을 믿었다. 그는 이 믿음을 바탕으로 다른 기업의 경영자들에게 IT의 가치를 명쾌하게 설명할 수 있었던 것이다.

루 거스트너는 IBM을 사업부문별로 분사해야만 한다는 월 스트리트의 전문가들과 경쟁사의 경영진 그리고 심지어는 IBM 직원들의 충고를 모두 무시하고 끝내 IBM을 분사하지 않았다. 이렇게 행동할 수 있었던 결정적인 이유는 과거에 그가 IBM의 고객이던 시절의 경험을 바탕으로 자신만의 확실한 정보를 가지고 있었기 때문이다. 그는 직접적인 경험 덕분에 잘못된 정보의 함정을 피해갈 수 있었다. 오라클과 인텔처럼 특정분야에 전문화된 기업들이 존재한다는 것이 IBM을 분사해야만 하는 이유가 되지는 못했다. 오히려 반대로 거스트너는 동종산업 내에 이미 전문화된 기업들이 수없이 존재하고 있기 때문에, 치열한 경쟁 속에서 성공하기 위해서는 통합된 서비스를 제공하는 것이 더욱 바람직하다고 전망했던 것이다. IBM의 고객사들은 자신들이 필요로 하는 각종 기술적인 해결책을 그들 스스로 개발할 수 없었고 또 스스로 개발하고자 하는 의지도 없었다. 이런 사실만 보더라도 IBM을 분사하는 것은 재앙과도 같은 잘못된 결정임에 틀림없었다.

사실 그대로의 세계와 마주하라

루 거스트너가 IBM을 분사하지 않겠다는 결정을 내릴 수 있었던 것은 그가 가지고 있던 정확한 지식에 힘입은 바 크다. 그가 가지고 있던 지식은 사람들이 세상을 살아가는 지혜 또는 본능적 감각이라고 부르는 것이다. 다시 말해 그 지식은 세상의 현실을 직관적으로 이해할 수 있는 능력이다. 많은 훌륭한 지도자들이 바로 이 능력에 의지하여 그들의 일을 추진해나갔다. 확실한 정보를 바탕으로 한 본능적인 직관은 의사결정자들이 일반적인 관점에서 벗어날 수 있도록 도와준다. 그리고 다른 사람들이 미처 보지 못한 성장 가능성을 먼저 발견할 수 있는 기회를 준다. 공감능력의 가장 큰 강점은 다른 사람의 삶이 어떠한지 알 수 있는 본능적인 감각이라는 데 있다. 경영자가 고객과 공감하게 되면 매출을 늘리기 위해서 어떻게 행동해야 하는지 본능적으로 알게 된다.

조직 내에서 의사결정의 근거로 흔히 사용되는 단순하고 불확실한 정보들도 공감능력을 활용하면 확실한 정보로 바뀐다. 공감능력은 경영 지도를 통해 보는 가상세계가 아닌 사실 그대로의 세계를 보도록 도와준다.

자신들의 사업영역에서 무슨 일이 벌어지고 있는지 정확하게 알기 위해서는 직접적인 정보가 필요하다. 하지만 직접적인 정보는 경영 지도에 거의 나타나지 않는다. 바로 이것이 가장 큰 문제이다. 사업에 결정적인 도움을 주는 시장 지도map of a market는 굳이 계량적인 데이터일 필요가 없다. 대신 그 시장과 관련된 사람들이 살아가는 모습과 일하고 즐기는 모습의 단면을 정확하게 전달할 수 있어야 한다. 자신들이 뛰어든 사업영역에서 비로소 느낄 수 있는 참다운 삶의 형태를 경영 시스템 상의 시장 지도를 통해 정확하게 추측할 수 있도록 도와주어야 한다. 만약 의사결정자들이 자신의 사업영역이 실제로는 어떻게 보이는지, 어떻게 들리는지 또 어떻게 느껴지는지 정확하게 알지 못한다면 경영 지도를 제대로 이해하기 어렵다.

가장 효과적인 설득의 법칙 : 디즈니 동물의 왕국

디즈니Disney 사의 연구개발 부서에서 일하고 있던 조 로드Joe Rohde는 정확한 정보가 가지고 있는 가치를 잘 알고 있었다. 로드는 아이디어가 매우 풍부한 사람으로 아마추어 세계여행가이기도 했다. 그는 오늘날의 미국 사회가 잃어버린 것들을 찾기 위해 지구상에서 가장 개발이 안 된 오지를 여행하곤 했다. 어느 날 오지를 여행하던 도중에 그는 디즈니가 야생동물들을 활용하여 할 수 있는 대규모 사업 아이디어가 떠올랐다. 그 사업 아이디어는 도시에 살고 있는 사람들이 아프리카 지역의 사파리에서나 할 수 있는 생생한 경험을 제공해주는 것이었다. 왼편으로는 코끼리 떼가 지나가는 것을 볼 수 있고, 다른 한편에서는 사자의 울음소리를 들을 수 있다면 도시인들은 얼마나 흥미로워할까? 당시 디즈니는 모든 사람들이 빠져들 수밖에 없는 강한 중독성을 가진 '궁극의 야생모험 코스'를 만들어낼 능력을 가지고 있었다.

그러나 이 아이디어를 실제로 사업화하는 데는 한 가지 문제가 있었다.

디즈니는 이전에 동물원을 경영해본 경험이 전혀 없었던 것이다. 회사의 역사를 돌이켜 보면 예전에도 이와 같은 아이디어를 여러 차례 검토해본 적이 있었지만, 디즈니의 경영진들은 늘 같은 결론에 도달했다. '동물원은 지루하고 재미없는 곳'이라는 것이었다. 경영진들은 판타지가 실제 세계보다 훨씬 더 흥미롭다고 믿고 있었다.

조 로드가 동물원 아이디어를 실현하기 위해서는 경영진들이 가지고 있는 편견을 뛰어넘어야만 했다. 오랫동안 궁리하던 그는 마침내 수많은 야생동물들과 신나는 탈거리들로 가득 찬 새로운 테마파크를 만들자는 사업계획서를 이사회에 제출하기로 결심했다. 그는 이 놀이공원을 동물의 왕국 Animal Kingdom이라고 이름 지었다. 그의 팀은 동물의 왕국을 다른 동물원들과 차별화하기 위해 놀이공원 안에 플로리다 중심부를 옮겨놓은 것처럼 거대하게 설계하기로 결정했다. 그는 사업설명회에서 쏟아진 개발비용 대비 예상 입장객 수에 대한 회의적인 질문에도 불구하고, 자신 있게 이 프로젝트가 수익성이 있다는 점을 설명해나갔다. 하지만 그의 상세한 설명에도 불구하고 이사진들이 가지고 있던 동물원에 대한 막연한 거부감은 결국 해소하지 못했다.

이사회가 열리는 도중에 당시 디즈니의 CEO였던 마이클 아이즈너 Michael Eisner는 과연 사람들이 단순히 동물을 보는 것만으로 즐거울 수 있느냐는 가장 기본적인 질문을 던졌다. 그는 약간은 부정적인 톤으로 로드에게 물었다. "그것들은 그냥 동물들일 뿐이잖아, 그래서 뭐가 어떻다는 건가?" 조 로드는 아이즈너의 질문에 웃으며 대답했다. "그렇게 말씀하실 줄 알고 있었습니다." 그리고 자리에서 일어나 회의실 출입문을 향해 걸어갔다. 그가

문을 열자, 문 밖에는 400파운드나 나가는 벵골호랑이 한 마리가 서 있었다. 로드의 지시에 따라 사육사들은 그 호랑이를 아이즈너에게로 데리고 갔다. 디즈니의 회장인 아이즈너는 한 번도 이렇게 큰 덩치의 맹수를 가까이서 본 적이 없었다. 책상보다 덩치가 더 큰 호랑이는 자신의 엄청나게 큰 머리를 CEO의 몸에 부비면서 으르렁거렸다. 아이즈너는 조용히 말했다. "당신이 무엇을 말하고자 하는지 알겠소."

아이즈너는 그 짧은 순간, 지루하게만 생각했던 야생동물들이 디즈니에 놀러 온 가족들에게 얼마나 박진감 있고 매혹적인 경험을 제공할지 느낄 수 있었던 것이다. 아이즈너는 직접 호랑이와 조우함으로써 조 로드가 장시간에 걸쳐 설명하고자 했던 것들을 이해할 수 있었다. 결국 아이즈너는 '디즈니 동물의 왕국Disney's Animal Kingdom' 프로젝트를 승인했다.

동물의 왕국은 1998년 개장한 이후, 입장권이 1인당 70달러에 이르는 고가임에도 불구하고, 매년 890만 명이 넘는 관람객을 끌어들이면서 세계에서 가장 인기 있는 놀이공원 중 하나로 빠르게 자리 잡았다. 동물의 왕국 개장 이후 디즈니의 수익은 50억 달러나 증가했다.

이 놀이공원의 성공은 불확실한 정보를 바탕으로 사업이 추진될 경우 얼마나 많은 것들을 놓칠 수 있는지 여실히 보여준다. 동물의 왕국 프로젝트는 대단히 훌륭한 사업기회였다. 그리고 조 로드와 그의 팀이 사업보고서를 통해 그 필요성을 상세히 설명했음에도 불구하고, 이사진에게 그 사업의 타당성을 납득시키는 데는 실패했다. 그러나 살아 있는 진짜 맹수와 직접 접하면서 느낀 박진감과 흥분을 통해 아이즈너를 비롯한 이사진은 동물의 왕국의 성공 가능성을 예측할 수 있었다. 아이즈너와 이사진들은 의사결정을 하기에 앞서 그들 스스로 놀이공원을 방문할 사람들의 입장에서 생각해야 했다. 이처럼 어떤 사업이 가지고 있는 진정한 가치를 제대로 판단하기 위해서는 우선 그 사업영역에 대해 제대로 알아야만 한다.

과연 벵골호랑이 한 마리로 충분할까?

사람들에게 애매한 아이디어에 대해 평가해보라고 하면, 올바른 의사결정을 하기 위해 필요한 정보가 부족하다고 말한다. 다양하게 획득할 수 있는 방대한 정보들을 축소하는 것은 어렵지 않다. 그러나 이처럼 축소되고 불확실한 자료들로 인해 전체의 모습을 알 수 없어 어려움에 처할 수도 있다. 만약 아이즈너가 으르렁거리는 거대한 벵골호랑이와 직접 맞닥뜨리지 않았다면 '동물의 왕국 프로젝트'도 과거의 다른 동물원 사업 제안들과 마찬가지로 묻히고 말았을 것이다. 호랑이를 직접 보여주는 방식은 조 로드가 오지 여행에서 직접 얻은 경험을 축약시킨 것이었다. 그리고 이를 통해 디즈니가 만들게 될 사파리 공원에 대한 명확한 경영 지도를 보여줄 수 있었다. 호랑이를 직접 데려오는 단순한 방법이라고 생각할지 모르지만, 이 방식은 그가 구상하고 있는 사파리 공원의 모든 개념들을 사실적으로 정확히 반영하고 있었다. 디즈니는 이처럼 정확한 정보 덕분에 중요한 사업기회를 놓치지 않고, 오늘날 그들의 사업에 매력적인 놀이공원을 추가할 수 있었던 것이다.

경영자는 고객의 입장에서 불확실한 정보를 정확한 정보로 변환시킬 수 있어야 한다. 불확실한 정보를 확실하게 만드는 방법은 다양하지만, 그 방법 모두가 커다란 벵골호랑이를 사무실로 직접 데려오는 것보다는 쉽다.

의사결정자는 자신의 고객들과 함께 시간을 보냄으로써 정보의 불확실한 부분을 제거해나갈 수 있다. 이를 위해서 경영자는 고객처럼 직접 물건을 사보기도 하고, 고객의 집을 방문해볼 수도 있다. 경영자는 고객의 제품 구입 방식을 직접 경험해봄으로써 자신의 고정관념에서 벗어날 수 있다. 이런 모든 과정은 그들이 의사결정을 할 때 믿고 활용할 수 있는 정확한 정보를 얻기 위한 것이다. 능력 있는 의사결정자는 이와 같은 과정을 통해 활용도가 높은 정확한 정보를 획득하고, 이를 이용해 단순한 정보들이 의미하는 바를 정확하게 읽어낼 수 있다.

상자 안에 갇힌 경영자들 : 델타 항공

루 거스트너가 IBM에서 보여주었던 것처럼 공감능력은 참고용 정보가 의미하는 바가 무엇인지 정확하게 이해할 수 있도록 도와준다. 마이클 아이즈너와 호랑이의 만남이 그랬던 것처럼 공감능력은 특별할 것 없는 단순한 정보에 생명력을 불어넣어준다. 경영자가 자신의 사업영역에 대한 경험이 전혀 없다면, 자신이 사용하고 있는 경영 시스템을 무조건 믿어서는 안 된다.

9.11사태 이후 항공산업은 큰 어려움에 봉착했다. 당시 델타 항공Delta Airlines도 다른 대형 항공사들과 마찬가지로 살아남기 위해서 비용을 대폭 줄여야만 했다. 비상경영을 통해 최악의 시기를 이겨낸 델타는 재도약을 위한 새로운 전략이 필요했다. 그들은 새로운 성장전략을 만들기 위해 사람들이 비행기로 여행하면서 경험했던 내용들을 분석하는 특별팀을 구성했다. 얼마 지나지 않아 그 분석팀은 고객들에게 보다 만족스러운 비행 경험

을 제공하면 새로운 성장 기회를 창출할 수 있다는 사실을 직감적으로 깨달았다. 이와 더불어 사람들이 더 만족스러운 비행 경험을 할 수 있다면 기꺼이 더 많은 돈을 지불할 의사가 있다는 것도 알게 되었다.

하지만 직관적으로 느끼는 것과 그것을 객관적으로 증명하는 것은 별개의 문제였다. 그들은 경영진의 지지를 끌어내기 위해서 자신들의 생각을 뒷받침해줄 객관적인 정보가 필요하다고 생각했다. 분석팀은 객관적인 정보를 수집하기 위해 수십만 달러를 들여 여행객들을 대상으로 비행 소감을 조사했다. 결과는 역시 그들의 예상대로였다. 성가신 보안검사, 예고 없는 연착륙 그리고 무엇보다 완전히 엉망인 고객서비스는 고객들에게 끔찍한 경험이었다. 분석팀이 만든 보고서는 이런 사실을 명확하게 보여주었다. 더 나아가 이 보고서는 갈수록 경쟁이 치열해지는 항공산업에서 델타가 계속 성장하기 위해서 반드시 개선해야 할 사항들을 상세히 열거하고 있었다.

이런 상황에도 불구하고 델타의 임원들은 분석팀의 보고서를 거들떠보지도 않았다. 자신들의 보고서 내용에 대해 확신했던 분석팀은 도무지 그 이유를 알 수 없었다. 사실 경영진이 그 보고서를 받아들이지 않았던 이유는 매우 단순했다. 일등석을 타고 다니는 그들에게 항공여행이란 언제나 만족스러운 경험이었기 때문이었다. 일등석 항공권을 살 수 있는 미국인이 극소수라는 사실은 그들에게 관심 밖이었다. 엉망인 고객서비스와 수시로 발생하는 기내 난동 그리고 이런 것들에 화가 나 항의하는 승객들까지, 항공사가 지금까지 해왔던 과대 선전과 실제상황은 전혀 달랐다.

델타 항공 경영진의 이런 행동을 이해하기 어렵겠지만, 그들이 고객과 완전히 괴리된 채 일하고 있다는 사실을 알게 되면 금세 수긍할 것이다. 델타 항공의 본사는 애틀랜타의 하트필드 잭슨^{Hearts field Jackson} 국제공항 바로 옆에 위치하고 있다. 델타의 임원이 비행기를 타야 할 경우, 비서가 본사 건물 바로 앞에 차를 대기시켜놓고 있다가 그를 태워 활주로를 가로질러 탑승구 바로 앞까지 데려다준다. 차에서 내린 델타의 임원들은 몇 걸음만 걸어가면 아무 불편 없이 1등석에 앉아 극소수만이 누릴 수 있는 호사스러운 서비스를 받는다. 델타의 고위 경영진 대부분은 이코노미 클래스 내부를 한 번도 본 적이 없었다. 그들에게는 비행이 정말로 훌륭한 경험이었을 것이다. 그렇다고 델타에만 외부세계와 격리된 경영자들이 존재하는 것은 아니다. 시장에서 어려움을 겪고 있는 많은 회사들의 내부를 들여다보면, 그 회사의 의사결정자들은 경영 시스템을 통해 획득한 불확실한 정보나 수치화된 데이터를 바탕으로 의사결정을 한다는 사실을 알 수 있다. 의사결정권을 가진 경영자들의 직접적인 경험이 부족하면, 정확한 정보와 잘못된 정보를 구별해낼 수 없다.

20세기 들어서 많은 기업이 실적과 사업의 방향성을 실시간으로 판단할 수 있는 다양한 시스템을 개발했다. 이런 경영 시스템들은 과학적 데이터를 바탕으로 하기 때문에, 지금까지 믿고 사용할 수 있는 정확한 정보로 취급되었다. 즉, 기업은 그들이 획득한 정보를 자신들의 경영 시스템을 통해 단순한 데이터로 변환시켰다. 이런 시스템이 가지고 있는 가장 큰 문제점은 사업을 하는 데 가장 중요한 고객들의 감추어진 정보를 제공하지 못한다는 것이다. 하지만 이와 같은 문제는 기업이 고객과 진심으로 공감하면 해소될 수 있다. 앞의 사례들처럼 기업이 고객과 공감대를 형성하는 방법을 배우게 되면 장기적인 발전에 큰 도움이 된다. 이것은 전혀 새로운 사실이 아니다. 공감대는 오래전부터 많은 기업들의 실정 향상에 중요한 역할을 해왔다. 고객과 공감함으로써 불확실한 정보를 확실한 정보로 바꾸는 작업은 모든 기업들이 오래 전부터 계속 해오던 일이다.

고객의 욕구를 파악하는 궁극의 방법

나와 동료들은 스탠퍼드 대학에서 니드 파인딩Need Finding이라는 과목을 가르치고 있다. 나는 이 강의에서 디자인에 사회적 조사방법론을 접목하여 가르치고 있다. 정확하게 말하면 우리는 디자인과 경영학을 전공하는 학생들에게 다른 사람들을 관찰하고, 관찰내용을 분석하여 충족되지 못한 다른 사람들의 욕구를 찾아내는 방법을 가르친다. 즉, 학생들이 다른 사람들과 함께 시간을 보내면서 그들의 삶에 대해 배우고, 이를 바탕으로 더 좋은 제품을 개발함으로써 사업을 발전시키는 방법을 고민한다. 항상 첫 시간에는 학생들에게 유인물을 나눠주고 앞으로의 강의계획에 대해 설명한다. 그리고 두 번째 강의에서는 반드시 찰흙놀이를 한다.

우리는 두 번째 강의를 시작할 때, 학생들에게 가장 잘 아는 사람 옆에 앉으라고 부탁한다. 나의 강의를 듣는 학생들은 몇 년간 같은 수업을 들어왔고, 몇 명은 룸메이트이기도 했다. 학생들이 모두 짝을 지어 자리에 앉고 나면 우리는 학생들에게 찰흙을 나누어 준다. 우리가 두 번째 수업에서 학생들에게 요구하는 과제는 아주 명확하면서도 간단하다. 옆에 앉은 자신의 파트너가 제일 좋아하는 음식을 먹을 때 도움이 될 수 있는 도구를 만들라는 것이다. 학생들이 이 과제를 완수하는 데는 평균적으로 20분 정도 소요된다. 나는 학생들이 이 과제를 해결하는 동안, 강의실 안을 걸어 다니면서 그들이 각각 다른 방법으로 과제를 해결해나가는 모습을 지켜본다.

대부분의 학생들은 가장 먼저 파트너에게 무슨 음식을 가장 좋아하는지 물어본다. 그리고 나서 그 음식을 먹을 때 도움이 될 만한 멋진 도구를 만든다. 예를 들어 어떤 학생이 피자를 좋아한다고 말하면, 그 학생의 파트너는 피자를 잘 자를 수 있는 원반 형태의 칼이 달린 도구를 만든다. 이런 부류의 팀들은 필요한 정보를 얻기 위해 짧은 시간에 걸쳐 토론을 하고, 자신이 생각한 도구를 만드는 데 나머지 시간 대부분을 사용한다. 또 다른 한 부류의 학생들은 찰흙으로 도구를 만드는 것과 수정하는 것이 매우 쉽다는 점을 이용해서 문제를 해결해나간다. 그들은 우선 각자 무슨 음식을 가장 좋아하는지 물어본 후 곧 바로 그 음식을 먹을 때 필요한 도구의 초안을 만든다. 그리고 나서 파트너에게 그 초안을 보여주고 의견을 물어본다. 파트너가 자신이 만든 도구의 초안에 대해 어떻게 생각하는지 의견을 내놓으면, 둘 사이에는 다시 불꽃 튀는 대화가 시작된다. 그리고 이 대화를 토대로 도구의 초안을 수정하여 최종 결과물을 만들어낸다.

이런 과정에서 그들은 20분 만에 15개도 넘는 도구의 초안을 만들기도 한다. 그리고 마지막에 이르러 작업을 시작할 때 전혀 생각하지도 못했던 도구를 만들어내곤 한다. 이 학생들은 재빨리 견본을 만들어야만 하는 이유의 중요성을 잘 이해하고 있다. 이와 다른 한 무리의 학생들은 완전히 다른 접근방법을 선택한다. 그들은 먼저 견본을 만들고 토론을 거쳐 제품을 수정하는 작업을 거치지 않는다. 특이한 점은 그들이 작업 중에도 계속 대화를 나눈다는 것이다. 그들이 나누는 대화 속에는 먹는 음식 이야기도 일부 포함되어 있지만, 대부분은 일상적인 잡담에 지나지 않는다.

나는 과제 제출 시간이 다 되면 강의실로 돌아가 학생들이 무엇을 만들었는지 확인한다. 나는 학생들에게 파트너가 누구이며 그들이 좋아하는 음식이 무엇인지 물어본 다음, 무슨 도구를 만들었는지 살펴본다. 각기 다른 방법으로 문제해결에 접근했던 학생들은 예외 없이 전혀 다른 결과를 내놓는다. 주로 개인적인 작업을 통해 도구를 만들어낸 첫 번째 부류의 학생들은 대부분 평범한 작품을 내놓는다. 내가 기억하고 있는 한 학생은 손가락 대신 프라이드치킨을 집을 수 있는 집게 같은 도구를 만들었다. 하지만 내가 그 학생의 파트너에게 그 도구를 사용하겠느냐고 묻자, 파트너는 손가락으로 치킨 먹는 것을 좋아하기 때문에 그 도구를 쓰지 않겠다고 대답했다.

평범한 아이디어들은 이와 같은 반응을 얻게 되는 경우가 많다. 반대로 많은 견본을 만들고 폐기하며 반복적인 수정과정을 거쳐 만들었던 학생들은 파트너가 만족해하는 도구를 만들 수 있었다. 예를 들어, 스파게티를 좋아하는 학생과 파트너였던 어떤 학생은 처음에는 스파게티를 먹기 쉽게 하기 위해 국수를 말 수 있는 도구를 만들었다. 그리고 도구의 초안을 파트너에게 보여주고 많은 대화를 나누면서 파트너가 그런 도구보다 스파게티 소스가 옷에 튀지 않도록 하는 도구를 원한다는 사실을 깨닫게 된다. 이런 부류의 그룹은 성공적인 결과에 도달한다. 바로 파트너(고객)가 도구의 디자인 작업과정에 적극적으로 참여했기 때문이다.

하지만 가장 놀라운 결과는 강의시간 중에 잡담을 하며 시간낭비만 하는 것처럼 보였던 마지막 부류의 학생들로부터 나오는 경우가 많다. 그 학생들은 자신의 파트너조차 전혀 느끼지 못했던 잠재적인 욕구마저 해결할 수 있는 도구를 만들어냈다. 예를 들면 한 학생은 그의 파트너가 시리얼을 좀 더 쉽게 먹을 수 있도록 내용물이 흘러내리지 않는 숟가락을 만들었다. 그 학생은 나에게 그의 파트너가 시리얼을 먹을 때 입고 있던 옷에 우유를 흘리기 때문에 그런 숟가락을 만들었다고 말했다. 나는 그의 파트너에게 정말 우유를 흘리느냐고 물어보았다. 하지만 그의 파트너는 그런 사실을 강하게 부인했다. 그러자 숟가락을 만든 학생은 "야! 너 진짜로 흘린다니까" 하며 끼어들었다. 그는 그의 파트너 자신조차 느끼지 못했던 습관을 도구 디자인에 참고했던 것이다. "나는 지난 몇 년 동안 아침을 먹을 때마다 너의 맞은편에 앉아서 네가 항상 우유를 흘리는 것을 봤어. 너는 못 느끼겠지만 나를 한번 믿어봐. 너는 이 숟가락이 필요해."

나는 실습이 끝나갈 때쯤, 각 부류의 학생들에게 얼마나 오랫동안 서로 알고 지냈는지 물어본다. 그러면 예외 없이 더 오랫동안 알고 지낸 팀이 과제를 더 훌륭하게 수행한 것으로 나타난다. 첫 번째 부류처럼 파트너와 괴리된 채 주로 개인적으로 작업했던 학생들은 그날 처음 만난 사람 옆에 앉은 경우가 많다. 이와 반대로 파트너도 알지 못했던 부분을 보완해주는 가장 흥미로운 디자인을 만들어낸 팀은 몇 년 동안이나 서로 알아온 절친한

공감하는 인간, 호모 엠파티쿠스

친구 사이인 경우가 대부분이었다. 우유를 흘리는 파트너와 그를 위해 특별한 숟가락을 만들어준 친구가 바로 그런 경우에 해당한다. 그 학생들은 상대방에 대한 조그만 비밀마저 다 알고 있기 때문에 뜻밖의 해결책을 손쉽게 얻어낼 수 있다.

나는 여러 가지 이유 때문에 반드시 이와 같은 찰흙실습을 한다. 첫째, 내 강의는 디자인을 가르치는 수업이다. 따라서 무엇인가를 만드는 것으로 강의를 시작하는 것이 좋다고 생각한다. 둘째, 다른 사람을 이해하는 것으로부터 흥미롭고 새로운 해결책을 이끌어낼 수 있다는 사실을 보여줄 수 있다. 셋째, 무엇보다 나는 내 강의를 듣는 모든 학생들이 인류 역사에서 등장하는 모든 물건들이 어떻게 만들어졌는지 고민하기를 바란다. 사람들은 수천 년 동안 그들이 잘 알고 있는 다른 사람들을 위하여 다양한 물건을 만들어왔다. 재단사는 친구들과 가족들을 위해 옷을 만들었고, 구두 수선공은 마을 사람들을 위해 신발을 만들었다. 제품을 만드는 사람과 그 제품을 소비하는 사람 사이에 형성되어 있던 깊은 친밀감을 바탕으로 구두 수선공은 고객의 발이 어떤 특징이 있는지, 고객이 평소 걷는 것을 좋아하는 사람인지 아닌지, 지난 여름 어느 발목을 다쳤는지도 알 수 있다. 하지만 생산자와 소비자 사이에 형성되어 있던 이와 같은 튼튼한 유대는 인간사회에 중대한 변화가 일어나면서 끊어지고 말았다. 그 결과 오늘날은 생산자와 소비자 사이에 벽이 너무 높아 그 벽을 낮추기 위한 노력이 절실하다.

산업혁명 이후 달라진 것들

지난 5000년간의 경제사를 살펴보면, 몇 천 년 동안 전 세계의 1인당 생산성은 변함이 없었다. 인구가 늘어남에 따라 총생산도 늘어났지만 개인적으로는 변함없이 똑같은 양을 생산하고 똑같은 양을 소비해왔다. 하지만 1800년대에 들어서면서 생산성은 기하급수적으로 높아지게 된다. 이 시기에 이루어진 기술적, 정치적, 경제적인 변화는 사회 전반에 걸쳐 큰 변화를 불러왔다. 세계에서 가장 부유한 국가의 1인당 생산성은 200년 동안 12배나 성장했는데 이것은 역사상 가장 높은 성장률이었다. 이것은 결코 작은 변화가 아니었다. 이 변화는 중력의 법칙 발견에 버금갈 정도로 대단한 의미를 가지고 있다.

이 시기에 발생한 산업혁명은 전 세계가 지금까지 경험하지 못했던 막대한 규모의 부를 창출해냈다. 1760년부터 1860년 사이에 영국의 인구는 3배가 되었고, 사람들의 수명은 거의 2배로 늘어났다. 또한 유아사망률은 역사상 가장 낮은 1/10 이하로 떨어졌다. 그리고 이에 비례하여 공산품 생산량은 10배로 늘어났다. 사회적으로도 큰 변화가 일어났는데, 1820년부터 1900년 사이에 영국의 문맹률은 55%에서 5%로 떨어졌다. 그리고 전국적으로 철도가 건설되면서 상업이 번성하고, 사람들은 더 빠르고 손쉽게 먼 곳을 여행할 수 있게 되었다. 이때 등장한 증기선 덕분에 해외수출품의 운송비도 낮출 수 있었다. 또한 산업화된 나라들은 이 당시 지금과 같은 공공기관을 설립했다. 그리고 이와 같은 정치·경제·사회의 큰 변화는 경제번영과 사회변혁을 불러왔다.

산업혁명은 순식간에 세계로 퍼져나갔다. 산업혁명 이전에 수출이익이 전혀 없었던 영국의 경제는 산업혁명 이후 GDP의 20%를 수출로 벌어들이게 되었다. 값싸고 혁신적인 상품들이 산업혁명 이후에 새롭게 나타난 시장

공감하는 인간, 호모 엠파티쿠스

으로 빠르게 유입되면서 새로운 소비자층이 나타났다. 이처럼 멀리 떨어져 있는 지역 간의 상품거래가 급증하면서 새로운 교역통로도 열리게 되었다. 당시 가장 큰 도시였던 런던과 뉴욕 그리고 시카고의 인구가 급속히 늘어나면서 1차생산품의 자급자족이 불가능해짐에 따라 수출과 수입도 증가했다. 다른 지역에 앞서 가장 먼저 산업화된 도시는 과잉생산으로 남아도는 공산품을 다른 지역의 잉여농산물과 맞바꾸었다.

이런 과정을 통해 각종 일자리가 만들어지고 안정된 경제생활을 영위하는 중산층이 급속히 늘어났다. 이때부터 인간 역사상 처음으로 출신 계급이나 혈통보다 업무능력과 사업적 수완이 더 중요하게 여겨지기 시작했다. 원하는 상품을 어디서나 사고 팔 수 있게 되면서 자유교역 시대가 열렸다. 그리고 어느 순간부터 수천 마일이나 떨어져 있는 고객들과 직접 접촉할 수 있게 되었다. 이처럼 수천 년 동안 자유로운 교역을 제한해 오던 모든 장벽들이 하나 둘씩 사라진 것이다.

소비자와 점점 멀어지는 생산자의 딜레마

산업혁명 이후 누구나 마음만 먹으면 자신의 사업을 시작할 수 있었다. 그러나 산업혁명은 이런 긍정적인 효과를 미친 반면 생산자와 소비자 사이에 높은 벽을 만들어 소비자가 원하는 바를 알아내기 어렵게 만들었다. 서로 얼굴을 보고 거래하던 생산자와 소비자가 이제는 세계 각지에 떨어져 있는 수많은 사람들과 동시에 거래할 수 있는 새로운 세상에 살게 되었다. 오늘날 우리는 한 번도 만나본 적조차 없는 미지의 사람들을 위해 제품을 생산하고 있는 것이다.

미국의 국내총생산은 13조 달러가 훨씬 넘는다. 그 중에서 1조 달러 이상이 수출에서 발생한다. 또 총 수출 중에서 60% 이상이 미국 사람들이 거의 알지 못하는 북미대륙 이외의 지역으로 간다. 이와 동시에 미국은 매년 2조 달러에 이르는 다양한 제품을 외국으로부터 수입한다. 생산자와 소비자 사이에 존재하는 이런 물리적인 거리는 전 세계 어디서든 나타난다. 자동차만 살펴보더라도 일본은 자신들이 생산한 차를 유럽과 미국에 판매하고, 미국 역시 자신들이 생산한 차를 일본과 유럽에 수출한다. 인도와 중국은 고객들을 직접 만나지 않고도 관리할 수 있는 고객관리 시스템과 소프트웨어를 세계 최초로 개발했다. 하지만 그 결과 생산자는 자신의 제품을 구매하는 소비자들의 삶이 실제로 어떤지 알 수 없게 되었다. 이것은 마치 지구 반대편에 사는 사람과 짝을 이뤄 파트너가 원하는 도구를 만들어내는 찰흙 실습과 같다. 우리가 평생 먹어보지도 못한 낯선 음식을 먹는 데 필요한 도구를 만드는 것이 과연 얼마나 효과적일까?

터브스 스노슈 컴퍼니Tubbs Snowshoe Company의 예를 살펴보자. 눈 덮인 산을 등반하려는 사람이라면 누구나 터브스 스노슈를 한 켤레 사고 싶어 한다. 이 신발은 튼튼하면서도 가벼운데다 멋있기까지 하기 때문이다. 터브스의 소유주였던 에드 키너리Ed Kiniry는 모든 생산자들이 나무로 만들어진 구식 설상화Snowshoe를 생산하던 1987년에 가장 먼저 금속설상화를 생산하기 시작했다. 터브스 스노슈는 버몬트Vermont의 스토우Stowe라는 조그만 휴양도시에 위치한 공장에서 눈 속의 삶을 즐기는 사람들에 의해 처음 만들어졌다. 하지만 지금은 눈이 귀한 중국 광저우에서 생산되고 있다. 2004년, 키너리는 스키 관련 제품으로 유명한 대형 스포츠 용품 전문업체인 K2에게 회사를 매각했다. 터브스를 인수한 K2는 생산공장을 버몬트에서 광저우에 있는 공업단지로 이전했다. 남중국해 근처에 위치하고 있는 광저우는 로스앤젤레스보다도 더 큰 산업도시다. 광저우는 여름에는 습하고 더운 반면 겨울에는 건조한 지역으로, 설상화를 필요로 하는 사람들과 가장 멀리 떨어져 있는 곳이다.

K2는 회사를 인수하여 생산공장을 광저우로 이전한 후에도 변함없이 버몬트 공장에서 생산되던 것 못지않은 훌륭한 설상화를 생산하고 있다. 그러나 태어나서 한 번도 눈을 보지 못한 사람들이 설상화를 만들기 시작하면서 뭔가 점점 부족해지기 시작했다. 광저우 공장에서 일하는 직원들은 그들이 생산하는 신발의 품질이 좋은지 나쁜지 전혀 알 수 없었다. 물론 설상화를 디자인하는 K2의 디자이너들과 의사결정을 하는 경영진은 좀 더 추운 지역에 거주하고 있으며 눈 위에서 펼쳐지는 스포츠에 대해 완전히 이해하고 있을 것이다. 하지만 그들이 놓친 부분을 메워줄 수 있는 생산직 근로자들의 생산적인 제안을 전혀 기대할 수 없게 된 것이다.

광저우 공장의 근로자들은 자신이 매일 만들고 있는 설상화를 개선할 수 있는 본능적인 직감이 없다. 그들이 아무리 근면하다 하더라도 눈으로 뒤덮인 버몬트의 토박이인 에드 키너리가 나무로 된 설상화를 금속 설상화로 개선시킨 것과 같은 창의적 아이디어는 절대로 낼 수 없다. 이것은 K2 광저우 공장 직원들이 창의적이지 못해서라거나 혹은 제품에 대한 개선 의지가 없어서 그런 것이 아니다. 그 이유는 단지 그들이 소비자들과 너무 멀리 떨어져 있기 때문이다.

생산자와 고객의 삶의 방식이 전혀 다른 상황에서, 생산자가 고객에 대해 아무런 지식을 갖고 있지 않으면 그들이 생산한 제품은 성공할 가능성이 낮을 수밖에 없다. 기업이 아주 멀리 떨어진 곳에 있는 고객을 위한 제품을 생산할 때 디자인과 마케팅에서 어이없는 실수를 하는 경우가 종종 있다. 이런 실수의 일부는 언어와 문화의 차이 때문에 발생한다. 미국 기업이 스웨덴에서 제품을 출시할 때, 스웨덴어를 하지 못하는 미국 직원은 스웨덴인들이 생각하기에 황당하고 공격적인 이름을 선택할 가능성이 있다. 불과 얼마 전만 해도 중국에서 가장 큰 남성용 속옷 제조사가 미국 시장 진출을 시도했지만 이 같은 이유로 실패하고 말았다. 그들은 자신이 생산한 멋진 남성용 속옷이 미국 남성들에게는 통하지 않는다는 사실을 확인하는 것으로 만족해야 했다.

산업혁명 이전에 기업들은 자신의 제품이 잘 팔릴지 아니면 실패할지 추측하기 쉬웠다. 당시에는 생산자와 소비자가 살아가는 방식이 비슷했고 서로에 대해 훤히 알고 있었기 때문이다. 그러나 산업혁명 이후 조그만 회사들이 점점 커지면서 생산자와 소비자 간에 형성되어 있던 공감대는 반대로 점차 희박해졌다.

광저우 공장의 생산팀장은 설상화를 사랑하는 사람들의 생활방식에 대해 아무런 감도 가지고 있지 않다. 미시간Michigan에 있는 배틀크릭Battle Creek사의 경영자들은 뉴델리New Delhi의 어린이들이 아침밥으로 무엇을 먹고 싶어 하는지 전혀 알지 못한다. 실리콘 밸리의 기술자들은 팜비치Palm Beach에 있는 은퇴자들을 위해 컴퓨터 프로그램을 개발하지만, 늙는다는 것이 어떤 것인지 전혀 알지 못한다. 금융회사의 영업담당 직원은 차량 대출을 신청하는 도시 빈민들과 매일 마주하지만 그들에 대해서 거의 알지 못한다.

공감하는 인간, 호모 엠파티쿠스

이 때문에 경영자는 아주 정교한 데이터 시스템의 뒷받침 없이는 그 어떤 결정도 내리지 못한다.

우리는 기술의 발달로 인해 언제 어디서든 데이터베이스에 연결할 수 있는 세상에 살고 있지만, 이와 반대로 기업과 고객과의 관계는 역사상 가장 멀어지고 말았다. 이제는 고객과의 친밀함을 활용하여 사업을 운영하는 경우가 거의 없어졌다. 물론 그렇다고 완전히 사라진 것은 아니다. 아직도 많은 기업이 자신의 고객과 친밀한 관계를 맺고자 한다.

포추니트Fortunate 사는 자신의 고객들을 있는 그대로 정확히 알고 있는 기업 중 하나다. 우리들은 누구나 자신이 필요로 하는 것을 가장 잘 알고 있는 기업의 제품을 사고 싶어 하기 마련이다. 자신이 하고 있는 일이 고객들의 삶에 얼마나 긍정적인 역할을 미치는지 알고 있는 사람들은 더 나은 결과를 창출해낼 수 있고, 자신의 일에 대한 자부심도 더 크다. 더 나아가 기업이 자신이 속해 있는 사업 분야에서 다방면으로 공감능력을 갖추면 긍정적인 사회변화는 물론 수익증대까지 이끌어낼 수 있다. 그러나 무엇보다 중요한 것은 산업혁명 이후 멀어졌던 소비자와 생산자 사이의 거리를 좁히고, 산업혁명으로 인해 생겨난 그들 사이의 장벽을 허무는 것이다.

나는 이 부분에 대해 좀 더 확인해보기 위해 세상에서 역사가 가장 오래된 회사 중 한 곳을 직접 방문하여 살펴보기로 했다. 내가 방문한 회사는 거의 400년 동안이나 변함없이 자신의 고객들과 밀접한 관계를 유지하고 있었다. 이런 밀접한 관계는 그 어떤 시장조사가 제공하는 정보보다 훨씬 더 많은 것들을 알려준다. 그들은 이런 효과를 잘 알고 있었기 때문에 오랜 시간이 지난 지금까지도 고객과 밀접한 관계를 유지하기 위해 고민한다.

모차르트와 링고 스타가 사랑한 심벌즈 : 질지언

드럼을 치는 사람들에게는 기념비적인 제품이 하나 있다. 그 제품은 보스턴에서 동남쪽으로 약 20마일 떨어진 곳에서 생산된다. 아베디스 질지언 Avedis Zildiian 사는 매사추세츠 주 노르웰Norwel의 아담한 공장에서 세계 최고의 심벌즈를 생산하고 있다. 건물 안쪽 벽에는 진 크루파Gene Krupa, 버디 리치Buddy Rich, 스티브 개드Steve Gadd, 그리고 링고 스타Ringo Starr 등과 같은 역대 최고 드럼 연주자들의 기념품이 빼곡히 걸려 있다. 유명한 음악가들의 서명이 담긴 사진들이 벽에 줄지어 걸려 있고, 그들이 선물로 보내준 골든 디스크와 플래티넘 디스크들도 액자에 넣어져 전시되어 있다. 그리고 한쪽 라운지에는 버디 리치가 쓰던 낡은 드럼이 놓여 있다. 이 라운지는 신인 연주자들이 이 회사의 신제품을 직접 연주해보고 자신이 사용할 제품을 고를 수 있도록 배려된 곳이다. 그들이 연주하는 음악이 재즈나 록 혹은 힙합 또는 클래식이라도 상관없다. 질지언의 제품은 음악의 종류에 상관없이 모든 음악가들이 사용하는 심벌즈의 표준이기 때문이다.

질지언 본사는 현재 매사추세츠에 있지만, 매우 독특한 역사를 가진 가족기업이다. 질지언의 역사는 1618년 터키 이스탄불 외곽에서 시작되었다. 당시 아베디스Avedis라는 아르메니아 출신의 젊은 연금술사가 터키 사마티야Samatya의 작은 마을에서 황금을 만들기 위한 연구에 몰두하고 있었다. 당시에는 수많은 젊은이들이 금을 인공적으로 만들 수 있다는 허황된 욕망에 사로잡혀 있었다. 그도 구리나 주석과 같은 일반 금속을 가지고 금을 만들어내기 위해 분주했다. 아베디스는 일확천금을 꿈꾸며 자신의 연구실을 열고 금을 만들기 위한 연구를 시작했다. 운명의 여신의 도움으로 그는 운

좋게도 금 대신 아주 놀라운 것을 발명하게 된다.

그는 금을 만들기 위한 오랜 실험과정에서 주석과 은, 구리를 혼합한 합금을 만들게 되었다. 비록 금은 만들지 못했지만 이 합금은 정말 놀라운 물건이었다. 다른 금속들과 달리 그가 만들어낸 합금은 공처럼 탄성이 있었던 것이다. 대부분의 청동 주조물들은 바닥에 떨어질 때 둔탁한 소리를 내지만 아베디스가 만든 이 합금은 공처럼 튀어 올랐다. 게다가 이 금속은 튀어오를 때 종처럼 맑은 소리를 냈다.

새로운 합금이 내는 아름다운 소리에 매료된 아베디스는 납을 금으로 바꾸는 데는 실패했지만 실망하지 않았다. 그 대신 자신이 만들어낸 합금을 이용하여 심벌즈를 만들었다. 당시 심벌즈는 주로 군대에서 심리전의 도구로 사용되고 있었다. 오스만 제국의 군대는 시끄러운 소리로 적에게 공포심을 주기 위해 심벌즈를 사용했다. 아베디스의 심벌즈는 다른 심벌즈보다 더 멀리 울려 퍼졌다. 자신의 발명품에 만족한 아베디스는 당시 오스만 제국의 황제였던 무라드^{Murad} 4세에게 그 소리를 들려주기 위해서 이스탄불로 향했다. 무라드 황제는 아베디스가 만든 심벌즈의 소리를 들은 후 맑고 큰 소리에 탄복했다. 적군이 자신들의 심벌즈를 두드리며 용기를 북돋우려 해도, 아베디스의 심벌즈 소리가 적군의 심벌즈 소리를 압도하여 적군들에게 두려움을 줄 것이라고 생각했다. 무라드는 아베디스에게 많은 양의 심벌즈를 주문했다. 이후 무라드 4세는 결혼식이나 국가 행사에도 심벌즈를 사용하도록 지시했다. 그는 아베디스에게 부와 명예를 주었을 뿐만 아니라 심벌즈를 만드는 사람이라는 뜻의 질지언^{Zildjian}이라는 작위도 하사했다.

질지언의 본격적인 성장의 역사는 여기서부터 시작된다. 고향으로 돌아온 아베디스는 자신의 집이 있던 사마티야 근처에 심벌즈 공장을 세웠다. 그리고 그 공장에서 아들은 물론 이웃사람들과 함께 심벌즈를 만들었다. 질지언의 심벌즈가 뛰어난 품질을 자랑할 수 있었던 비결은, 연금술 과정에서 만들어낸 특별한 합금을 화씨 1600도까지 가열한 후 공장에서 멀지 않은 마마라 해Sea of Marmara에서 가져온 소금물로 식혔기 때문이다. 아베디스는 이렇게 만들어진 합금을 직접 망치로 두들겨 심벌즈로 만들었다. 이런 과정을 거쳐 만들어진 심벌즈는 즉시 오스만 제국의 궁전으로 배달되었다.

그 이후로 300년 동안, 아베디스의 후손들은 집안 대대로 전해져 내려오는 합금 비결을 바탕으로 심벌즈를 만들어왔다. 그 과정에서 질지언이 만든 심벌즈의 맑은 소리에 반한 많은 작곡가들이 연주에 심벌즈가 들어가는 곡을 만들기 시작했다. 모차르트도 작곡할 때, 배경음악을 활기차게 만들기 위해 심벌즈를 자주 사용하곤 했다. 독일 작곡가인 니콜라우스 슈트룽크Nicolaus Strungk는 질지언의 소리에 심취하여 심벌즈가 주요 악기로 사용되는 특별한 오페라인 〈에스더Esther〉를 썼다. 그는 자신의 곡을 연주할 때는 반드시 질지언이 생산한 심벌즈를 사용해줄 것을 요청했다.

질지언 가문은 이와 같은 주변의 관심을 최대한 활용하는 한편, 작곡가, 음악가들과 밀접한 관계를 유지하기 위해서도 최선을 다했다. 1850년대에는 이런 노력의 일환으로 아베디스 2세가 서유럽에 있는 음악가들에게 자신의 심벌즈를 배달하기 위해 배를 직접 건조하기도 했다. 또한 그의 형제인 케로프Kerope는 온 세상을 돌아다니면서 질지언 가문이 생산한 심벌즈의 명성을 널리 알렸다. 케로프가 전 세계에 있는 고객들을 직접 찾아가 질지언 심벌즈에 대해 설명함으로써 단순한 고객방문 이상의 효과를 얻었다. 자신들의 심벌즈를 사용하는 다양한 음악가들을 만나 최근 음악이 어떻게 진화하고 있는지 듣는 것은 질지언 가문에게 매우 중요한 일이었다.

질지언은 20세기에 접어들 때까지 계속 번창했다. 그러나 20세기에 들어서면서 터키는 아르메니아인들이 살기 힘든 곳으로 변하고 말았다. 역사를 돌이켜보면 다수민족이 소수민족에게 늘 그래왔던 것처럼, 다수민족인 터키인은 소수민족인 아르메니아인을 적대시하기 시작했다. 이 과정에서 발생한 아르메니아 민족운동은 아르메니아인에 대한 터키인의 경계심과 질투를 더욱 증폭시켰다. 두 민족 간에 고조된 긴장은 마침내 아르메니아인에 대한 끔찍한 탄압으로 이어졌다. 터키 정부는 아르메니아인이 소유한 토지를 몰수하고 수많은 아르메니아인들을 특별한 이유도 없이 체포하고 구금했다. 오스만 정부의 묵인 아래 1894년부터 1896년까지 2년 동안에만 최소 10만 명의 아르메니아인들이 목숨을 잃었다. 상황이 계속 악화되자 질지언처럼 세계적으로 유명한 가문도 피난길에 올라야만 했다. 당시 질지언 가문의 수장이었던 아람 질지언Aram Zildjian은 회사를 부쿠레슈티(Bucharest, 루마니아의 수도)로 옮기기로 결정했다.

이후 질지언은 아람의 젊은 조카였던 질지언 3세가 보스턴으로 떠난 1908년까지 부쿠레슈티에 머물러 있었다. 아람의 만류에도 불구하고 가업을 잇지 않겠다고 결심한 아베디스 질지언 3세는 자신만의 행운을 찾아 기회의 땅, 미국으로 떠났다. 아베디스 3세는 미국에 도착한 후, 보스턴에 있는 사탕공장에서 일하면서 사탕 제조부터 배달 그리고 재무에 이르기까지 사업에 대한 모든 것들을 배웠다. 그리고 시간이 흘러 아베디스 3세는 결혼하여 다섯 아이를 두게 되었다. 오랜 경험을 통해 사업에 자신이 생긴 그는 자신의 사탕 회사를 설립했다. 그러나 이것이 가업을 버리고 외도했던 마지막 순간이 될 줄은 아무도 몰랐다. 1927년 어느 날, 아베디스는 그의 삼촌인 아람으로부터 한 통의 편지를 받았다. 편지의 내용은 다음과 같았다.

"나는 기쁨과 슬픔 그리고 크나큰 걱정을 가지고 이 편지를 쓴다. 요즘 나의 건강이 너무 나빠져 우리 가문이 300년 동안 명성을 이어온 심벌즈 제작을 더는 할 수 없게 되었다. 그러나 이미 하늘나라로 가버린 나의 형, 하루샨Haroushan의 아들인 네가 있어 나는 행복하다. 이제 나를 제외하면 네가 질지언 가문의 최고 연장자란다. 따라서 수세기 동안 질지언 가문의 자랑거리였던 심벌즈를 제작하기 위해 꼭 필요한 가문의 비결을 네가 이어받아야 한다. 가문의 비전을 이어 받는 것은 너의 유산인 동시에 의무이기도 하다. 삼촌 아람으로부터."

이 편지를 읽은 아베디스는 당황스러웠다. 그는 20년 전에 이미 가문의 유산을 과거 속에 묻어두고 떠나왔다고 믿었다. 그는 이미 사탕 제조라는 새로운 사업을 하고 있었기 때문에 가업을 잇기 위해 다시 돌아갈 수는 없었다. 지금 그에게는 사탕이 가장 큰 관심사였다. 더구나 심벌즈는 차츰 죽어가고 있는 사양산업이 아니던가. 이런 상황에도 불구하고 질지언 3세는 삼촌의 간절한 요청을 거절할 수 없었다. 삼촌인 아람은 덩치가 매우 크고 대머리에 염소수염을 했으며 배포가 무척이나 큰 남자였다. 그와 그의 조수 두 명은 질지언 3세에게 가문의 비결을 전수하기 위해 이미 보스턴으로 떠난 후였다. 아베디스는 결국 자신에게 선택의 여지가 없다는 사실을 깨달았다.

2년에 걸쳐 아람과 그의 조수들은 아베디스에게 가문의 비결인 청동합금 주조법과 주조된 합금을 두드려 평판을 만들고, 그 평판으로 심벌즈를 만드는 방법을 전수했다. 하지만 그것으로 끝난 게 아니었다. 아베디스는 심벌즈 제작이 끝나면, 만들어진 심벌즈를 누군가에게 팔아야 했던 것이다. 하지만 그는 당시 질지언 가문의 주요 고객인 오스만 황제와 독일 작곡자들과 지구 반 바퀴나 떨어져 있었다.

질지언 3세의 부인 샐리는 보스턴에 새로 생긴 재즈클럽에 가서 드럼 연주자 중에 질지언 심벌즈를 살 사람이 있는지 찾아보자고 했다. 당시 전국 각지의 음악가들은 음악의 중심지였던 보스턴을 정기적으로 방문하곤 했다. 부인의 권유에 따라 재즈클럽을 찾아가 드럼 연주자들과 이야기를 나눠본 아베디스는 '왜 그들에게 진작 물어보지 않았을까' 하는 생각이 들 정도로 많은 것들을 배울 수 있었다. 아베디스는 자신과 대화를 나눈 연주자들 모두가 더 좋은 심벌즈를 갖고 싶어 한다는 사실에 매우 놀랐다. 그 당시 모든 심벌즈는 오케스트라용으로 제작되어 드럼 연주자들이 사용하기에는 만족스럽지 않았던 것이다. 더구나 모든 심벌즈가 유럽에서 수입되었기 때문에 보스턴에서 쓸 만한 심벌즈를 구입한다는 것은 결코 쉬운 일이 아니었다.

그때부터 아베디스는 자신이 만난 드럼 연주자들과 깊은 관계를 쌓아가기 시작했다. 그는 무대 뒤에서 보스턴을 방문한 다양한 음악가들과 함께 어울려 연주에 대해 이야기를 나누면서 시간을 보냈다. 이 과정에서 그는 멀지 않아 드럼 연주자들이 더 좋은 품질의 다양한 심벌즈를 필요로 하게 될 것이라는 점을 깨달았다. 질지언이 수백 년 동안 만들어오던 심벌즈는 오케스트라용으로 만들어져 있어서 드럼용으로 사용하기에는 너무 시끄럽고 무거웠다. 이 심벌즈의 소리를 멈추기 위해서는 손으로 잡아주어야 했는데, 드럼 연주자들의 손에는 항상 드럼 채가 들려 있었다. 당연히 연주 도중에 심벌즈를 손으로 잡는 일은 쉽지 않았다. 그는 진 크루퍼, 파파 존스Papa Jones, 칙 웹Chick Webb처럼 다양한 드럼 연주자들과 밤늦게까지 대화를 나누면서 새 상품에 대한 아이디어를 떠올릴 수 있었다. 아베디스는 이렇게 얻은 아이디어를 바탕으로 새로운 심벌즈를 개발하기 시작했다.

이런 과정을 거쳐 생산된 새로운 심벌즈는 시장에 출시된 즉시 드럼 연주자들로부터 뜨거운 호응을 얻었다. 드럼 연주자들은 아주 강력한 소리가 필요하다는 점과 함께 연주하는 트럼펫의 빠르기에 맞춰 즉시 소리가 멈추어야 한다는 점 등을 아베디스에게 알려주었다. 아베디스는 그들의 요구에 부응하여 크래시Crash라는 이름의 아주 얇은 심벌즈를 만들었다. 이후 크래시는 모든 드럼 연주자들의 필수 장비로 자리 잡았다. 재즈의 전설로 불리는 진 크루퍼는 시간이 흘러도 변함없는 소리를 내는 심벌즈를 원했다. 이에 따라 아베디스는 연주 시 소리가 크지는 않지만 단아한 울림을 내는 심벌즈를 개발했다. 그는 이 심벌즈를 라이드 심벌Ride Cymbal이라고 명명했는데, 훗날 이 심벌즈도 크래시와 마찬가지로 모든 드럼 연주자들의 기본 장비가 되었다.

아베디스는 직접 연주를 지켜본 뒤 연주가 끝나고 나면 연주자들과 심벌즈에 대해 많은 대화를 나누었다. 아베디스는 드럼 연주자들이 연주하는 모습을 유심히 지켜보면서 질지언이 생산하는 모든 제품들을 재즈 연주에 적합하도록 개량했다. 이 결과 탄생한 크래시, 라이드, 스플래시Splash,

하이햇^{Hi-Hat}과 같은 모든 제품들은 오늘날 드럼 세트의 필수 구성요소가 되었다.

그의 전략이 큰 성공을 거두면서 지속적인 발전을 이룬 질지언은 대공황이 한창일 때에도 새로운 공장을 지을 정도로 비약적인 발전을 거두었다. 이 점을 높게 산 〈뉴스위크^{Newsweek}〉는 1938년에 아베디스를 경제 불황을 딛고 성장한 미국의 장인 중 한 사람으로 소개했다. 아베디스 질지언 사는 그 후로도 수십 년 간, 자신의 가장 중요한 고객인 드럼 연주자들과 밀접한 관계를 유지함으로써 빠른 성장을 이어갔다. 아베디스는 은퇴를 앞두고 질지언 합금을 만들 수 있는 가문의 비전을 그의 아들인 아먼드^{Armand}에게 전수했다. 아먼드는 자라면서 디자인과 담금질, 마감작업 그리고 배송에 이르기까지 심벌즈 제작의 모든 과정을 섭렵했다. 아먼드는 오랫동안 실습을 통해 질지언이라는 이름에 걸맞은 실력을 갖춘 심벌즈 장인으로 거듭났다.

아먼드는 심벌즈 제작방법을 배우고 나서 드럼 연주를 배우기 시작했다. 그의 아버지인 아베디스는 드럼 연주자들과 함께 어울리길 좋아했지만 아먼드는 자신이 직접 드럼을 연주하고 싶었던 것이다. 음악을 무척 사랑했던 아먼드는 보스턴에 있는 재즈 바의 무대 뒤에서 거의 살다시피 했다. 그는 다른 음악가들과 어울려 밤늦게까지 파티를 즐기곤 했다. 그들은 함께 모여 새벽까지 삶과 드럼 그리고 장래 포부에 대해 이야기하곤 했다. 아베디스가 아먼드에게 회사를 물려준 1970년이 되자, 질지언의 심벌즈는 드럼 연주자들과의 깊은 유대에 힘입어 재즈는 물론 록 음악에도 사용되기 시작했다.

아먼드는 음악가들과 꾸준히 접촉하면서 얻은 수많은 지식들을 활용하여 심벌즈 제조과정을 개선했다. 이를 통해 심벌즈의 품질을 일정하게 유지할 수 있었으며 품질개선도 이루어냈다. 이외에도 그는 질지언을 방문한 음악가들이 새로운 심벌즈를 직접 연주해보고, 새 상품에 대한 견해를 이야기해줄 수 있도록 사운드 프루프 라운지Sound Proof Lounge를 설치했다. 이후 그는 질지언 제품을 사용하는 훌륭한 드러머를 기리기 위해 '드럼 연주자 공로상'을 제정하기도 했다. 2002년 아먼드가 세상을 떠났을 때, 세상의 모든 드럼 연주자들과 음악 애호가들은 그의 죽음을 무척 슬퍼했다. 하지만 아먼드가 평생에 걸쳐 드럼 연주자들과 쌓아왔던 친밀한 관계는 아직도 그대로 질지언에 남아 있다.

질지언은 지금도 지난 몇 백년간 해왔던 것처럼 드럼 연주자들과 교감을 나누기 위해 계속 노력하고 있으며, 드럼 연주자들의 요구를 제품에 적극 반영하고 있다. 질지언은 드럼 연주자들과 긴밀한 관계를 유지함으로써 계속 흑자를 유지할 수 있었다. 질지언은 직업적인 드럼 연주자들의 요구에 따라 수없이 많은 신제품을 개발했으며, 이 신제품 대부분이 크게 성공했다. 1990년 비니 칼라이우타Vinnie Colaiuta는 스팅Sting과 함께 합동공연을 준비 중이었다. 비니는 이 공연을 위해 현대적이고 세련된 소리를 낼 수 있는 심벌즈를 특별히 주문했다. 이후 이 제품은 질지언의 모든 제품들 중에서 가장 많이 팔린 고객맞춤형 제품이 되었다. 일본의 전설적인 드럼 연주자인 아키라 짐보Akira Jimbo는 2006년에 한쪽은 광이 나지만 다른 쪽은 무광으로 제조된, 그래서 하나의 심벌즈로 두 가지 소리를 낼 수 있는 악기를 구상했다. 훗날 이 제품 역시 많은 드러머들로부터 폭넓게 사랑을 받았다.

질지언은 거의 400년이 지난 현재에도, 심벌즈 시장에서 매출과 품질 모두 선두를 기록하고 있다. 오늘날 질지언은 누구도 부인할 수 없는 심벌즈 시장의 확고한 1인자이다. 이와 같은 성과는 질지언이 드럼 연주자들과 밀접한 관계를 유지해오지 않았다면 불가능했을 것이다. 질지언 직원들 중 많은 사람들이 아먼드와 마찬가지로 드럼을 연주할 수 있다.

잃어버린 고객을 다시 찾아오는 방법

질지언은 새로운 기술이나 시스템이 아니라 우리들에게 아주 익숙한 방법을 통해 성공할 수 있었다. 그들은 시장조사나 연구개발에 시간을 투자하는 대신 자신의 고객인 드럼 연주자들과 깊은 관계를 형성하고 언제나 그들의 요구에 관심을 기울였다.

질지언의 역사를 훑어보면, 드럼 연주자들과 깊은 관계를 형성하고 그들의 요구에 관심을 기울였던 것이 심벌즈 시장 장악의 원동력이었다. 아베디스의 고객이었던 오스만 제국의 황제가 아베디스의 심벌즈에 질지언이라는 이름을 직접 하사했다는 사실만으로도 질지언의 소비자 중심 전략을 알 수 있다. 질지언은 소비자가 브랜드 작명을 직접 해준 독특한 기업인데, 세상 어디에도 이런 일을 경험해본 기업은 거의 없다. 기업이 고객들과 공감대로 연결되어 있으면, 빠르게 변화하는 시장상황에 효과적으로 대응할 수 있다. 고객과 진정으로 공감하는 기업은 성공하기 위해서 정말 필요한 것이 무엇인지 더 빨리 더 정확하게 알 수 있다. 가장 핵심적인 부분에만 집중할 수 있어 경쟁자들에 비해 새로운 기회를 더 효과적으로 발견할 수 있는 것이다. 공감이야말로 정확한 전략 설정과 민첩한 실행력의 원동력인 셈이다.

질지언의 직원들은 모두 자신의 고객이 누구인지 명쾌하게 이해하고 있다. 그러나 불행하게도 이런 경우는 매우 드물다. 대부분의 회사들은 시장조사팀과 판매부서의 직원들만 직접 고객들과 만나 의견을 듣는다. 또 다른 회사들은 신제품을 시험할 때만 소비자들에게 관심을 쏟는다. 이처럼 대다수의 회사들이 직원 중 일부만 고객들과 직접 만나도록 유도하고 있다. 이런 방법으로 입수된 정보들이 다시 압축되어 파워포인트 상의 의미 없는 숫자로 표시된다. 불행하게도 이렇게 만들어진 파워포인트 상의 숫자들은 고객의 모습을 있는 그대로 보여주지 못한다. '교외에 거주하는 가장들의 59%가 자사 브랜드에 대해 호감을 갖고 있다'라는 시장조사 결과를 얼마나 신뢰하고 어떻게 활용할 수 있을까?

대부분의 마케팅 담당자들은 자신이 획득한 불확실한 정보를 수치로 나타냄으로써 신뢰감을 높이려 한다. 이 때문에 기업의 경영자는 고객의 생각을 정확히 알 수 없게 되고, 결국 고객과의 연결이 끊어지고 만다. 이런 상황에서 기업의 관리자들은 '새로 출시한 신제품을 성공시키기 위해 자신들이 할 수 있는 일은 아무 것도 없다'고 체념하게 된다. 고객을 직접 만나는 대신 숫자로 표현된 문서만을 다뤄왔기 때문에 고객을 제대로 알지 못하고, 또 이 때문에 고객과의 접점도 제대로 찾지 못한다.

그러나 미리 실망할 필요는 없다. 이런 절망적인 상황을 얼마든지 정상으로 되돌릴 수 있기 때문이다. 과거에 장인들이 자신의 고객과 밀접한 관계를 유지함으로써 큰 효과를 보았던 것처럼, 오늘날 할리 데이비슨과 IBM처럼 많은 기업들이 잃어버렸던 고객과의 공감을 다시 회복했다. 이런 회사들은 공감대를 회복하는 차원을 넘어서 고객들과 닮아가는 단계에 들어섰다. 항상 고객의 입장에서 생각하고, 판단하려는 그들의 노력은 회사의 지속적인 성장으로 보상받게 된다. 이 기업들이 가지고 있는 공통점은 다른 기업과는 달리 고객의 요구에 자신의 제품을 맞추기 위해 최선을 다한다는 것이다. 그들은 자신의 틀에서 벗어남으로써 고객에 대한 직접적이고 생생한 경험을 얻을 수 있었다. 그들은 문서상의 수치보다 사람을 통해 얻을 수 있는 직접적인 정보가 더 중요하다고 믿었다.

　기업은 신문 또는 시장조사 보고서에서나 접했던 사람들을 직접 만나고 고객들의 삶에서 정확하고 의미 있는 정보를 찾아내야 한다. 이런 접근 아래 생산자가 소비자를 직접 만난다면 재미있는 현상이 일어난다. 지금까지 서로에 대해 막연히 그럴 것이라고 가정만 해왔던 내용들이 실제 경험으로 대체되면서 생산자와 소비자 모두가 이익을 얻을 수 있다.

소비자와 생산자를 직접 만나게 하라 : 런던 농산물시장

니나 플랭크는 영국에서 '국산농산물 소비운동'을 처음 시작한 사람이다. 사실 그녀는 처음부터 국산농산물 소비를 활성화하기 위해 이 운동을 시작한 것이 아니었다. 하지만 결과적으로 그녀의 활동은 국산농산물 소비 활성화에 크게 기여했다. 그녀가 애당초 원했던 것은 그녀가 살고 있는 세상이 어릴 적 경험과 조금이라도 비슷해졌으면 하는 것뿐이었다. 이런 바람을 달성하기 위해 그녀가 생각해낸 전략은 여러 단계에 걸쳐 이루어지던 농산물 거래를 생산자와 소비자 간의 직거래로 바꾸는 것이었다. 그것이야말로 생산자와 소비자 모두 이익을 얻을 수 있는 새로운 모델이었다. 하지만 이 사업 모델은 전혀 새로울 것이 없었다. 옛날부터 있어왔던 고전적인 거래방식을 되살린 것일 뿐이었다.

이 일은 1999년 어느 날 오후, 니나가 요리에 쓸 당근을 사기 위해 집을 나서면서 시작되었다. 그녀는 요리 자체를 매우 좋아했다. 그녀는 특히 신선한 채소와 잘 익은 과일 그리고 최고 품질의 소고기를 사용한 요리를 잘했다. 그날도 마찬가지로 그녀는 당근을 사기 위해 시장으로 갔다. 그리고 생산자 직판대에서 당근 한 묶음을 집어 들었다. 바구니에 당근을 담으려던 그녀는 문득 포장지에 붙어 있는 '프랑스산'이라는 표시를 보고 깜짝 놀라고 만다. 지금까지 구입했던 모든 농산물이 국산일 것이라고 생각했던 그녀는 혼란에 빠져 다른 농산물들도 일일이 들춰보았다. 다른 묶음도 역시 외국산이었다. 고추는 네덜란드산, 토마토는 이스라엘산, 심지어 사과는 멀고먼 뉴질랜드로부터 수입된 것이었다.

니나는 시장에서 팔리는 모든 채소의 절반 이상과 과일의 95% 이상이 해외에서 수입된다는 사실을 알게 되었다. 당시 이 사실은 소수의 사람들만 알고 있었다. 그녀는 이렇게 회고했다. "저는 큰 충격을 받았습니다. 제가 가던 시장 어디에서도 국산 식재료를 살 수 없었으니까요."

이런 생활은 그녀가 모국인 미국을 떠나 영국으로 건너오면서 기대했던 삶이 아니었다. 대학을 졸업하고 세계의회에서 일하고 있었던 그녀는 자신이 유럽을 한 번도 가본 적이 없다는 사실에 문득 자괴감에 빠졌다. 그 즉시 유럽으로 떠나기로 결심한 그녀는 브뤼셀 행 비행기를 탔다. 그녀는 5개월 동안 브뤼셀에 있는 나토NATO 사무실에서 인턴십을 수료했다. 오래된 역사를 가진 나라의 기묘한 아름다움에 매료된 그녀는 영국 주재 미국대사의 연설문 작성자 신분으로 전 세계를 돌아다녔다. 런던으로 돌아온 그녀는

공감하는 인간, 호모 엠파티쿠스

그곳에서의 삶에 매우 만족했다. 런던에서 친구들을 사귀고 그곳을 무척 좋아하게 되었다.

하지만 채소를 사기 위해 시장을 방문했던 그날, 그녀는 중요한 무엇인가를 잃어버렸다는 사실을 깨달았다. 그녀는 어려서 버지니아 휘트랜드 Virginia Wheatland의 한 농장에서 자랐기 때문에 직접 채소들을 재배해본 적이 있었다. 어린 시절 그녀는 집에서 기른 채소를 팔기 위해 매주 그 지역에 있는 농산물시장으로 채소를 날랐다. 9살이 되자 집에서 키운 싱싱한 토마토, 콩, 호박, 오이, 고추, 가지, 옥수수, 바질, 딸기, 시금치, 케일, 양상치, 마늘 등 다양한 채소들을 팔기 위해 혼자서 거리가 꽤 먼 시장까지 가야 했다. 니나의 가족들은 성수기가 되면 일주일에 무려 열일곱 군데의 시장에서 각종 채소를 팔았다. 그들은 모든 채소를 직접 키우고 수확하는 것은 물론 소비자들에게 직접 판매했던 것이다. 12살에는 자신만의 장터를 운영하기도 했다.

니나는 어린 시절 채소를 재배하고 팔았던 경험을 통해 이 문제를 해결하고자 했다. 그녀는 농산물시장을 잘만 운영하면 소규모 농장을 운영하는 사람들도 수익성을 확보할 수 있다는 사실을 잘 알고 있었다. 이런 생각에 확신을 가진 그녀는 자신이 직접 농산물시장을 만들기로 결심했다. 그녀는 인근의 농부들과 계약을 하고, 그들이 그녀의 시장에서 농산품을 팔수 있게 했다. 계약 당시 그녀는 농부들에게 딱 두 가지 조건만을 내걸었다. 그녀의 시장에서 파는 농산물은 런던으로부터 160km 반경 안에서 재배된 것이어야 하고, 본인들이 직접 재배하고 팔아야 한다는 것이었다.

생산, 수확, 운송 등 복잡한 공급체계가 필요했던 과거 방식과 비교하면 그녀의 판매방식은 전혀 색다른 시도였다. 보통 8단계 이상의 유통과정을 거쳐야만 생산자와 소비자가 연결될 수 있었던 기존의 농산물 유통방식과 달리, 니나의 시장은 생산자가 기른 농산물을 소비자에게 직접 판매하도록 함으로써 한 단계의 유통과정만 존재했다. 그녀는 이 시장을 그녀의 고향을 기리는 의미에서 '휘트랜드 농산물시장Wheatland Farmers' Market'이라고 불렀다.

1996년 6월 6일, 니나는 마침내 런던의 부촌인 이즐링턴Islington 부근에 그녀가 생각한 신개념의 시장을 열었다. 새로운 시장에 대한 소비자들의 반응은 뜨거웠다. 호기심으로 가득 찬 수많은 방문객들이 시장이 열리기를 기다리며 문 앞에 길게 줄을 섰다. 개장식에는 현직 장관 두 명이 참석했는데 그 중 농산부 장관이 개장을 알리는 종을 쳤다. 찰스 황태자도 이 시장이 개장한 것을 축하해주었다. 시장의 문이 열리자 런던 인근에서 생산된 신선한 과일과 채소, 고기를 남들보다 먼저 사기 위해 수많은 사람들이 동시에 달려들면서 시장은 순식간에 아수라장으로 변했다. 인근 농부들이 가져온 농산품들은 품절되었다. 시장의 최고책임자이자 소비자이기도 했던 니나는 남아 있던 마지막 당근을 자신이 샀다. 이 시장의 성공을 볼 때, 그 지역에서 생산된 채소를 그리워했던 사람은 니나 혼자만이 아니었던 것이다. 니나는 이후 세 달 만에 두 개의 시장을 추가로 열었고, 본격적으로 시장을 관리하기 위해 다니던 직장을 그만두었다.

지금은 런던 농산물시장으로 이름이 바뀌었지만, 니나의 회사는 런던 전역에 14개의 농산물시장을 운영하고 있다. 그리고 모두 180명에 이르는 다양한 생산자들이 직접 생산한 농산물을 그녀의 시장에서 팔고 있다. 니나는 농산물시장 외에도 1차생산품을 대량으로 판매하는 더즌마켓Dozen

Market을 미국에 처음 열었다. 그녀는 새로운 개념의 시장을 개장함으로써 회사 차원을 넘어 새로운 사회적 변화를 일궈냈다. 그녀가 처음 이즐링턴에 농산물시장을 열었을 때 그 시장은 런던 최초의 농산물시장이 되었다. 당시 농산물시장은 영국 전역에 11개 밖에 없었지만 지금은 전국에 400개가 넘는다. 니나가 시작한 농산물시장은 신선한 식품의 유통방법에 큰 영향을 미쳤던 것이다.

소비자에게 자비심을 기대하지 마라

니나와 관련된 이야기를 읽다 보면, 시대에 따라 식생활이 어떻게 바뀌어 왔는지 알 수 있다. 또한 이것은 아직 실험 중에 있는 자본주의에 대한 훌륭한 사례연구가 될 수 있다. 자본주의의 발전이라는 관점에서 보면, 그녀가 만든 농산물시장은 더 좋은 품질의 농산물을 원하는 도시인들에게 제공한 것 이상의 역할을 했다. 이 시장은 산업혁명 이후 멀어졌던 생산자와 소비자를 다시 한 자리에 모았던 것이다. 생산자와 소비자 간에 형성된 친밀성이 시장의 촉매로 작용하면서 소비자는 우수한 품질의 식품을 살 수 있게 되었고 생산자는 제대로 된 가격을 받을 수 있었다.

시장을 방문한 고객들에게 군이 니나의 시장에서 농산품을 구입하는 이유를 물어보았을 때 그들의 대답은 나의 예상 밖이었다. 니나의 시장에서 팔리는 농산물이 환경호르몬이 없는 유기농 제품이라거나, 다른 시장의 채소들과 영양 면에서 월등히 낫다는 등의 대답을 듣지 못했다. 단순히 자신들이 지불한 비용과 비교했을 때 품질과 가치가 만족스러웠던 것이다.

그녀의 시장에서 농산물을 판매하는 농부들은 좋은 음식에 대한 소비자들의 일반적인 기준이 음식의 원산지에 따라 변할 수 있다는 사실을 알고 있었다. 그래서 니나는 시장 운영규칙에 대해 특별한 규제를 할 필요가 없었다. 실제로 그녀는 농부들에게 유기농 제품을 판매하도록 요구하거나, 가축을 기를 때 성장호르몬제를 사용하지 못하도록 한 적이 없었다. 또한 유전자변형 작물을 재배하지 못하도록 규제한 적도 없었다. 그녀의 시장에서 농산물을 판매하는 생산자들은 그녀가 이런 것을 요구하기도 전에 스스로 정한 기준에 따라 제품을 생산했다.

강요에 의해서가 아닌 시장의 힘에 의해 생산자 스스로 일반적인 기준보다 훨씬 더 강한 기준을 채택했기 때문에 생산자와 소비자 모두 신뢰하고 만족할 수 있었다. 실효성이 없는 각종 규칙을 만드는 대신 소비자와 생산자가 함께 만날 수 있게 해주면 그 사이에서 자동적으로 자기통제가 이루어진다. 생산자들은 자신의 의사결정이 고객에게 미치는 영향을 알게 되고, 본능적으로 소비자에게 긍정적인 영향을 미치기 위해 자신의 행동을 스스로 조정하게 된다. 이와 더불어 생산자들은 돈을 지불하는 소비자들이 원하는 것이 무엇인지 더 많이 알기 위해 노력한다. 그들은 매출을 향상시키기 위해 끊임없이 생산과 판매방법을 수정한다. 그리고 생산자들의 이런 개선 노력은 결국 소비자들의 삶을 향상시킨다.

사람들은 니나가 이루어낸 성과들을 보면서 그녀를 사회운동가로 생각하기도 했다. 그녀가 의식적으로 사람들에게 국내산 농산물의 소비를 권한 것처럼 받아들인 것이다. 그녀가 실제 인근 지역의 제철 과일을 먹으면 건강에 도움이 된다며 소비자들에게 전파했지만 국내산 농산물의 소비 활성화가 그녀의 주요 관심사는 아니었다. 농산물시장을 열었던 진짜 이유는 그녀가 자본주의자였기 때문이다. 간단히 말해 그녀는 돈을 벌기를 원했던 것이다. 니나는 사회운동가가 아니라 매우 뛰어난 사업가였다. 농산물시장으로는 돈을 벌지 못한다는 선입견을 가지고 있던 사람들의 편견을 무시하고, 그녀는 농산물시장을 운영하면서 상당한 이윤을 창출해냈다. 그녀가 만든 회사의 매출은 매년 영국에서 판매되는 총 농산물 매출액의 1%에 달했다. 당시 슈퍼마켓 업계의 평균 영업이익률은 약 25% 정도였던 반면 런던 농산물시장은 60%가 넘었다. 또한 슈퍼마켓은 6%의 순수익을 기록한 반면 니나의 회사는 20% 후반대의 순수익을 달성했다.

1차생산품을 팔아서는 절대로 이익을 낼 수 없다는 유통업계의 고정관념에 따르면, 니나의 회사가 달성한 실적은 엄청난 것이었다. 니나는 이후 농산물시장을 만들게 된 이유에 대해 이렇게 말했다. "사람들은 우리 회사가 돈도 벌었지만, 한편으로는 어려운 상황에 처해 있던 소규모 농장들을 구했다고 말합니다. 우리가 추구한 목표는 단순히 농부들이 정성껏 키운 농산물을 제 값에 팔 수 있고, 소비자들은 좋은 품질의 농산물을 살 수 있는 시장을 만들자는 것이었습니다."

또한 런던 농산물시장은 소비자들이 농부들의 열악한 주머니 사정을 감안해서 동정심으로 농산물을 사준다는 생각을 바꿔놓았다. 자비심은 절대로 시장에서 통하지 않는다. 그리고 그 어떤 구매자도 자비심 때문에 물건을 사지는 않는다. 니나는 기본적으로 '구매자들은 무자비하다'고 생각했다. 니나와 그녀의 회사 관리자들은, 농부들의 상품이 소비자의 기호에 얼마나 잘 맞는가에 따라 성패가 갈리도록 내버려두었다. 농부들은 소비자에게 품질 좋은 농산물을 제공할 때 성공할 수 있었다. 반대로 농부들이 품질이 떨어지는 농산물을 팔면 소비자들은 그들의 상품을 구매하지 않고 다른 판매자에게 가버렸다.

니나는 농부들이 고객의 요구를 충족시키지 못하면 시장에서 도태되도록 방치했다. 또한 그녀는 농산물시장 산업에 전례가 없던 자유경쟁을 처음으로 도입하기도 했다. 대부분의 농산물시장은 한 사람의 농산물만 집중적으로 팔리는 것을 막기 위해 판매에 제한을 두고 있다. 쉽게 말해 한 사람이 다진 양고기를 팔면 다른 상인은 사과를 팔아야 한다는 식이다. 니나는 당시 시장에 널리 퍼져 있던 이런 관습에 강하게 반발했다. 그녀는 이런 판매 제한은 공산주의 국가에서나 가능한 일이라며, 새로운 상인들이 그녀의 시장에 들어오는 것을 허용하고, 상인들 간의 경쟁을 독려했다. 그녀는 이와 같은 시스템에 대해 이렇게 말했다. "자본주의는 정말 대단합니다. 저는 우리 시장의 농부들을 존경합니다. 그리고 우리 시장에서 농산물을 구매하는 소비자들도 마찬가지로 존경합니다. 저는 최선의 해법을 찾아가는 그들의 본능적인 판단력과 능력을 믿습니다."

고객과 더욱 밀접하게 연대해야 한다

질지언과 런던 농산물시장의 사업방식에서 공통적으로 발견할 수 있는 메시지는 매우 중요하다. 회사규모에 상관없이 모든 기업들이 유심히 살펴봐야 한다. 질지언과 농산물시장 모두 고객들과 밀접한 관계를 유지함으로써 지속적인 성장과 수익극대화를 달성할 수 있었다. 생산자가 소비자와 직접 만나면 상호 간에 공감대가 형성되고 성장을 위한 기회를 발견할 수 있기 때문이다. 만남을 통해 공감이 형성되면 생산자와 소비자 모두 서로를 인간적으로 대하고 배려하기 위해 노력한다. 생산자는 고객의 관심사와 가족들의 건강까지도 알게 되기 때문에 고객의 요구에 따라 생산방법을 개선하려고 노력한다. 기업은 자신의 의사결정에 의해 고객들이 영향을 받는다는 사실과 모든 고객은 자신만의 요구사항을 가지고 있다는 점을 알게 된다. 고객에게 부정적인 영향을 미칠 수 있는 편법과 속임수를 피하고 더 힘들더라도 도덕적으로 옳은 의사결정을 하게 된다.

소비자 역시 생산자를 단순히 제품을 공급하는 조직으로만 보지 않고, 인간적으로 대하면서 이전과는 다른 행동양식을 보이게 된다. 주부들이 당근 한 묶음을 사든, 음악가들이 공연 준비를 위해 심벌즈를 구입하든, 아니면 개인사업자가 사무실용 에어컨을 구입하려고 하든 상관없이 모든 소비자들은 다른 사람들과 연대를 형성하려는 본능적인 성향을 가지고 있다. 공감능력을 바탕으로 생산자와 소비자 간에 형성된 연대는 이 둘 사이의 더욱 효율적인 거래를 촉진한다. 소비자는 자신과 공감하는 회사에 충성심을 가지게 되고, 되도록 그 회사에서 생산한 제품을 사려고 한다. 이뿐만 아니라 자신이 좋아하는 제품을 친구들에게도 강력하게 권한다. 그들은 자신과 잘 통하는 회사의 제품과 서비스를 위해서 기꺼이 더 높은 가격을 지불하고 구전 마케팅도 무의식중에 실행한다. 이렇게 행동하는 이유는 누구나 본능적으로 자신과 거래하는 상대방과 정서적인 유대를 갖고 싶어 하기 때문이다.

기업은 고객과 거래할 때 친밀도를 높임으로써 확실한 효과를 볼 수 있다. 생산자와 소비자가 서로를 인간적으로 대하게 되면서 가장 원초적인 형태의 자본주의가 저절로 발생한다. 농부가 토마토를 직접 재배하여 농산물시장에서 판매할 때, 자신의 고객들과 공감하는 일은 그리 어렵지 않다. 하지만 대부분 기업은 수만 명 이상의 고객들을 상대로 사업을 한다. 그들의 고객은 다양한 나라에 살고 있고, 각기 다른 성장환경과 상품에 대한 관심을 가지고 있다. 그래서 관리자들은 효율적인 경영을 위해 자신의 고객의 성향과 욕구를 단순화하고 수치화하는 경영 시스템을 필요로 한다.

그러나 기업은 경영시스템 상의 가상 자료들이 아닌 자신의 실제 사업영역에서 있는 그대로의 구체적인 경험치를 얻기 위해 노력해야 한다. 물론 다양한 사람들과 연대를 형성해야 하는 기업에게 수많은 고객과 공감하는 일은 매우 힘든 일이다. 어떤 기업이라 해도 다양한 고객들과 하룻밤 만에 깊이 공감할 수는 없다. 하지만 어느 기업이나 누군가와 공감하려는 인간의 생물학적 본능만 잘 활용하면 아무리 고객들이 다양하고 까다롭다 해도 차츰 폭넓은 공감대를 형성할 수 있다.

나와 당신 사이,
친밀감을 극대화하라

아드레날린을 분비시키는 폭력적인 게임 개발 : 엑스박스

우리는 앞에서 마이크로소프트가 게임기를 개발하기 위해서 폭력적인 게임을 좋아하는 사람을 직원으로 고용했으며, 또 그로 인해 엑스박스가 성공할 수 있었다는 사실을 배웠다. 마이크로소프트에 고용된 게이머들은 관련자들과 회의하면서 게임 개발을 위한 효과적인 절차를 수립했다. 그들은 이 절차에 따라 자신과 유사한 게이머들이 원하던 놀라운 게임기를 만들어낼 수 있었다. 그리고 이 과정의 이면에는 조직 내 공감능력 확산을 위해 눈여겨봐야 할 또 다른 이야기가 숨어 있다. 이 이야기는 마이크로소프트의 그래픽 디자이너인 시머스 블랙클리Seamus Blackley라는 한 남자로부터 시작한다.

26살의 시머스가 마이크로소프트에 그래픽 디자이너로 입사했을 당시 그는 과거에 자신이 담당했던 프로젝트 실패로 인해 낙심한 상태였다. 시머스는 큰 키에 장난 끼 가득한 미소와 갸름한 턱을 가진 인상적인 외모의 젊은이였다. 그는 한때 혁신적인 가상비행게임인 플라이트 언리미티드Flight Unlimited를 개발하여 컴퓨터게임 업계의 총아로 대접받기도 했다. 그가 개발한 언리미티드는 상승기류의 흐름에 따라 동체가 올라가고 내려가는 비행기의 물리적인 움직임까지 느낄 수 있는 최초의 PC용 게임이었다. 주요 게임업체들이 간신히 10만 개의 게임 패키지를 팔던 당시에 이 게임은 무려 78만 개나 팔려 공전의 히트를 기록했다.

플라이트 언리미티드의 성공 이후 그는 스티븐 스필버그가 설립한 드림웍스 인터렉티브DreamWorks Interactive로부터 입사 제안을 받게 된다. 이 제안을 받아들여 드림웍스에 입사한 그는 스필버그와 함께 트레스패서Trespasser라는 게임의 개발에 착수했다. 이 게임은 놀라운 성공을 거두었던 스필버그의 영화 〈쥬라기공원〉을 바탕으로 만들어졌다. 시머스는 트레스패서가 단순한 컴퓨터 게임을 넘어 비디오 게임 등 오락산업의 핵심 분야로 도약할 수 있는 잠재력이 있다고 생각했다.

드림웍스의 공동창업자인 스필버그, 데이비드 기펜David Geffen 그리고 제프리 카젠버그Jeffrey Kazenberg는 오락산업의 새로운 미래를 제시하겠다는 포부를 가지고 드림웍스를 설립했다. 시머스는 그들에게 비디오 게임이야말로 오락산업의 새로운 트렌드를 제시할 수 있다는 것을 증명하고 싶었다. 시머스는 스필버그와 함께 작업함으로써 자신의 독창적인 게임을 대중들에게 선보일 수 있는 아주 귀한 기회를 잡았던 것이다. 누구나 '쥬라기공원

: 트레스패서'가 성공할 것이라고 믿어 의심치 않았다. 그렇게 믿을 수밖에 없었던 이유는, 이 게임이 천재적인 이야기꾼인 스티븐 스필버그가 설립한 드림웍스와 컴퓨터 게임 디자인의 황태자인 시머스가 함께 개발한 작품이었기 때문이다.

당연히 드림웍스는 PC용 게임으로 개발한 트레스패서를 출시하면서 최소 100만 개의 판매고를 기대했지만, 실제 트레스패서의 매출은 그에 훨씬 미치지 못했다. 사람들이 비디오 게임에 대해 가지고 있는 선입견을 바꾸어 놓고야 말겠다는 그들의 의지는 끝내 실현되지 못했다. 트레스패서를 구입했던 사람들은 이 게임이 최신형 PC에서조차도 잘 구동되지 않는다는 사실을 발견했다. 이와 같은 기술적인 한계 때문에 새로운 고객을 창출해내는 것은 고사하고, 기존 게이머들조차도 트레스패서를 하지 않으려고 했다. 이 때문에 스티븐 스필버그와 시머스의 야심찬 계획은 결국 실패하고 말았다.

트레스패서의 실패로 게임 개발자로서의 경력이 완전히 끝나버렸다고 생각한 시머스는 그 즉시 드림웍스를 그만두었다. 이후 그는 세계여행을 하면서 마음을 진정시키려고 애썼다. 여행에서 돌아온 그는 부모님을 찾아가 함께 지내면서 마음의 상처를 달랬다. 한참의 시간이 흐른 후, 그는 마이크로소프트에서 3차원 그래픽 프로그램을 개발하는 일을 하기로 결정했다. 그 이유는 오로지 그 일이 주는 정신적인 압박감이 적었기 때문이었다. 세계에서 가장 큰 회사인 마이크로소프트의 수많은 직원들 사이에 섞여 들어가 돈도 벌면서 혜성처럼 화려하게 등장했다가 순식간에 망가져버린 자신을 사람들이 잊어버리길 원했던 것이다. 이것이 그가 다시 마이크로소프트에 입사할 당시의 계획이었다.

하지만 1999년 봄이 되자 시머스의 계획은 쓸모없게 되고 말았다. 그가 마이크로소프트에 입사한 지 한 달 후 소니가 플레이스테이션2를 출시했다. 플레이스테이션2의 기능이 뛰어나기는 했지만 복잡한 게임 개발 툴 때문에 개발자들의 작업은 한층 힘들어졌다. 플레이스테이션2는 플레이스테이션1과 전혀 다른 기계적 구성을 가지고 있었으며, 전혀 다른 프로그램체계를 사용했다. 게임 개발자들이 플레이스테이션1을 개발하면서 쌓아왔던 모든 지식은 무용지물이 되어버린 것이다.

이 때문에 게임 개발자들이 플레이스테이션2 게임을 개발하기 위해서는 모든 것을 처음부터 다시 시작해야만 했다. 그리고 그들이 개발해야 하는 것은 수준 낮은 단순한 게임이 아니라 엄청나게 복잡한 최고 수준의 게임이었다. 시머스는 플레이스테이션2가 채택한 새로운 방식이 게임 개발과정에 있어 불필요한 소모를 불러온다고 생각했다. 누군가 나서서 이런 잘못을 바로 잡아야만 했다. 바로 그 순간 갑자기 그의 머릿속에 새로운 생각이 떠올랐다. 그는 그때를 떠올리며 이렇게 말했다. "그 순간 마이크로소프트가 폭발적인 인기를 끌 수 있는 훌륭한 게임기를 만들 수 있다는 사실을 깨달았습니다."

시머스와 그의 동료, 테드 헤이스Ted Hase, 케빈 바커스Kevin Bachus, 오토 버커스Otto Berkes는 즉시 행동에 착수했다. 그들은 자신들이 하고 싶었던 게임 개발을 위한 사업계획서를 작성했다. 그들의 계획은 윈도우용 게임을 개발해본 적이 있는 사람이라면 누구나 친숙하게 느낄 수 있는 게임 개발 툴을 만드는 것이었다. 그리고 최신형 PC보다 더 강력한 게임기능을 보유한 고성능 게임기를 만들어 새로 개발한 게임 개발 툴을 장착하면 되는 것이었다. 이 계획의 성패는 인기 있는 새 게임을 개발할 개발자들을 끌어들일 수 있는 능력에 달려 있었다.

이런 점에 착안한 시머스와 동료들은 게임 개발자들이 새로 개발된 시스템을 마음껏 활용할 수 있도록 최선을 다했다. 이 시스템은 게임 개발자들이 PC용 게임을 개발할 때 이미 사용했던 것과 같은 프로그램 방식이었다. 따라서 이전에 PC용 게임을 개발해본 경험이 있는 사람이라면 누구나 새로운 게임기용 게임을 개발할 수 있었다. 그들은 자신들이 생각하는 게임기 아이디어를 엑스박스라고 불렀다.

마이크로소프트의 CEO인 빌 게이츠는 시머스가 엑스박스 프로젝트를 제안하자마자 즉시 승인해주었다. 소니가 플레이스테이션2를 개발할 당시, 게이츠는 소니에게 마이크로소프트 프로그램을 사용해줄 것을 요청했었지만 소니는 그의 요청을 매정하게 거절했다. 이 때문에 게이츠는 마이크로소프트가 소니보다 더 훌륭한 비디오게임용 시스템을 만들 수 있다는 것을 보여주고 싶었던 것이다. 게이츠는 엑스박스 프로젝트를 당초의 계획보다 더 크게 벌였다. 그는 이 프로젝트의 투자금을 대폭 늘리는 한편 유능한 인재들로 대규모의 개발팀을 구성했다. 게이츠는 당시 포털업체들의 사업 확장에 대한 대응전략을 준비하고 있던 제이 얼라드J Allard를 프로젝트팀의 리더로 임명하고, 개발팀에게 어느 누구도 따라올 수 없는 궁극의 게임기를 개발하라고 지시했다.

개발팀원들은 치열한 게임기 시장에서 승리하기 위해서 모든 사람들을 대상으로 하는 게임기는 개발하지 않겠다고 결심했다. 대신 그들은 아드

레날린을 분비시킬 정도로 강렬하고 폭력적인 게임에 열광하는 마니아들을 대상으로 새로운 게임을 개발하기로 결정했다. 시머스 자신도 폭력적인 게임을 하며 몇 날 밤을 지새우는 사람이었다. 따라서 시머스는 자신과 같은 사람들이 무엇을 원하는지 정확하게 알고 있었다. 과거 드림웍스에서 그가 개발했던 트레스패서는 닌텐도나 소니의 게임과는 달리 중독성 있는 최고 수준의 양방향게임을 지향했었다. 하지만 이 게임은 특정한 게이머들의 욕구를 충족시키고 게임 개발자들에게도 창의력을 마음껏 펼칠 수 있도록 만들어졌다.

프로젝트가 본궤도에 들어서면서 차츰 속도를 내기 시작하자, 시머스는 게임 개발자들과 목표를 공유하기로 마음먹었다. 마이크로소프트는 기존의 경쟁자들과 경쟁하기 위해서가 아니라 위대하고 새로운 게임의 탄생을 위해 게임기 시장에 뛰어들었다는 사실을 명확히 알리고 싶었다. 이 과정에서 그는 많은 게임 개발사들이 게임업계의 전통적인 강자인 닌텐도나 소니에 휘둘리고 있다는 사실을 발견했다. 그들은 닌텐도나 소니가 새로운 게임기를 출시할 때마다 게임 만드는 방법을 새로 배워야 하는 상황에 질려 있었다. 시머스는 이 점에 착안하여 엑스박스를 통해 게임 개발자들에게 편리하고 친숙한 개발 환경을 제공했다. 그래야 그들이 시간을 절약하여 자신의 본래 임무인 더 재미있는 게임을 만드는 일에 매진할 수 있다고 믿었던 것이다. 시머스는 마이크로소프트가 기존 PC에 사용되는 것과 같은 중앙처리장치를 게임기에 장착하고 보다 빠른 그래픽카드를 가진 게임기를 만들면 엑스박스가 틀림없이 소니를 이길 수 있다고 생각했다.

강렬한 게임을 좋아하는 마이크로소프트의 직원들과 목표를 공유한 게임 개발자들로 구성된 엑스박스 개발팀은 마침내 자신들이 원하던 게임기와 그 게임기용 게임 개발에 착수했다. 마이크로소프트의 경영진은 엑스박스 팀에게 전례 없는 자율권을 부여했다. 엑스박스 팀은 마이크로소프트의 어떤 규칙도 따를 필요가 없었다. 심지어는 마이크로소프트가 만드는 모든 기기는 반드시 마이크로소프트가 개발한 운영체제를 사용해야 한다는 가장 기본적인 원칙마저도 따르지 않아도 되었다. 마이크로소프트는 소니를 이기기 위해 기꺼이 이 프로젝트에 수십억 달러를 투자했다. 이 때문에 엑스박스 개발팀은 개발과정에서 처음 예상보다 많은 비용이 들어가도 프로젝트를 계속 추진할 수 있었고, 모든 게임 개발자들이 선호하는 NAVIDIA의 최첨단 그래픽카드를 엑스박스에 사용할 수 있었다. 그들은 게임기를 개발하는 과정에서 그럴듯한 제안들과 수정 요청, 수많은 시장정보 보고서를 받았지만 최초의 계획에 따라 매진했다.

엑스박스는 시머스가 마이크로소프트에 입사한 지 3년쯤 되던 2001년에 마침내 출시되었다. 엑스박스는 출시 첫날부터 공전의 히트를 기록했다. 게임업계의 회의적 시각에도 불구하고, 마이크로소프트는 당시 시장에서 훨씬 앞서 나가던 소니를 맹렬히 추격하기 시작했다. 그리고 얼마 지나지 않아 엑스박스는 게이머들로부터 열렬히 사랑받는 제품으로 자리잡을 수 있었다. 엑스박스 개발자들은 자신과 같은 부류의 게이머들에게만 집중함으로써 이미 성숙한 게임기 시장의 후발주자였음에도 불구하고 즉시 경쟁력을 확보할 수 있었다. 그리고 엑스박스에 이어 출시된 후속 게임기인 엑스박스 360은 소니의 플레이스테이션3보다 무려 두 배나 많이 팔렸다.

비슷한 사람끼리는 공감하기 쉽다

다른 사람과 공감할 수 있는 가장 쉽고 간단한 방법은 바로 그들처럼 생각하고 행동하는 것이다. 우리는 대부분 친밀감을 바탕으로 어렵고 복잡한 상황을 명확하게 정리할 수 있었던 경험을 가지고 있다. 공감능력을 바탕으로 고객과 친밀하게 연결되어 있는 기업의 직원들은 고객이 어떤 생각을 하는지, 최근 시장조사 결과가 무엇을 의미하는지 훨씬 더 쉽게 이해할 수 있다. 따라서 자신들이 고객의 욕구를 충족시키기 위해서 무엇을 해야 할지 자연스럽게 알게 된다.

엑스박스 개발팀이 게이머와 게임 개발자들과 형성한 공감대는 엑스박스의 성공에 크게 기여했다. 엑스박스 개발자들이 엑스박스 사용자들과 똑같이 생각하고 느꼈기 때문이다. 엑스박스의 예는 우리들이 이미 본능적으로 알고 있는 사실을 다시 한 번 강조한다. 사람들은 자신과 비슷한 사람과 잘 지낸다는 것 말이다. 유치원에서 남자 아이들은 남자 아이들끼리, 여자 아이들은 여자 아이들끼리 뭉쳐 다닌다. 고등학교에서도 상황은 달라지지 않는다. 운동선수는 운동선수끼리, 밴드 부원은 함께 음악을 하는 친구들과 다닌다. 정치적 성향이나 취미활동에서도 예외가 아니다. 이것은 우리 사회가 상호작용을 통해 운영되기 때문이다.

우리는 최근의 한 실험에서 자신과 비슷한 사람들과 더 쉽게 친해지는 이유를 생물학적 측면에서 밝혀냈다. 하버드대 대학원에서 심리학을 전공한 애드리안나 젠킨스Adrianna Jenkins는 2007년에 아주 흥미로운 연구논문을 발표했다. 당시 그녀의 연구에 참여했던 지원자들은 연구실에서 각각 다른 성격을 가진 두 명의 대학생에 대한 정보를 읽도록 요구받았다. 제공된 정보는 의도적으로 자세한 내용을 담고 있지 않았다. 지원자들에게 제공된 정보는 매우 단순했다. 한 학생은 뉴잉글랜드 출신의 민주당원으로 사립대학에 다닌다는 것이었고, 다른 학생은 중서부 출신의 공화당원으로 국립대에 다닌다는 것이 전부였다.

지원자들은 이와 같은 간단한 정보를 읽은 후 자기공명영상MRI 촬영실로 안내되었다. 연구팀은 지원자의 뇌 속에서 일어나는 신경작용을 확인하기 위해 그들에게 질문하고 그들이 대답할 때 뇌 속 혈류의 변화를 기록했다. 가장 먼저 지원자에게 두 사람 중 누가 더 친밀하게 느껴졌는지 물어봤다. 그리고 그 질문 후 지원자가 대답하는 순간 그들의 뇌 속 움직임을 MRI로 확인했다. 마지막으로 연구팀은 다음과 같이 질문했다. "두 사람 중 민주당원인 대학생은 유권자들로부터 집중적인 지지를 받으면 어떤 반응을 보일까요? 또 반대로 공화당원인 대학생이 유권자들로부터 집중적 지지를 받으면 어떤 반응을 보일까요? 그리고 만약 지원자 자신이 대중들의 집중적인 관심의 대상이 된다면 어떻게 행동할 것 같습니까?"

연구팀은 지원자들에게 다양한 질문을 하고, 그들이 질문에 대답할 때마다 뇌의 혈류를 확인했다. 이 과정에서 지원자들의 공통된 행동 특성을 발견할 수 있었다. 지원자가 자기 자신에 대해 언급할 때 그리고 두 사람 중 자신과 비슷하다고 생각하는 사람에 대해 언급할 때 지원자의 뇌 속에서 주체성과 인식에 관여하는 신경세포들이 특정한 반응을 보였다. 흥미로운 점은 지원자가 자신과 다르다고 생각한 사람에 대해 생각할 때는 뇌 속의 신경세포들이 아무런 반응도 일으키지 않았다는 것이다.

이 연구는 인간의 뇌에 대한 흥미로운 사실을 보여준다. 우리는 자신과 유사한 사람들이 특정한 상황에서 어떤 반응을 보일지에 대해 큰 어려움 없이 추론할 수 있다. 이것은 우리의 사고방식이 그들과 비슷하기 때문이다. 그들의 행동에 대해 추론하는 것은 우리 자신이 어떻게 행동할지 생각하는 것과 같다. 그러나 자신과 전혀 다른 사람들에 대해서는 이런 직감을 거의 가질 수 없다. 이것이 바로 자신과 비슷한 사람들과 더 쉽게 친구가 될 수 있는 이유다. 또 기업이 공감을 통해 고객들의 욕구를 제품에 손쉽게 반영하는 이유이기도 하다. 이처럼 자신의 고객과 공감을 하게 되면 자신의 목표달성을 위해서 무엇을 해야 할지 명확해지고 별 고민 없이 즉각적으로 실행할 수 있다.

문제는 경제야, 바보야! : 1992년 미국 대통령 선거

1992년 어느 날, 제임스 카빌James Carville은 갑자기 그의 자리에서 벌떡 일어나 사무실 정중앙에 위치하고 있는 벽 쪽을 향해 걸어갔다. 루이지애나 출신의 카빌은 언제나 자신만만하고 다른 사람들과 논쟁하기를 좋아했다. 사무실 중앙벽 앞에 선 카빌은 마커 펜을 꺼내 들고 아무 말 없이 3개의 문구를 화이트보드에 대문자로 커다랗게 써내려갔다.

- 변화 VS 현재 상황의 유지 혹은 악화
- 경제, 바보
- 의료보험을 잊지 말자

카빌은 글을 다 쓰고 난 뒤 사무실 안을 둘러보며 자신과 함께 빌 클린턴을 위해 선거운동을 하고 있던 사람들에게 이 세 가지 메시지를 가슴 깊이 기억하라고 말했다. 당시 클린턴의 지지도는 현직 대통령이던 조지 부시와 제3의 후보인 로스 페로Ross Perot 사이에서 변함없는 2위를 답보하고 있었다. 클린턴 진영은 갖은 노력에도 불구하고 선두를 지키고 있던 부시를 따라잡지 못하고 있었다.

카빌은 세 가지 문구를 화이트보드에 쓴 그날 미국 대통령 선거를 승리로 이끌 수 있는 가장 중요한 열쇠를 발견했다. "여론조사 결과와 각종 언론의 뉴스들은 모두 잊어버려야 합니다. 다른 후보들이 중요하다고 생각하는 것들도 신경 쓸 필요가 없어요." 카빌이 생각했던 1992년 대선의 핵심은 다음과 같았다. "미국의 경기가 계속 나빠지면서 일반 시민들의 삶은 점점 더 피폐해지고 있다. 향후 정부는 이런 상황을 개선하기 위해 어떤 조치를 취해야만 한다. '문제는 바로 경제야, 바보들아.' 만약 이것이 제대로 먹힌다면 승리는 우리의 몫이 될 것이다."

카빌도 다른 사람들과 마찬가지로 성장환경의 영향을 많이 받았다. 그는 무척 가난한 가정환경 속에서 자랐는데, 이 때문에 매우 고집스러운 성격을 지니게 되었다. 훗날 그 자신도 인정했듯이 그는 항상 집안의 경제상황에 대해 걱정하며 자랐다. 제임스는 오랜 역사를 가진 뼈대 있는 카빌 가문의 아들이었다. 그는 루이지애나 남쪽에 위치한 조그마한 도시 카빌에서 태어나고 자랐다.

카빌은 미시시피 강가에 자리한 습지도시였다. 카빌 가문의 사람들은 대대로 그 지역의 우체국장을 지냈기 때문에, 마을사람들은 그의 가족의 성을 본 따서 마을 이름을 카빌이라고 지었다. 카빌 가문은 우체국장이라는 자리를 매우 중요하게 생각했으며, 그들이 연방정부를 위해서 일한다는 사실에 큰 자부심을 가지고 있었다. 제임스의 아버지 체스터는 마을의 우체국장이면서 군인으로 복무한 적이 있었다. 그는 2차 세계대전이 끝날 무렵 조지아에 있는 베닝 요새Fort Benning로 배치 받았다. 그의 부인은 그곳 베닝에서 장남인 제임스를 낳았다. 전쟁이 끝난 후 카빌로 돌아온 체스터 부부는 7명의 아이를 더 낳았고, 그들 모두를 카빌에서 길렀다.

제임스가 커가면서 그의 가족은 먹고 살기 위해 열심히 일해야 했다. 체스터는 우체국장으로 일하면서 잡화점도 운영했지만 장사가 신통치 않았다. 이 때문에 그의 부인은 집집마다 돌아다니며 백과사전을 팔아야 했다. 카빌 집안은 모두 부지런히 일했고, 정부로부터 보조금도 조금씩 받아 그럭저럭 꾸려갈 수 있었다. 제임스는 이런 어려운 가정상황 때문에 고등학교를 졸업하자마자 군대에 입대해야 했다. 그러나 운 좋게도 그는 미국 군대의 지원을 받아 대학에 입학할 수 있었고, 법학대학원까지 마쳤다. 군대의 도움으로 학업을 마친 제임스는 루이지애나의 시골마을에서 자랐지만 훗날 널리 존경받는 정치 컨설턴트가 되었다. 그는 미래가 암담한 사람들에게 새로운 기회를 주기 위해 만들어진 정부정책의 직접적인 수혜자였다. 정부가 평소 서민들에게 새로운 기회를 주겠다던 약속은 그에게 있어서만큼은 진실이었다.

이러한 믿음은 그가 1992년 미국 대선에서 클린턴을 위해 일할 당시에도 그대로 남아 있었다. 카빌은 임금노동자들이 경기침체로 인해 점차 붕괴되고 있다는 사실을 깨달았다. 그는 온 나라에 드리운 고통의 실체를 느낄 수 있었다. 그는 정부가 교육지원, 감세, 의료보험 등 다양한 지원정책을 통

공감하는 인간, 호모 엠파티쿠스

해 이런 문제들을 해결해줌으로써 노동자들의 고통을 덜어줄 수 있다고 확신했다. 그는 정부의 규모가 너무 큰 것이 미국 사회에 부담으로 작용하지만, 자신의 아버지처럼 열심히 일하며 최선을 다해 살아가는 사람들이 꿈을 이룰 수 있도록 돕기 위해서는 정부의 지원이 절실하다고 생각했다. 또한 자신의 아이들이 훌륭하게 커서 사회에서 성공하기를 원했다.

가장이 이 두 가지 바람을 실현할 수 있느냐에 따라 그들의 자부심이 달라졌다. "우리가 이번 선거에서 이기기 위해서는 반드시 이 부분에 대한 해결책을 제시해야 해요. 그것이야말로 이번 선거의 승패를 가르는 핵심입니다. 문제는 바로 경제야. 이 바보들아!"

클린턴이 선택한 선거 전략의 핵심을 잘 보여주는 제임스 카빌의 이 강력한 메시지는 유권자로부터 큰 공감을 불러일으켰다. 그의 메시지가 대부분의 사람들이 느끼던 바를 함축하여 담고 있기 때문이었다. 노동자들의 생각을 잘 대변하고 있는 카빌의 메시지 아래로 사람들이 모여들었다. 사람들은 누군가 자신을 잘 이해해준다고 생각하면, 상대방에 대해 긍정적인 반응을 보인다. 카빌이 노동자들과 견고한 공감대를 형성하자 그들은 '우리는 클린턴을 지지한다!'라는 말로 보답했다.

물론 카빌이 생각해낸 훌륭한 메시지도 효과적인 전달자가 없었더라면 그대로 묻혀버리고 말았을 것이다. 하지만 클린턴은 '문제는 경제야. 이 바보야!'라는 문구를 통해 미국인의 대다수를 차지하는 소시민들에게 친근하게 다가갔다. 이 캠페인 덕분에 클린턴은 범접하기 힘든 대선후보가 아니라 다른 노동자들처럼 소시민이라는 이미지를 형성할 수 있었고, 이를 통해 미국 전 지역의 노동자들과 튼튼한 연대를 맺을 수 있었다.

클린턴은 어릴 때 아칸소 주의 시골마을에서 할아버지와 어렵게 살았다. 그 이후로도 경제력이 없는 어머니와 학대를 일삼던 주정뱅이 아버지 밑에서 아무런 희망도 없이 가난한 어린 시절을 보내야 했다. 그는 열악한 가정환경을 극복하기 위해 부지런히 일해야만 했다. 그는 다른 여느 젊은 이들처럼 색소폰도 연주해보고 한때는 마리화나까지 피웠으며, 마약소지죄로 수감된 적이 있는 말썽쟁이 의붓 형을 항상 경계하며 살아야 했다. 이처럼 보잘것없는 성장과정과 엉망이었던 가정환경이 클린턴을 우리와 같은 평범한 시민으로 바꿔놓았던 것이다.

클린턴은 카빌의 전략을 채택한 후 필사적으로 이를 추진했다. 그는 기회가 주어질 때마다 경기침체가 불러온 심각한 문제들에 대해 공감의 메시지를 전달했다. 이를 통해 직업을 잃고 자신의 가정을 꾸려나가느라 고단한 사람들의 고통을 전하고 위로해주는 통로로 삼았다. 그는 언제나 첫째도 경제, 둘째도 경제, 셋째도 경제를 외쳤다. 그의 이런 말에는 자신의 어린 시절 경험이 더해지면서 연설에 진정성을 부여했다. 그리고 얼마 지나지 않아 무명후보였던 남부지역의 젊은 주지사의 지지율은 조금씩 올라가기 시작했다.

경제가 더욱 침체되면서 미국인들은 당시 대통령이 자신들과 얼마나 다른 삶을 살아왔는지 차츰 느끼기 시작했다. 매사추세츠 주 상원의원이었던 조지 H. W. 부시의 아들인 조지 부시는 로널드 레이건 정부의 부통령이 되기 전에는 텍사스 주의원, UN 대사, 공화당 전국위원장을 역임했으며 심지어는 CIA 국장까지도 지낸 적이 있었다. 부시는 대통령 후보로 출마하기 전에는 친척들과 함께 유전개발 사업체를 경영했다. 부시는 스스로 텍사스를 자신의 고향이라고 주장하지만, 그는 뉴잉글랜드 억양을 가지고 있었다. 그는 태어나서 한 번도 먹고 사는 문제 때문에 고민해본 적이 없었다. 그는 남들에게 고개 숙이는 법을 배우고 난 이후, 공화당의 대선후보로 출마하여 막강한 조직력과 자금력을 바탕으로 대통령이 될 수 있었다. 그는 경기 침체가 서민들에게 악영향을 끼친다는 사실을 어렴풋이 알고 있었지만, 직접 경험해본 적이 없었기 때문에 그 절실함을 정확하게 느낄 수 없었다.

이런 사실은 그가 1992년 2월 잡화상총회를 방문했을 때 여실히 드러나고 말았다. 잡화상총회에서 그는 악몽과 같은 실수를 저지르고 만다. 그곳에서 전시장을 둘러보던 부시는 당시 새로 출시된 바코드 스캐너를 비롯하여 새로운 기술을 활용한 다양한 제품들을 접하고 큰 감명을 받았다. 그러나 문제가 불거진 것은 당시 〈뉴욕 타임스〉가 '1976년부터 여러 가게에서 바코드 스캐너가 사용되었음에도 불구하고, 부시 대통령이 한 번도 계산용 스캐너를 본적이 없다고 말했다'는 기사를 게재했기 때문이다. 그 기사는 결국 나중에 거짓으로 드러났지만 많은 사람들이 부시가 위험할 정도로 세상물정을 모른다고 믿게 만들기에 충분했다. 그는 1966년 이후 줄곧 정치권에서만 활동해왔고 그가 한 번도 슈퍼마켓에 가보지 않았을 수도 있다는 추측은 상당히 설득력이 있었다.

부시의 선거운동 참모들은 이런 이미지를 없애기 위해 최선을 다했다. 그러나 그들의 노력은 오히려 상황을 더욱 악화시켰다. 그들은 대통령이 직접 슈퍼마켓에 가서 채소를 산 적이 있다는 사실을 증명하기 위해 객관적인 증거를 제시했다. 그들이 제시한 증거는 부시가 일 년 전 뉴잉글랜드 메인 주 케네벙크포트Kennebunkport 해안가에 있는 자신의 별장(방 9개, 차고 4개)

109

에서 그곳 슈퍼마켓을 직접 방문하여 채소 몇 가지를 샀다는 영수증이었다. 부시를 보통사람처럼 보이게 하려던 참모들의 전략은 그들의 의도와는 반대로 부시의 호화스러운 삶을 보여주고 말았다. 이 사건으로 인해 두 후보의 이미지는 확실히 굳어졌다. 클린턴은 가난과 배고픔이 무엇인지 잘 알고 있는 후보인 반면, 부시 대통령은 자신을 위해 대신 물건을 사다줄 비서가 있는 부유한 후보였던 것이다. 클린턴은 당시의 유권자들이 가장 중요하게 생각하는 문제가 바로 경제라는 사실을 잘 알고 있었다. 그리고 상대방 후보를 '진짜 경제를 모르는 바보'로 만들어버렸다.

당시 제3의 후보였던 텍사스의 사업가 로스 페로도 서민들의 경제적인 고통에 대해 이야기하면서 순식간에 경제는 대선의 가장 중요한 이슈가 되었고, 클린턴은 절호의 기회를 잡았다. 결국 클린턴은 난공불락의 경쟁자였던 부시를 물리치고 백악관에 입성할 수 있었다. 비록 박빙의 승리이긴 했지만, 강력한 현직 대통령을 상대로 이룬 승리라는 점에서 그 의미가 더욱 컸다.

선거운동을 막 시작하던 초반에는 클린턴의 승리는 전혀 불가능한 것처럼 여겨졌다. 선거 초반에 부시는 클린턴이 도저히 따라잡을 수 없을 만큼 엄청난 격차로 앞서고 있었지만 결국 선거에서 클린턴에게 지고 말았다. 패배의 원인은 무엇이었을까? 부시가 서민과 공감하지 못하고 연대하는 데 실패했기 때문이다. 클린턴은 유권자들에게 저녁에 함께 어울려 술잔을 기울이고 싶은 평범한 사람처럼 느껴진 것이다. 반면 부시는 골목에서 놀던 아이들이 친 야구공이 자신의 집에 떨어지면 절대 돌려주지 않을 것만 같은 괴팍한 노인처럼 보였던 것이다.

제임스 카빌은 일반적인 미국인의 시각을 자신들의 선거 전략에 반영함으로써 불가능해 보였던 선거를 끝내 승리로 이끌 수 있었다. 또한 어린 시절을 힘들게 보냈던 클린턴의 승리는 직접적인 경험을 통해 얻은 공감능력의 승리이기도 했다. 다른 후보들과 달리 조지 H. W. 부시는 대통령이 되기 오래 전부터 연방정부를 위해 일해 왔다. 그러나 정치가로서 확보한 그의 전문성은 미국인들이 자신의 삶을 진정으로 이해하는 클린턴에 공감하고 빠져들면서 아무런 효과도 발휘하지 못했다.

아이러니한 것은 클린턴 역시도 당선된 지 8년 후에, 자신이 물리쳤던 전임 대통령의 아들인 조지 부시에게 대통령 자리를 내주었다는 점이다. 당시 조지 부시도 일반적인 사람과 다름없이 보였기 때문에 대통령에 당선될 수 있었다. 특별히 뛰어날 것 없는 이력과 외교에 대한 경험도 전무한 조지 부시가 대통령으로서 완벽한 조건을 갖춘 엘리트 정치인인 앨 고어^{Al Gore} 부통령을 이길 수 있었던 단 한 가지 이유는 부시가 앨 고어보다 더 평범해 보였기 때문이다. 사람들은 젊은 부시를 편안하게 생각한 반면, 고어는 만나자 마자 자신의 정책에 대해 장황하게 설명하며 잘난 체할 것 같은 사람으로 여겼던 것이다. 결국 두 선거 모두 공감 형성 여부에 따라 승패가 갈린 것이다. 평범한 미국인이 원하는 것을 정책에 반영했던 후보가 두 선거에서 모두 이길 수 있었다.

성공 뒤에 따라오는 함정 : 엑스박스, 닌텐도에 당하다

여러 관점에서 검토해볼 때, 1992년 미국 대통령 선거에서 빌 클린턴이 예상을 벗어난 뜻밖의 승리를 거둘 수 있었던 이유는 결국 한 가지로 귀착된다.

클린턴이 미국 국민들과 연대감을 형성했던 반면 현직 대통령인 부시는 그러지 못했던 것이다. 조지 H. W. 부시는 국민들과 연대하기보다 자신이 지금까지 이루어왔던 성과를 과시함으로써 국민들의 지지를 얻으려고 했다.

그는 해군 조종사부터 시작하여 대통령에 이르기까지 오랫동안 국가를 위해 헌신해왔다. 그럼에도 불구하고 그가 미국인들의 마음속에서 멀어진 이유는 단 하나, 그가 살아왔던 삶이 보통사람들의 삶과 너무나 괴리되어 있었기 때문이다. 그는 평범한 사람들이 경험해보지 못했던 문제를 해결했고, 평범한 사람들이 만나보지 못한 사람들을 만났다. 또 평범한 미국인들이 거의 가보지 못한 곳을 여행할 수 있었다. 이런 이유로 자신과 미국 국민들의 사이는 점차 멀어지고 있었던 것이다. 그리고 부시의 또 다른 문제는 그를 좋아했던 사람들이 국민의 대다수를 차지하는 일반인이 아니라 외교관, 정치인, 그리고 백만장자와 같은 특별한 사람들이라는 점이었다. 역설적으로 그는 자신이 이룩한 성공의 희생양이 되고만 것이다.

흥미롭게도 마이크로소프트의 엑스박스도 이와 비슷한 문제에 봉착했다. 엑스박스가 하드코어 게이머들을 대상으로 하는 게임기 시장에서 1위로 부상하면서 그들의 전략에 금이 가기 시작했다. 사실 그들이 고객으로 생각했던 하드코어 게이머는 그 수가 그리 많지 않았다. 이처럼 시장규모가 제한적인 상황에서 2006년에 닌텐도가 위^{Wii}라는 이름의 가족용 게임기를 출시했을 때 마이크로소프트의 대응은 정말 엉망이었다. 이 때문에 위는 시장에 출시된 지 단 10개월 만에 엑스박스 360으로부터 게임기 시장의 1위 자리를 손쉽게 빼앗을 수 있었다.

이뿐만 아니라 닌텐도 위는 소니가 플레이스테이션3을 출시하는 데도

먹구름을 드리웠다. 엑스박스 개발팀이 기존의 게이머들과 쌓아왔던 공감대는 마이크로소프트가 게임기 시장에서 경쟁력을 갖추는 데 큰 도움이 되었다. 그러나 닌텐도는 자신들의 타깃을 게임을 좋아하는 게이머에서 일반인으로 확대하고 모든 사람들에게 관심을 기울이면서 남녀노소 누구나 쉽게 즐길 수 있는 새로운 게임기 시장을 개척할 수 있었다. 마이크로소프트는 기존 게이머들의 생각을 반영하는 데는 성공했지만 그 이외의 사람들이 무엇을 원하는지 전혀 몰랐던 것이다.

이것이 바로 성공 뒤에 따라오는 전형적인 문제다. 만약 우리가 이런 문제에 적절히 대응하지 못하면 주변 사람들과 이어진 연결고리가 끊어질 수 있다. 보통 처음 회사를 설립할 당시에 대부분의 설립자는 자신의 고객에 대해 뛰어난 직감을 가지고 있다. 마이크로소프트는 1970년대 초에 특별한 프로그래머들을 상대로 사업을 하려던 괴짜 프로그래머들에 의해 설립되었다. 나이키 역시 뛰어난 육상화를 만들고 싶어 했던 한 육상코치와 그의 선수들 몇 명에 의해 설립되었다. 이런 기업들은 설립될 당시 뛰어난 경영 시스템이 없음에도 불구하고 회사를 성공적으로 운영할 수 있었다. 그 이유는 회사를 설립한 경영자들이 자신과 같은 부류의 사람들을 위한 제품을 만들었기 때문이다. 마이크로소프트는 프로그래머들에 의해 설립된 덕분에 훌륭한 프로그램 툴을 만들 수 있었으며, 나이키는 육상선수들이 설립했기에 뛰어난 육상화를 만들 수 있었던 것이다.

그러나 이런 기업들의 규모가 점점 커지고 회사가 발전하면서 경영진들은 점차 고객들과 다른 모습으로 변해가기 시작한다. 항공사 임원들은 더 이상 이코노미석을 타지 않게 되고, 토마토소스 제조사는 한 번도 집에서 스파게티를 만들어본 적이 없는 하버드 출신의 MBA를 영입하기 시작한다. 회사 직원들의 삶은 점차 고객의 삶과 달라지고, 생산자와 소비자 사이에 존재했던 공통점은 사라진다. 이런 상황이 장기간 지속되면서 회사 내부 구성원과 외부인 사이에 엄청난 장벽이 생기고 만다.

거대한 유리벽에 갇힌 도시 : 미국 자동차 산업의 몰락

자동차는 맨 처음 유럽에서 발명되었지만 자동차를 일상생활의 필수품으로 만든 사람은 미시간 주 디트로이트 시민들이다. 랜섬 E. 올즈Ransom E. Olds가 처음으로 설립한 자동차공장부터 헨리 포드Henry Ford가 미시간 주 디어본Dearborn에 설립한 자동차 생산 라인까지, 디트로이트는 자동차를 위해 만들어진 도시였다.

1970년대만 해도 디트로이트는 전국에서 가장 부유한 도시 중 하나였다. 랜싱Lansing, 플린트Flint, 어번 힐즈Auburn Hills 같은 지역에 사는 사람들은 몇 십 년 동안 고등학교를 졸업하면 곧 바로 높은 임금을 받을 수 있는 그 지역 자동차 공장에 아무런 어려움 없이 취직할 수 있었다. 또한 미시간은 다른 지역이 따라올 수 없는 대규모의 고속도로와 가장 넓은 도로를 만들었다. 그리고 차를 몰고 가면서 분위기를 즐길 수 있는 멋진 풍경의 드라이빙 코스인 크루징 코스도 그 화려함을 자랑한다. 포드Ford, 제너럴모터스General Motors, 크라이슬러Chrysler가 지역 경제에 미치는 영향력은 실로 엄청났다. 그들은 회사를 발전시키는 동시에, 미시간 주에 살고 있는 사람들의 삶의 질도 함께 향상시켰다.

그러나 최근 미국 자동차 회사들은 생존을 위해 몸부림 치고 있는 형편이다. 일본과 독일 그리고 한국의 경쟁자들은 미국 3대 자동차 회사들의 시장점유율을 큰 폭으로 빼앗아 갔다. 한때는 캐딜락과 링컨이 미국 내의 고급차 시장을 주도했었지만, 지금은 일본이 생산한 렉서스Lexus가 고급차 시장을 이끌고 있다. 미국 자동차 회사들은 수익률이 높은 반면에 기름 소모가 많은 SUV와 대형 트럭에만 지나치게 의존하는 바람에 국제 유가가 급격히 올라가면서 치명적인 타격을 받았다. 또 호황기에 직원들에게 지나친 복지를 제공함으로써 회사가 지불해야할 의료보험 비용은 날이 갈수록 점점 커져만 갔다. 더욱 심각한 문제는 최근에 퇴직한 직원들의 수명이 부모 세대와 비교하여 훨씬 더 길어졌다는 것이다. 이 때문에 회사가 퇴직자들에게 지급해야 하는 연금비용도 눈덩이처럼 늘어났다.

이와 같은 비용의 가파른 증가는 자동차 회사들에 큰 부담으로 작용했지만, 생산과 판매가 거기에 미치지 못하면서 회사의 손실은 점점 더 커져갔다. 미국 자동차 회사들이 현재 당면하고 있는 가장 큰 문제는 포드, GM, 크라이슬러 모두 소비자들이 사고 싶어 할 만한 차를 만들 능력이 없다는 것이다. 최근 들어 매출이 잠시 늘어나는 것처럼 보이지만, 그것은 대부분 자동차 회사들이 판매를 늘리기 위해 무리하게 시행한 환불정책 덕분이었다. 이런 환불정책은 순간적으로는 자동차 회사의 시장점유율을 높이겠지만, 장기적으로는 회사의 수익성에 치명적인 영향을 준다. 나중에는 이마저도 어렵게 되자 총 판매량의 3분의 1에 해당하는 물량을 과도한 할인 가격으로 렌터카 회사에 넘겨버렸다.

미국 자동차 회사들이 겪고 있는 오늘날의 이런 비참한 상황은 하루아침에 닥쳐온 것이 아니다. 3대 자동차 회사들은 지난 몇 십 년간에 걸쳐 서서히 침몰해왔던 것이다. 1984년만 하더라도 미국 자동차 회사가 미국 시장의 81%를 점유하고 있었다. 그러나 오늘날 그들의 미국 시장 점유율은 50%도 되지 않는다. 판매 감소는 오랜 기간에 걸쳐 단계적으로 이루어져 왔으며, 1990년대에 들어와서 SUV와 트럭 판매의 호조로 인해 반짝 되살아났을 뿐이었다.

과거 미국 자동차 회사의 임원들은 일본이나 독일, 한국의 경쟁자들을 대수롭지 않게 여겨 안일하게 대응했다. 그들은 해외 제조사들이 디젤과 하이브리드 기술을 개발하기 위해 대규모로 투자하고 있을 때, 자신들이 생산하는 차량의 연비를 높이려는 노력조차 하지 않았다. 그들은 차의 품질을 향상시키기 위한 중요한 투자를 기약 없이 모두 뒤로 미루었다. 이뿐만 아니라 그들은 차의 형태와 특징 그리고 스타일 등에 대한 고객의 선호도를 파악하고 이를 제품에 반영하는 데도 무신경했다. 왜 그들은 이런 어려운 상황이 닥쳐올 때까지 문제들을 그대로 방치했을까? 그것은 자동차에 대한 그들의 지식과 기술이 경쟁사들에 비해 떨어지기 때문이 아니다. 미국 자동차 회사들은 언제든지 마음만 먹으면 국내에서 가장 뛰어난 인재들을 즉시 고용할 수 있었기 때문에 눈앞에 닥친 문제를 심각하게 생각하지 않았던 것이다. 결국 이런 상황이 발생하게 된 가장 핵심적인 이유는 전반적인 공감의 결여에서 찾을 수 있다.

우리가 이미 앞에서 살펴본 것처럼 성공 뒤에는 항상 위험이 뒤따른다. 자동차 시장이 호황기였을 때 미국 자동차 회사들은 고위관리자들에게 회사가 출시한 최신 자동차를 무료로 사용할 수 있는 쓸모없는 제도를 만들었다. 당시 고위관리자들이 사용하던 차는 회사에서 연료까지 모두 지급해주었기 때문에 자신들이 직접 연료를 넣을 필요조차 없었다. 자동차 회사들은 여기서 한발 더 나아가 'A 계획A plan'이라고 불리는 황당한 계획을 수립했다. 이 계획의 골자는 직원들이 차를 살 때 큰 폭으로 할인해주는 것이다. 이 제도는 자신의 직원들뿐만 아니라 그들의 친구와 가족에게도 똑같이 적용되었다. 자동차 회사에 다니는 사람은 물론, 자동차 회사와 관련된 사람이라면 누구나 도매가격보다 훨씬 낮은 가격에 신차를 구입할 수 있었다. 이처럼 터무니없을 만큼 지나친 혜택들로 인해 미국의 자동차 회사는 누구나 가고 싶어 하는 환상의 직장이 되었다. 이런 복지제도 때문에 디트로이트에 살고 있는 운전자들은 다른 주에 거주하는 사람들에 비해 훨씬 자주 차를 바꿨으며, 보다 더 저렴하게 차를 구입했다. 하지만 이런 비정상적인 상황은 디트로이트에 뜻밖의 결과를 가져왔다.

디트로이트 지역에서 차를 몰아본 사람이라면 누구나 다른 도시들과 상황이 전혀 다르다는 점을 깨닫게 된다. 최근 들어 미국 자동차 회사들이 역대 가장 낮은 국내 시장점유율을 기록하고 있음에도 불구하고 디트로이트 지역 고속도로는 미국산 차들이 가득 메우고 있다. 다른 지역에 비해 디트로이트 지역에서는 혼다Honda와 도요타Toyota를 찾아보기 힘들다. 도요타 캠리Camry는 미국에서 가장 많이 팔리는 승용차임에도 불구하고 디트로이트 거리에서는 찾아보기가 쉽지 않다. 즉, 디트로이트 시민들이 몰고 다니는 차들은 대부분 직원할인을 받지 못하는 타 지역 사람들에게는 전혀 인기가 없는 모델들이다.

애당초 직원들을 위한 복지제도의 일환으로 고안된 A 계획이 뜻밖에도 디트로이트의 자동차 시장상황을 다른 도시들과 전혀 다른 모습으로 왜곡시켜 놓았던 것이다. 이런 왜곡된 환경 아래서 포드와 GM 그리고 크라이슬러의 직원들이 고객의 취향과 요구를 제대로 반영한다는 것은 불가능할 수밖에 없다. 게다가 2006년 포드가 포드와 자신의 계열사에서 생산한 차를 운전하는 직원들만 디어본에 있는 트럭공장의 주차장을 이용할 수 있도록 제한하면서 상황은 더욱 심각해졌다. 당시 포드가 처한 위기상황을 고려한다면 내부 직원들의 단결을 요청한 것은 올바른 판단처럼 보일지도 모른다. 그러나 이 조치로 인해 포드는 공장 밖에 있는 타 지역들과 완전히 격리되고, 포드의 직원들은 더욱 왜곡된 시각으로 세상을 보게 되었다. 경쟁사들이 소비자들에게 어떤 제품을 제공하는지 알지 못하는 기업이 무슨 수로 그들과의 싸움에서 이길 수 있겠는가? 오히려 포드는 경쟁사들이 생산한 차를 가까이 두고 분석하고 연구해야 했다.

나는 디트로이트에 가족이 있다. 그래서 이 문제는 나에게 개인적인 문제이기도 하다. 미국 자동차 회사들은 디트로이트를 다른 지역과 전혀 다른 지역으로 만들어버림으로써 자신들을 고립시켰다. 이와 동시에 그들은 고객과 공감하는 법을 잃어버렸다. 자동차 회사의 의사결정자들은 이와 같이 왜곡된 상황에서 입수된 잘못된 정보를 바탕으로 의사결정을 했고, 실제 상황과 맞지 않는 그릇된 결정을 내릴 수밖에 없었다. 그들은 거대한 유리 상자 속에 갇혀 살고 있었던 것이다.

디트로이트의 기업인들과 정부가 직면하고 있는 문제는 너무 복합적인 것이어서 단 한 번에 해결하기는 어렵다. 디트로이트는 높은 실업률과 날이 갈수록 늘어가는 부채, 그리고 지역의 기반 산업이 극복하기 힘든 어려움에 처하면서 서서히 침몰하고 있다. 디트로이트의 기업계 고위간부들이 다

공감하는 인간, 호모 엠파티쿠스

른 사람들과 같은 평범한 시각으로 세상을 보는 법을 배우지 않는다면 이 문제는 끝내 해결되지 못할 것이다.

책상 위의 보고서를 맹신하지 마라

때로는 회사 내부의 직원들과 고객 사이에 존재하는 근본적인 차이가 기업의 존망을 위협하는 중대한 문제를 불러일으킬 수 있다. 현재 디트로이트가 안고 있는 수많은 문제점들은 미국 자동차 회사의 의사결정자들이 경쟁사의 차를 탈 이유나 기회가 없었다는 점에서 비롯되었다. 이 때문에 그들은 경쟁사의 차를 선호하는 일반적인 미국인들의 시각으로 자동차 시장을 보지 못했다. 물론 모든 회사가 소비자의 생각을 곧바로 제품에 반영할 수 있는 것은 아니다. 사무실용 의자 제작자가 고객들의 제품 사용 후기를 확보하여 제품개선에 활용하는 것은 어려운 일이 아니다. 그러나 치명적인 병을 치료하는 데 사용되는 약품을 생산하는 제약회사가 자신들이 생산한 제품의 사용 후기를 얻기란 무척 어렵다.

그럼에도 불구하고 나는 자신들이 보고 느낀 점을 제품에 반영하는 회사와 반영하지 않은 회사의 비율을 볼 때마다 매우 안타깝다. 새로운 시장을 개척할 방법을 찾기 위해 끊임없이 노력하는 회사들은 반드시 성공적인 제품을 만들어낸다. 본연의 사업과는 전혀 다른 새로운 사업을 최근에 시작한 회사들이 경영진과의 상담을 위해 나를 초대하는 경우가 종종 있다.

몇 년 전에 나는 인스턴트 젤라틴을 만드는 회사인 젤로Jell-O의 고위 경영자의 초청을 받아 회사를 방문했다. 젤로는 미국인들이 피크닉을 갈 때나 조금씩 음식을 가져와 나누어 먹는 팟럭 파티pot luck party에 갈 때마다 반드시 챙기는 필수품목이다. 이렇게 탄탄한 시장기반을 확보한 젤로가 어려움에 직면한 것이었다. 그들의 매출은 계속 떨어지고, 새로 출시한 신상품이 창출하는 수익만으로는 점점 커져가는 손실을 더 이상 보전할 수 없는 상황이었다. 젤로가 이 위기를 극복하기 위해서는 근본적인 변화가 필요했다.

이 위기상황을 극복하기 위해 급히 구성된 대응팀의 구성원들 중 어느 누구도 자신들이 직면한 문제를 어떻게 해결해야 할지 몰랐다. 최근 들어 사람들이 젤로를 과거에 비해 덜 먹는 이유를 회사는 전혀 알지 못했다. 우리는 대응팀과 함께 몇 시간에 걸쳐 여러 수치들로 가득 찬 프레젠테이션 자료를 계속 검토했다. 하지만 끝내 최근 들어 매출이 감소하는 근본적인 원인을 알아내는 데는 실패했다.

가만히 프레젠테이션을 지켜보던 나는 손을 들고 일어나 방 안을 둘러보았다. 그리고 그 자리에 참석한 사람들에게 최근 6개월 동안 젤로를 먹어본 적이 있는지 물어보았다. 방안에 있는 사람들 중 아무도 손을 들지 않았다. 나는 이 상황이 매우 흥미로웠다. 이런 상황이야말로 젤로가 당면하고 있는 가장 근본적인 문제임에 틀림없었다. 디트로이트 자동차 회사들이 고객의 요구사항이나 경쟁사의 제품은 제쳐두고 자신의 제품에만 관심을 집중했던 것처럼, 젤로도 자신의 고객들과 괴리되어 있었던 것이다. 당초 의도가 무엇이든 간에 자동차 회사들과 젤로 모두 외부 세계와 연결된 끈을 스스로 끊어버린 것이다.

당신의 뇌 속에서 일어나는 일 : 거울신경

다른 사람의 신발을 신고 걸어보라

자신의 고객들을 직원으로 고용하는 것이 공감의 효과를 가장 빨리 볼 수 있는 방법 중 하나다. 그러나 이 방법은 이미 앞에서 살펴본 것처럼 굉장히 제한적이다. 실제 한 부류의 사람들과 깊은 유대를 형성하게 되면, 다른 부류의 사람들과 또 다른 관계를 맺는다는 것이 쉽지 않다. 이 때문에 다양한 부류의 사람들로 이루어진 시장의 변화에 무감각해질 수 있다. 다양한 사람들에게 제품을 판매하는 기업이 어느 한 부류의 사람들과 공감하고 그들의 요구만 제품에 반영해서는 시장에서 성공하기 어렵다. 즉 여러 부류의 사람들과 폭넓게 공감할 수 있는 능력을 가지고 있어야 성공할 수 있다. 기업에게는 다양한 부류의 잠재적 고객들과 폭넓은 관계를 형성할 수 있는

121

능력이 필요하다. 자신만의 틀을 깨고 나가 다른 사람들의 시각으로 세상을 보고, 모든 것들이 얼마나 다르게 보이는지 알아야만 한다.

내가 스탠퍼드 대학에서 맡고 있는 니드 파인딩need finding 수업에서 학생들에게 내주는 가장 중요한 과제 중 하나는 '가죽구두 프로젝트Moccasins project'이다. 이 과제는 상대방의 가죽구두를 신고 1마일을 걷기 전까지는 절대로 다른 사람을 섣불리 판단하지 말라는 아메리카 원주민들의 옛 지혜를 일깨워준다. 이 과제에서 나는 학생들에게 자신과 전혀 다르다고 생각되는 사람과 함께 시간을 보내면서 그 사람의 입장이 되기 위해 노력해보라고 지시했다. 이 과제를 받은 학생들은 과거에 전혀 경험해보지 못했던 자동차 영업사원으로 일해보거나 이주노동자들과 함께 포도를 수확하기도 했다. 심지어 자신들의 성Sex과 반대되는 성이 되어보기도 하고, 사자 조련사가 되는 법을 배우기도 했다.

이 과제는 패티 무어가 직접 노인들의 세계로 들어갔을 때 일어났던 놀라운 일들을, 학생들이 직접 몸으로 체험할 수 있는 기회를 제공한다. 사실이 니드 파인딩 강의를 무척이나 하고 싶었던 이유는, 내가 학창시절 이 수업을 들을 때 직접 참여했던 가죽구두 프로젝트에서 경험했던 것들과 상당 부분 관계가 있다.

내가 이 과제를 처음 받았을 때, 가장 먼저 내 친구 머피 데이비스Muffy Davis가 떠올랐다. 당시에 머피는 나와 같은 기숙사를 사용하고 있었는데, 그녀는 올림픽선수 급의 스키 실력을 가지고 있었다. 그녀는 인생의 대부분을 아이다호 썬 밸리Idaho Sun Valley의 눈밭에서 보냈다. 그러나 불행하게도 그녀는 연습 도중에 나무에 부딪혀 하반신이 마비되고 말았다. 사고 후 그녀는 대부분의 시간을 휠체어 위에서 보내야만 했다. 머피는 우리들이 갈망하는 강한 결단력을 가지고 있는 멋진 여자였다. 사고를 당해 휠체어에 앉아 있는 그녀를 처음 만났을 때, 나는 그녀가 매일매일 어떻게 살아가고 있는지 전혀 상상할 수 없었다. 바로 그때 가죽구두 프로젝트가 나에게 그녀의 생활을 어렴풋이나마 느끼게 해주었다.

당시 나는 완벽하게 다른 사람의 입장이 되기 위해서는 끊임없는 연습이 필요하다고 확신했다. 자동차 영업사원이나 사자 조련사와는 달리 장애인은 하루 일과가 끝날 때까지 장애를 그들로부터 떼어낼 수 없다. 진정으로 머피의 삶을 이해하기 위해서 나는 아침에 잠자리에서 일어나는 순간부터 밤에 침대에 누울 때까지 계속 휠체어를 타기로 결심했다. 나는 두 다리를 묶어 걸을 수 없도록 만들었다. 다행히도 우리 기숙사는 장애인을 위한 화장실 시설을 갖추고 있었고 샤워시설도 1층에 있었다. 나는 체험기간 동안 장애인용 시설에서 가까운 곳에 있던 친구와 방을 바꿨다.

확실히 휠체어를 처음 탄 날은 모든 것이 혼란스러웠다. 휠체어 임대비용은 한 달에 40달러였지만, 처음 휠체어를 타보는 나는 10달러를 더 주고 50달러에 초경량 휠체어를 빌리기로 했다. 휠체어를 받기 위해 가게로 가는 도중에 나는 머피가 타고 있는 것과 같은 세련된 검은색 휠체어를 상상하고 있었다. 머피의 휠체어는 파리까지 타고 다녀와도 아무런 문제가 없을 것처럼 튼튼해 보였기 때문이다. 나는 휠체어 가게 점원에게 내가 원하는 휠체어 사진을 보여주었다. 그러나 허무하게도 내가 들은 대답은 이것이었다. "안 됩니다. 손님. 그것은 대여용 모델이 아닙니다."

그는 가게 뒤편에 있는 창고로 들어가 나의 기대에 한참 못 미치는 임대

123

용 휠체어를 밀고 나타났다. 실망스럽게도 그 휠체어의 몸체는 무거운 쇠파이프로 만들어져 있었고, 앉는 부분은 쉽게 땀이 차는 재질로 되어 있었다. 그것은 마치 병원에서 환자들이 타는 휠체어처럼 보였다. 그 휠체어를 타면 나한테 진짜 무슨 문제가 있어 보일 것 같았다. 하지만 나에게는 선택의 여지가 없었다.

머피는 내 휠체어를 처음 보자마자 크게 웃음을 터트리며 말했다. "행운을 빌어줄게. 넌 그 휠체어를 타다가 틀림없이 사고로 죽고 말거야." 그러고 나서 그녀는 휠체어를 타는 사람들은 누구나 처음에는 자신이 신청한 맞춤 휠체어가 만들어지기 전까지는 내 것과 같은 휠체어를 타야 한다는 사실도 알려주었다. 그러나 맞춤용 휠체어가 만들어지는 동안만 이런 휠체어를 타는 것도 매우 행복한 편에 속한다고 덧붙였다. 많은 사람들이 수천 달러나 되는 맞춤 휠체어를 살 수가 없어 내 것과 같은 휠체어를 평생 타야 한다고 했다.

휠체어를 타고 해내야 했던 나의 첫 임무는 학교에 가는 일이었다. 휠체어를 타고 비가 와서 진창이 되어버린 학교 운동장을 가로 질러 강의실로 가는 길은 영원히 끝나지 않을 것처럼 느껴졌다. 설상가상으로 내가 쓰고 있는 안경에 습기가 차서 앞을 볼 수조차 없었고, 천으로 만들어진 시트는 비에 곧 젖고 말았다. 얼마 지나지 않아 나는 속옷까지 완전히 젖어버리고 말았다. 나중에 나는 머피에게 비가 오면 어떻게 해야 하는지 물어보았지만, 그녀의 대답은 간단했다. "비에 젖는 수밖에 없지."

강의실로 가는 동안 휠체어 바퀴를 굴리던 손이 미끄러지면서 계속 브레이크에 부딪혔다. 그리고 손이 브레이크에 부딪힐 때마다 엄지손가락 윗

부분에 상처가 생겼다. 아직 휠체어 사용이 서툴렀던 나는 이런 고통을 하루에도 10번 정도는 겪어야만 했다. 이 때문에 양손은 상처가 미처 낫기도 전에 다시 새로운 상처를 입었다. 나는 그때마다 이 휠체어를 만든 사람을 수백 번도 더 원망했다. 이 휠체어를 만든 사람은 자신이 만든 휠체어를 한 번도 타본 적이 없음이 분명했다. 만약 그 사람이 자신이 만든 휠체어를 한 번만이라도 타봤다면, 브레이크 부분의 구조를 고쳐야 한다는 점을 금방 깨달았을 것이다.

5분 정도 늦기는 했지만 마침내 나는 휠체어를 타고 강의실에 도착할 수 있었다. 그러나 이것이 고난의 끝은 아니었다. 강의실 내의 경사진 통로 때문에 내 좌석으로 내려가는 동안 미끄러지지 않기 위해 있는 힘을 다해 휠체어 바퀴를 잡고 있어야 했다. 자칫 잘못하면 휠체어가 미끄러져 강의실 앞 벽을 들이 받을 수도 있었다. 친구들 중 한 명이 유인물을 나에게 전달해주었지만 휠체어에는 물건을 내려놓을 곳이 없었기 때문에 경사진 통로를 내려가는 동안 그 유인물을 입에 물고 있어야 했다. 이런 고생 끝에 겨우 자리를 잡은 나는 비에 젖은 몸 때문에 떨면서 강의를 들어야 했다.

짧은 점심시간 동안 휠체어를 타고 집에 가서 점심을 먹고 올 수가 없어서 학생회관에서 피자 한 조각으로 점심을 때우기로 했다. 학생회관은 점심시간이라 굉장히 붐볐지만, 회관 안에 있던 학생들은 나에게 매우 친절했다. 모든 학생들은 내가 쉽게 지나갈 수 있도록 자리를 비켜주었다. 휠체어를 타고 이동하는 데 있어 유일한 장애물은 통로에 놓인 학생들의 가방과 지갑뿐이었다.

주문을 하기 위해 다가선 계산대는 휠체어에 앉아 있는 내게는 다소 높았고 유리로 가로 막혀 있어 위압적으로 느껴졌다. 나는 높은 계산대 앞에서 3살짜리 아이처럼 느껴졌지만 주문을 하는 일은 의외로 쉬웠다. 그러나 주문을 하고 나자 다른 문제가 기다리고 있었다. 학생들 스스로 따라 마셔야 하는 탄산음료 기계가 너무 높게 있어서 기계를 작동시킬 수 없었고, 컵 안을 들여다볼 수 없어서 음료가 얼마나 찼는지 알 수 없었다. 할 수 없이 나는 2~3초 마다 기계를 멈추고는 컵을 내려서 얼마나 찼는지 확인해야 했다. 일단 컵을 다 채우고 나니 또 다른 문제가 나타났다. 피자는 무릎 위에 놓을 수 있었지만, 휠체어에는 청량음료가 든 컵을 놓을 곳이 없었던 것이다. 선택의 여지가 없었던 나는 컵을 입에 단단히 물고 식탁으로 가야 했다. 북적거리는 사람들 사이에서 컵을 놓을 곳을 찾던 나는 입에 물고 있던 음료를 쏟지 않기 위해서 매우 조심스럽게 움직여야 했다. 이런 우스꽝스러운 모습 때문에 사람들이 나를 이상하게 쳐다볼까 창피했다.

나는 잠깐 동안의 경험을 통해 휠체어를 타는 일이 녹록치 않다는 사실을 알 수 있었다. 바닥의 먼지들이 바퀴에 묻고 결국 손에 묻었다. 더구나 비라도 오면 젖은 진흙이 휠체어 바퀴에 달라붙었고, 더운 여름날 뜨겁게 달아오른 도로 위에서는 녹아 붙은 타이어 분진이 손바닥을 검게 만들었다. 하루에 다섯 번 이상은 손을 씻어야 했는데, 어떻게 보면 내가 손으로 걷고 있는 것처럼 느껴지기도 했다. 휠체어를 타고 이동하느라 더러워진 손, 입으로 물건들을 물어 날라야 하는 처지를 생각해보면, 내가 마치 사냥개인 코커스패니얼이라도 된 것처럼 느껴져 창피했다. 또한 휠체어를 타고 강의실로 이동하는 시간이 걷는 것에 비해 두 배나 더 걸려 어떤 강의는 제 시간에 들어가지 못한 적도 있었다.

며칠이 지나자 나는 휠체어를 타는 데 따르는 육체적 고통에 어느 정도 익숙해졌다. 그러고 나자 갑자기 외롭다는 생각이 들기 시작했다. 당연하겠지만 휠체어에 앉아 있으면 다른 사람들보다 키가 훨씬 작아진다. 평소에 서로 얼굴을 마주보며 이야기하던 사람들이 나의 머리를 내려다보며 말하기 시작하면서 그들과 대화하는 것이 불편해졌다. 이런 느낌을 받은 주변 사람들도 나를 불편하게 생각하면서 나는 점점 더 말수가 없어졌다.

이런 좌절감은 점차 체념으로 바뀌어갔다. 언젠가 주말에 나는 캠퍼스 반대편에서 열리는 저녁 파티에 초대받은 적이 있었다. 그러나 파티에 가려고 들떠 있던 나는 마지막 순간에 마음을 바꾸어 그냥 집에 머물기로 결정했다. 당시 나는 파티에 가기에는 시간상으로 이미 늦었고, 감기 기운도 있으니 파티에 가지 않는 편이 더 낫다고 스스로 합리화했다. 하지만 실제 나의 본심은 파티에 가기 위해 다시 휠체어를 타야 하는 수고를 감당하기 싫었던 것이다. 상황은 점점 더 악화되어갔다. 휴일인 다음 날, 나는 거의 하루 종일을 침대에서 보냈다. 감기 기운이 있다는 것은 핑계일 뿐이었고 사실은 잠자리에서 일어난 나는 휠체어를 쳐다만 봐도 질려버리고 말았던 것이다. 나는 다시 침대로 돌아가 억지로 잠을 청했다. 이처럼 잠도 오지 않은 상태에서 지겹게 침대 속에 머물러 있는 것이 휠체어를 타는 것보다 훨씬 쉬웠기 때문이다. 나는 그 다음 주부터 아예 수업에도 출석하지 않았다.

당시 나는 우울증에 빠져 있었는데, 그것은 분명히 육체적인 상황에서 비롯된 것이었다. 가죽구두 프로젝트를 시작하면서 애초에 나는 3일 동안만 휠체어를 체험하려고 했지만 주말이 되어서도 휠체어를 떠날 수 없었다. 내가 휠체어를 타고나서부터 경험했던 모든 것들은 너무나도 처참하고 아

127

픈 기억들뿐이었다. 하지만 이런 상황은 나에게만 주어진 특별한 것이 아니었다. 휠체어를 타는 사람들 역시 처음에는 나와 같은 좌절을 겪지만, 그들은 결국 휠체어와 함께 살아가는 법을 배우게 된다. 나는 그들처럼 어려운 상황에 처해 있는 사람들의 삶이 어떤 것인지 정확히 알고 싶었기 때문에 그 삶을 완전히 이해하기 전에는 휠체어 체험을 그만둘 수 없었다. 시간이 지나면서 스스로를 다잡은 나는 결국 다시 휠체어를 타고 방을 나섰다.

마음을 고쳐먹자 불과 이틀 만에 내 생활은 다시 정상으로 돌아왔다. 심지어는 가끔 내가 휠체어를 타고 있다는 사실조차 잊어버리기도 했다. 휠체어는 점점 나의 일상이 되어갔다. 마침내 나는 휠체어에 대한 본능적인 거부감을 극복할 수 있었던 것이다. 일단 휠체어에 대한 거부감이 없어지자 내 주위의 세상을 차분하게 돌아볼 수 있었다. 이 과정에서 나는 몇 가지를 발견할 수 있었다. 차분하게 사람들의 행동을 살펴보기 시작하면서 나는 대부분의 사람들이 나에게 길을 비켜주고, 나를 위해 문을 열어줄 뿐만 아니라 걸어가면서 내가 그들과 보조를 맞출 수 있도록 기다려준다는 사실을 발견할 수 있었다. 그들은 나에게 친절하게 행동해야만 한다고 느끼는 것처럼 보였다. 사실 내가 두 발로 걸어 다닐 때, 이렇게 친절한 대접을 받아본 적은 없었다.

극장에서 나를 위해 핫도그를 받아 건네준 사람에게 고맙다고 말하자 그는 이렇게 답했다. "오히려 제가 고마워요. 당신을 도울 수 있어서 행복해요." 휠체어를 타기 시작한 후 나와 마주쳤던 모든 사람들이 나에 대해 인간적인 슬픔을 느낀다는 사실을 알 수 있었다. 우리가 병원에 입원한 환자나 힘든 상황에 처해 있는 사람들에게 말하는 것처럼 따뜻한 태도로 나에게

공감하는 인간, 호모 엠파티쿠스

말을 걸어오는 것을 느꼈다. 한 친구는 내가 휠체어에 앉아 있으니 어쩐지 좀 더 슬퍼 보이고, 내가 진짜로 불쌍하게 느껴진다고 털어놓았다. 이 때문에 그는 어쩔 수 없이 나에게 어색하지만 친절하게 대할 수밖에 없었던 것이다. 물론 나도 그와 같은 상황에서 그렇게 느꼈을 것이다.

나는 휠체어를 타는 동안 휠체어를 타고 다니는 사람들의 삶을 고통스럽게 만든 온갖 시설과 기구를 만든 사람들에게 알 수 없는 반감을 느꼈다. 언젠가 한 번은 기숙사 컴퓨터실에 붙어 있는 화장실을 사용하려 한 적이 있었다. 다행히 그 화장실은 내가 휠체어를 타고 들어갈 수 있을 만큼 충분히 넓었다. 그러나 나의 기쁨은 곧바로 사라져버렸다. 내 머리보다 1미터나 높은 선반 위에 있는 변기 커버를 꺼낼 수 없었던 것이다. 당황한 나는 친구에게 변기 커버를 하나 내려달라고 부탁해야만 했다. 장애인들에게 불편한 변기 커버 선반의 높이에 대해 불평하자 친구는 오히려 변기 커버 선반을 1미터 정도 낮추면 일반인들이 불쾌해할 것이라고 했다. 즉 이 화장실은 장애인용이 아니라는 것이다. 나는 그 대답이 다소 의외였다. 왜 일반인이 사용하는 화장실은 장애인이나 노인, 키 작은 사람이 사용하기에 불편해도 괜찮은 것인가?

휠체어를 탄 지 2주가 지나자 휠체어 생활을 그만두려 했다. 그러나 막상 그 순간이 되자 차마 휠체어를 떠날 수 없었다. 그 이유는 내 친구 머피 때문이었다. 당시는 프랑스 앨버트 빌에서 동계올림픽이 열리고 있었는데, TV에서는 종일 스키 장면이 나오고 있었다. 이것은 그녀가 사고를 당한 후 처음 열리는 동계올림픽이었다. 그녀는 휠체어에 앉아 자신이 사고를 당하지 않았더라면 함께 메달을 두고 경쟁했을 선수들의 활강 장면을 가만히 지켜봐야 했다. 그 순간이 그녀에게는 특별히 힘든 시간이었기에 내가 휠체어를 버리고 일어나는 것이 미안하게 느껴졌던 것이다. 그토록 알고 싶어 했던 그녀의 삶으로부터 자연스럽게 벗어나려는 과정 역시 무척 고통스러웠다. "그 동안 경험은 고마웠어. 이제부턴 다시 걸어 다니려고 해." 나는 차마 이처럼 말할 수 없었다. 머피에게 그렇게 말하느니 차라리 올림픽이 끝날 때까지 며칠 간 더 휠체어를 타는 것이 낫다고 생각했다. 사실 머피가 말리지 않았다면 남은 학기 내내 휠체어를 타고 다녔을지도 모른다.

나는 고통스러웠던 휠체어 체험을 통해 많은 것들을 배웠지만 앞으로 이런 상황이 다시 주어진다면 절대 타지 않을 것이다. 그것은 육체적으로나 정신적으로 견디기 어려워서가 아니라 내가 잘 알고 지내던 사람의 삶 속으로 들어가려고 했었기 때문이다. 그 과정에서 우리 두 사람이 겪었던 정신적인 고통은 꽤 심각했다. 이 때문에 나는 강의를 듣는 학생들이 잘 알고 지내는 사람의 입장이 되려는 것을 금지하고 있다. 아이러니하게도 사람들은 약간의 거리가 있을 경우 더욱 가까워지기 쉽다. 나는 휠체어를 타면서 많은 것들을 배웠을 수도 아무 것도 얻지 못했을 수도 있다. 다시 말해 가죽구두 프로젝트를 통해 다른 사람의 삶을 들여다볼 수는 있었지만 그 체험은 일시적일 뿐이다. 어떻게 보면 나는 체험이 끝나는 대로 다시 두 발로 걷게 된다는 사실을 이미 알고 있었던 것이다. 그 사실조차 잊어버리고 다른 사람의 처지에 몰입하겠다는 생각은 공감대를 형성하는 차원을 넘어 교만한 생각이다.

휠체어 체험 이후 나는 인류학자였던 로버트 머피Robert Murphy가 척수암과 싸워왔던 자신의 경험을 상세히 기록해놓은 《몸은 말이 없다The body si-

^{lent}》라는 책이 떠올랐다. 머피는 척수암으로 인해 자신의 몸에 대한 통제력을 잃고 7년 동안이나 휠체어를 타고 다녀야만 했다. 그에 비하면 나는 그저 수박겉핥기 식으로 체험을 마친 것에 지나지 않았다. 한 언론이 평생을 하반신 마비로 지내왔던 또 다른 인류학자인 로버트 크라우스^{Robert Krauss}에게 머피의 책에 대한 본인의 생각을 말해달라고 부탁했다. 그러자 크라우스는 어느 날 갑자기 장애인이 되어 휠체어를 타다가 다시 정상인으로 돌아간 사람이 쓴 장애인의 삶에 대한 책을 읽기조차 싫다며 거부했다.

그럼에도 불구하고 다른 사람의 처지가 되어본다는 것은 다른 사람의 시각으로 세상을 볼 수 있는 매우 효과적인 방법이다. 가죽구두 프로젝트를 통해 내 강의를 듣는 학생들은 다른 사람들의 삶이 어떤 것인지 배울 수 있는 소중한 기회를 가졌다. 어떤 사람들에겐 이것이 매우 심오한 경험이 될 수도 있다. 물론 가죽구두 프로젝트가 다른 사람들의 삶을 직접 느낄 수 있는 유일한 방법은 아니다. 우리 자신이 느끼든 못 느끼든, 우리는 모두 의외로 간단한 과정을 통해 다른 사람들의 경험을 체험하고 있다. 모든 사람들은 다른 사람들의 경험을 들여다보고, 그들이 겪은 상황을 우리 자신에게 적용할 수 있는 능력을 가지고 있다. 우리가 그 능력을 활용할 수 있다면 태어나면서부터 가지고 있던 놀라운 힘을 발휘할 수 있다.

거울신경 덕분에 타인을 진심으로 이해하다

인간의 신경구조는 세상에서 가장 복잡한 시스템 중 하나다. 이 때문에 뇌에는 아직 밝혀지지 않은 수많은 비밀들이 있다. 하지만 최근 신경의학자들이 밝혀낸 연구 결과에 따르면, 우리가 의식적인 행동을 할 때마다 운동

신경motor neuron이라고 불리는 일단의 신경세포가 작용한다는 것이다. 이 독특한 신경세포들은 우리가 마음먹은 대로 근육을 통제할 수 있도록 근육과 직접 연결되어 있다. 이 세포들은 심장이나 폐와 같은 장기에는 직접 연결되어 있지 않기 때문에 의식적으로 통제하는 것이 불가능하지만 이두근, 삼두근과 같은 근육들에는 직접 연결되어 있어 우리의 의지대로 움직이는 것이 가능하다. 예를 들어 누군가 책장을 넘기려 한다면, 뇌는 운동신경 세포에게 오른 손을 책의 모서리로 가져가서 한 페이지 잡고 부드럽게 넘기라는 지시를 보낸다. 그러면 운동신경 세포는 이 메시지를 오른손을 움직이는 데 관여하는 근육들에게 전달한다.

단 운동신경 세포는 자기 스스로 책장을 넘기라는 명령을 내리지 못한다. 운동신경 세포가 작동하기 위해서는 반드시 우리가 무엇을 해야 하는지 지시하는 신호를 운동신경 세포에 전달해야 한다. 이와 같은 작용은 운동신경 세포가 연결되어 있는 근육이 아니라 뇌 속에서 일어난다.

뇌의 앞부분에는 전운동 피질pre-motor cortex이라고 불리는 부위가 있다. 이 부위는 인간이 어떤 행동을 하기에 앞서서 먼저 생각이 떠오르는 곳이다. 사람들이 책장을 넘겨야겠다고 생각하면, 전운동 피질에 속해 있는 신경세포들이 작동하여 운동신경으로 그 신호를 보낼 준비를 한다. 인간의 신경중추는 매우 복잡하지만 이와 같은 모든 일들이 동시에 일어날 수 있도록 최적화되어 있다. 실제 책장을 넘겨야겠다는 생각을 하고 책장을 넘기는 데는 몇 초도 걸리지 않는다. 보통 기계적인 행동을 할 때는 생각과 행동이 거의 동시에 일어난다. 그러나 실상은 기계적인 행동들도 모두 일련의 과정을 거쳐 이루어진다. 그렇기 때문에 전운동 피질은 인간의 뇌에서

공감하는 인간, 호모 엠파티쿠스

가장 중요한 부위에 속한다.

1990년대 중반, 이탈리아 신경의학자들로 구성된 한 연구팀은 우리들이 어떤 행동을 할 때, 뇌가 어떻게 작용하는지 알기 위해 한 가지 실험을 했다. 기아코모 리졸라티Giacomo Rizzolatti, 비토리오 갈레스Vittirio Galles, 루치아노 패디가Lucicno Fadiga 그리고 레오나르도 포가시Reonardo Fogassi는 짧은 꼬리 원숭이의 뇌를 연구하기 위해 자신들만의 연구소를 별도로 설립했다. 대부분의 영장류들과 마찬가지로 짧은 꼬리 원숭이는 크기만 작을 뿐 인간과 매우 흡사한 뇌를 가지고 있다. 연구팀은 짧은 꼬리 원숭이의 전운동 신경세포에 전선을 연결하여, 원숭이가 어떤 행동을 할 때마다 컴퓨터가 뇌세포의 움직임을 일일이 기록할 수 있도록 했다. 예를 들어 원숭이가 바나나를 잡기 위하여 손을 뻗으면, 한 무리의 신경세포들에 연결되어 있는 전구에 불이 켜졌다. 또 그가 땅콩을 집기 위해 손을 뻗을 때는 완전히 다른 신경에 연결된 전구에 불이 들어왔다.

어느 날 그들 중 한 명인 포가시는 연구실로 걸어 들어가면서 땅콩을 한 움큼 집어 들었다. 마침 그때 원숭이 한 마리가 그 모습을 유심히 지켜보고 있었다. 그리고 포가시가 땅콩을 집어 드는 그 순간, 원숭이 자신이 이전에 직접 땅콩을 집어 들었을 때처럼 같은 신경세포에 불이 켜졌다. 이런 현상은 논리적으로 설명되지 않았다. 포가시는 자신이 땅콩을 집어 들었으니 그의 전운동 신경세포에 불이 들어오는 것은 당연하지만, 그것을 지켜보던 원숭이의 전운동 신경세포에 불이 들어올 이유는 전혀 없었다. 그러나 포가시가 땅콩을 집어 드는 것을 지켜보던 원숭이의 전운동 신경세포는 자신이 직접 땅콩을 집는 것과 같은 반응을 보였다. 포가시와 그의 동료들은 몇

번에 걸쳐 똑 같은 실험을 되풀이했다. 그들은 원숭이들이 지켜보는 가운데 물건을 집어 들었는데, 그때마다 원숭이들의 뇌는 마치 그들이 직접 물건을 집는 것과 똑 같은 반응을 보였다. 이것은 새로운 발견이었다. 원숭이의 뇌 속에 다른 사람의 행동을 자신의 행동인 냥 동일시하는 뭔가가 존재하고 있었던 것이다.

신경의학자들은 그들이 발견한 그 무엇인가를 거울신경mirror neurons이라고 불렀다. 그 이유는 우리가 다른 사람들의 행동을 지켜본 것만으로도 마치 우리가 직접 행동한 것처럼 머릿속 신경세포에서 똑같은 반응이 일어나기 때문이다. 만약 우리가 책장을 넘기면 특정한 거울신경이 반응을 일으키는데, 다른 사람이 책장을 넘기는 장면을 보아도 같은 신경세포가 반응을 보였다. 이 뿐만이 아니었다. 어떤 사람이 우리에게 다른 사람이 책장을 넘기는 모습을 이야기해주면 마찬가지로 똑같은 거울신경이 반응을 보였다. 이 사실을 발견한 이탈리아의 신경의학자들은 연구를 계속 진행하면서 우리가 행동하고 보며 듣는 모든 것들이 거울신경을 통해 걸러지고 통제된다는 사실을 알게 되었다. 즉 거울신경은 인간의 학습능력을 결정하는 데 매우 중요한 역할을 한다는 것이다. 거울신경은 우리가 농구공을 튀기는 사람을 보는 것만으로 자신이 드리블을 하는 방법을 배울 수 있도록 도와준다. 다른 사람의 행동을 지켜보는 것만으로도 무의식중에 그 행동을 배울 수 있는 것이다.

거울신경의 가장 믿기 어려운 능력 중 하나는 다른 사람들에 대한 잠재적인 정보를 알아내는 능력이다. 거울신경은 단순히 학습을 도와주는 것 이상의 역할을 한다. 우리는 거울신경을 통해 다른 사람의 삶을 경험할 수 있기 때문이다. 거울신경 때문에 사람들은 지나치게 폭력적이고 잔인한 영화 장면이 나오면 얼굴을 찡그리게 된다. 그들의 뇌가 직접 공격받는 것처럼 반응하기 때문이다. 우리 주변에 있는 누군가가 하품을 하면 따라서 하품을 하는 경우가 많은데, 이것은 거울신경이 하품을 하는 사람과 똑같이 느끼게 만들기 때문이다. 길을 걷다가 넘어진 사람을 보면 즉시 그 사람을 도와주러 가는 것도, 넘어져서 다치면 그 고통이 얼마나 심한지 잘 알고 있기 때문이다.

거울신경은 구체적이지 않고 애매한 상황에서도 작용한다. 강의실을 둘러보다 맞은편에 앉아 있는 한 학생이 속이 불편한 듯한 표정을 짓는다면 자신도 메스꺼워지는 경우가 많다. 반대로 미소 짓거나 웃고 있는 학생을 보면, 자신도 모르게 미소 짓거나 웃게 된다. 또 누군가 고통 받는 것을 본다면 자신도 마찬가지로 고통을 느끼게 된다.

미식축구 선수 테일러에게 무슨 일이 일어났나?

로렌스 테일러Lawrence Taylor는 프로 미식축구 역사상 상대 선수들이 가장 두려워했던 라인배커(Line backer, 미식축구에서 스크럼 라인의 후방을 지키는 선수)였다. 뉴욕 자이언츠New York Giants 소속이었던 13년 동안, 로렌스 테일러는 상대방 쿼터백의 옆쪽으로부터 달려들어 공격을 막아내곤 했다. 그는 상대방 선수들과 충돌할 때마다 그들을 날려 보냈다. 자이언츠를 위해 뛰는 동안, 그는 쿼터백 방어 부문에서 시즌기록은 물론 수많은 통산최다기록을 달성했다. 1986년에는 수비선수들은 좀처럼 선정되기 어려운 '리그에서 가장 가치 있는 선수'에 선정되기도 했다. 그는 자이언츠의 무서운 수비력을 물밑에서 이끌면서 자이언츠가 두 번이나 슈퍼볼 챔피언에 오르는 데 크게 기여했다.

테일러는 경기장 안에서와 마찬가지로 밖에서도 매우 거칠었다. 언젠가 그는 자신의 탁월한 성적은 술을 엄청나게 마시는 데서 나온다고 말할 정도였다. 그뿐만 아니라 그는 코카인을 흡입한 경험을 공공연히 밝히고 다녔다. 그는 상대방 팀의 전력을 약화시키기 위해 중요한 경기가 있는 전날 밤에 상대방 쿼터백이 머물고 있는 호텔방으로 매춘부를 보내기도 했다. 그는 항상 상대방을 쓰러뜨리기 위해 심판 몰래 불법적인 폭력을 행사하려 했기 때문에 심판들은 시합 때마다 그를 계속 주시해야 했다. 그는 상대방이 누구인지, 그가 경기장 밖에서는 어떤 사람인지, 가족이 있는지에 대해서는 아무런 관심도 기울이지 않았다. 그는 단지 상대 팀에 소속되어 있다는 이유 하나만으로도 상대 팀 선수들을 박살내버리겠다고 덤벼들었다. 그는 한 마디로 통제 불가능한 괴물이었다.

이처럼 로렌스 테일러는 경기장에서는 괴물이었지만 그도 역시 사람이었다. 그도 사람일 수밖에 없다는 사실은 경기 도중 벌어진 너무나 참혹한 폭력사태에서 드러났다. 1985년 11월 18일, 테일러가 이끄는 자이언츠는 그들의 라이벌인 워싱턴 레드스킨즈Washington Redskins와 경기를 하고 있었다. 경기는 순조롭게 진행되고 있었다. 테일러의 임무는 상대방의 리시버들을 막는 것이었지만, 그는 한 걸음씩 상대방의 공격선을 밀고 나가기 시작했다. 상대 팀의 어느 누구도 그를 막지 못했다. 테일러는 수비를 튼튼히 하는 것 이상의 것을 원했다. 그는 당시 레드스킨즈의 최고 쿼터백인 조 사이즈먼Joe Theismann을 쓰러뜨려 레드스킨즈 선수들과 관중들에게 영원히 잊히지 않을 강한 인상을 심어주고 싶었던 것이다. 이 순간까지는 모든 것이 순조로웠다.

2쿼터가 되자 그의 오랜 꿈을 실현할 순간이 마침내 찾아왔다. 레드스킨즈 공격수들의 속임수를 알아차린 테일러는 상대방 수비수들을 제치고 사이즈먼을 향해 돌진했다. 그때 사이즈먼은 막 앞쪽을 향해 공을 던지려던 순간이었다. 마지막 수비수까지 제친 거구의 테일러는 땅을 박차면서 사이즈먼를 덮쳤다. 불시에 뒤쪽에서 태클을 당한 사이즈먼은 경기장 바닥으로 쓰러졌다. 테일러가 덮친 충격은 엄청났다. 테일러의 힘을 못 이기고 넘어진 사이즈먼은 오른 다리가 꺾이고 말았다. 그의 다리는 완전히 부스러져 다시는 일어서지 못할 정도였다. 이로써 테일러는 자신의 원했던 바를 이루고 의기양양했을까?

테일러는 사이즈먼을 쓰러뜨리자마자 뒤로 물러섰다. 보통 테일러는 넘어진 쿼터백의 머리를 무릎으로 짓이기거나, 쓰러진 상대방의 얼굴에 모욕적인 손가락질을 하곤 했었다. 이번에는 곧바로 일어나서 경기장 한편으로 달려가 사이즈먼을 위해 의료진을 들여보내려는 레드스킨즈 벤치에 대고 자랑스럽게 포즈를 취했다. 레드스킨즈 의료진이 경기장으로 달려갈 때, 비로소 그는 고개를 돌려 사이즈먼의 다리가 부러진 사실을 알았다. 자신이 벌인 일에 너무 놀란 그는 헬멧에 달린 얼굴보호대를 고통스럽게 움켜쥐고 마치 현기증이 온 것처럼 비틀거리며 운동장을 돌기 시작했다. 평소 그렇게도 무모하게 행동하던 테일러가 계속해서 사이즈먼의 상태를 살폈다. 테일러는 의료진들이 사이즈먼을 카트에 실어 경기장 밖으로 데려나갈 때까지 계속 곁에 머물러 있었다. 사이즈먼이 경기장 밖으로 실려나간 이후에도, 테일러는 마치 자신이 레드스킨즈의 선수라도 되는 것처럼 사이즈먼의 곁에서 상태를 계속 확인했다.

경기가 끝난 후 엑스레이 검사에서 사이즈먼의 다리가 수십 조각으로 부서진 것으로 드러났다. 사이즈먼은 앞으로 영원히 경기를 뛸 수 없었다. 테일러가 사이즈먼을 덮치면서 가한 충격은 사이즈먼이 평소 훈련을 통해 대비할 수 있는 수준을 넘어섰던 것이다. 결국 이 사고로 인해 게임의 흐름이 바뀌면서 자이언츠는 승리할 수 있었다. 그러나 사이즈먼의 부상 때문에 너무 흥분한 테일러는 승리를 축하할 정신이 없었다. 그는 떨고 있었던 것이다.

당시 테일러는 자신 때문에 심각한 부상을 입은 사이즈먼에 대해 연민이나 죄책감 그 이상의 아픔을 느꼈다. 마치 사이즈먼에게 가했던 충격을 자신이 받는 것처럼 느꼈던 것이다. 그는 평소 사이즈먼을 잘 알고 있었던 데다 그의 거울신경이 사이즈먼의 육체적, 정신적인 충격을 자신의 고통인 것처럼 투영하면서 엄청난 충격을 받았다. 테일러는 사이즈먼의 다리가 지지대에 매달려 있는 것을 볼 때마다 자신의 다리가 부러진 듯 느껴져 몸서리를 쳤다.

그는 직감적으로 사이즈먼의 머릿속 생각을 읽을 수 있었다. 사이즈먼은 이미 담당의사와의 상담을 통해서 이번 부상으로 인해 앞으로 더 이상 미식축구를 할 수 없다는 사실을 알고 있었다. 부상을 입기 전에는 누구나 알아보는 유명한 프로선수 조 사이즈먼이었지만, 지금은 누구도 알아보지 못하는 가련한 실직자에 지나지 않았다. 더구나 향후 정상적으로 걷지 못할 수도 있었다. 테일러가 그의 다리를 꺾었을 때 그의 마음마저도 꺾어버렸던 것이다. 반면 테일러는 그를 덮쳤을 때 아무런 부상도 입지 않았다. 하지만 그는 상대방의 고통을 직접 목격했다. 테일러의 팀 동료인 칼 뱅스Carl Banks는 사고 순간을 회상하면서 당시 테일러의 반응에 대해 다음과 같이 말했다. "태클을 했던 테일러는 그 순간 사이즈먼보다 더 고통스러웠을 거예요."

거울신경은 가상현실에 대한 변별력을 가지고 있지 않다. 거울신경은 다른 사람의 경험을 지켜본 것인지 아니면 본인이 직접 경험한 것인지 구분하지 못하고, 우리들이 그 경험을 잘 느낄 수 있도록 도와주기 위해 지금까지의 모든 데이터들을 재정리한다. 테일러는 사이즈먼의 다리를 부러뜨렸지만 테일러의 뇌는 그가 자신의 다리를 부러뜨린 것처럼 반응했다. 훗날 테일러에게 그 경기에서 발생한 사고에 대해 물어보자, 테일러는 15년이 지난 지금까지 그 경기를 한 번도 다시 본 적이 없다고 대답했다. 그 경기를 다시 보는 것만으로 지난날의 고통이 다시 떠오르기 때문이다. 지금 그는 두 발로 서 있고 사이즈먼은 쓰러져 누워 있지만 뜻밖에도 로렌스 테일러는 상대방이 처한 상황을 뼈저리게 느꼈던 것이다.

거울신경을 업무에 활용하지 못하는 사람들

거울신경의 여러 가지 기능 중에서도 다른 사람들의 생각과 감정 그리고 느낌에 내재되어 있는 정보를 알아낼 수 있는 능력이야말로 가장 매력적인 부분이다. 모든 사람들이 태어나면서부터 다른 사람과 관계를 맺을 수 있는 이유는 바로 거울신경 때문이다. 거울신경은 우리들을 서로 친구로 만들어주고 상대방을 배려할 수 있도록 한다. 즉 거울신경은 우리가 다른 사람의 입장에서 느끼고 생각할 수 있도록 도와준다. 아메리칸 걸의 임원인 지나 비비가 당당하게 '자신은 8살짜리 소녀와 같다'라고 웃으며 말할 수 있는 이유도 여기에 있다. 이처럼 거울신경은 다른 사람들의 삶을 들여다볼 수 있는 창문 역할을 한다.

그러나 거울신경에는 한 가지 중요한 제약이 있다. 그것은 바로 거울신경이 작용하기 위해서는 반드시 직접적인 경험을 통해 정보를 입수해야 한다는 점이다. 우리가 다른 사람들의 삶을 이해하기 위해서는 그들을 직접 만나봐야 한다. 하지만 많은 기업들은 자신의 고객을 직접 만나는 데 시간을 거의 할애하지 않는다. 기업은 직원들이 회사 밖으로 나가 고객처럼 똑같이 느끼고 생각하고 그들처럼 볼 수 있도록 기회를 제공해야 함에도 불구하고 이를 소홀히 여긴다. 기업이라는 조직도 물론 거울신경을 가지고 있는 사람들로 구성되어 있다. 그러나 조직 내 수많은 사람들이 올바른 판단의 전제조건인 각종 정보가 전혀 없는 상황에서 일을 하고 있다. 이것이야말로 가장 심각한 문제다. 고객을 직접 만나보지 않고서 어떻게 그들의 입장이 될 수 있단 말인가?

육상선수 출신 디자이너를 고용하다 : 나이키

데이브 쉐넌Dave Schenone은 인생에서 가장 중요한 면접을 보기 위해 오리건 주의 비버톤Beaberton에 가고 있는 중이었다. 비버톤의 지리를 전혀 알지 못했던 그는 포틀랜드 공항에서부터 운전자용 지도를 보며 운전하고 있었다. 그는 지도상에 있는 한 지점을 지날 때마다 경로를 확인하기 위해 펜 뚜껑을 입에 물고 펜으로 표시했다. 비버톤에 거의 도착할 무렵 그는 눈앞에 엄청난 위용을 자랑하며 서 있는 나이키 본사 건물을 보고 저절로 탄성을 질렀다.

데이브는 육상선수였던 시절부터 나이키와 자신이 공동운명체라는 생각이 들었다. 나이키가 간직하고 있던 감동적인 이야기는 당시 16살이던 그에게 스포츠 선수로서의 장대한 포부를 심어주었다. 그는 나이키가 오리건 대학의 육상 코치였던 빌 바워만Bill Bowerman과 그의 선수였던 필 나이트Phill Knight에 의해 창립되었다는 사실을 알고 있었다. 이뿐만 아니라 바워만이 지도하던 오리건 덕스Oregon Ducks가 열 시즌 동안 한 번도 패배하지 않고 계속 이겼을 뿐만 아니라 네 번에 걸쳐 미국대학체육협회(NCAA) 타이틀을 따냈다는 사실도 알고 있었다. 당시 나이키는 육상계를 지배하고 있었고 샌프란시스코 출신의 열정적인 장거리선수였던 데이브는 거기에 동참하고 싶었다. 데이브는 시합에서 항상 나이키가 만든 장비만 사용하겠다고 결심했다. 그리고 언젠가는 그가 입고 있던 후드 티를 벗고 나이키 로고가 아로새겨진 운동 셔츠를 관중들에게 보여줄 날을 기다려 왔다. 데이브는 나이키가 그를 위대한 영웅으로 만들어줄 것이라고 믿고 있었다.

데이브는 나이키에 면접을 보러 오기 전까지 탠덤 컴퓨터Tandem Computers의 산업디자이너로 일하고 있었다. 그는 최첨단 산업분야에서 일하고 있었지만, 그의 마음은 항상 육상 경기장에 가 있었다. 그는 항상 머리끝에서 발끝까지 나이키 제품으로 무장한 채 실리콘 밸리 뒤편에 있는 언덕을 달리곤 했다. 나이키에서 함께 일할 날만 기다리던 쉐넌은 1992년 나이키 본사에서 연락이 왔을 때 주저하지 않고 바로 포틀랜드 행 비행기를 탔다.

나이키 본사를 향해 다가가던 데이브는 회사 주변에서 잔디로 둘러싸인

좁은 흙길을 발견했다. 그는 수많은 육상선수들이 그곳에 모여 있는 것을 보고 더욱 놀랐다. 그는 나이키 본사가 근무시간 중이라도 직원들이 사무실 밖에서 달리는 것을 적극 권장하고 있다는 사실을 알 수 있었다. 데이브는 훗날 이 광경을 다음과 같이 회고했다. "그때 저는 틀림없이 죽어서 천국에 온 것이라고 생각했습니다."

당시 데이브의 면접관으로 들어왔던 마케팅 팀장 마크 파커^{Mark Parker}와 디자인 팀장 씽커 해필드^{Tinker Hatfield} 그리고 혁신팀장 샌디 보디거^{Sandy Bodegger}는 가장 핵심적인 질문부터 시작했다. 파커가 처음으로 물었다. "좋습니다. 당신은 컴퓨터 회사 출신인데, 왜 나이키에서 일하려는 거죠?" 짧게 숨을 들이 쉰 데이브는 최대한 간결하게 설명하려 했지만 2시간이 지나서야 대답을 마칠 수 있었다. 그는 스포츠와 달리기에 대한 자신의 철학을 미처 다 얘기하지 못했다. 데이브가 제시한 각종 아이디어에 흥미를 느낀 면접관 세 명은 책상 앞쪽으로 바짝 기대어, 나이키의 신발과 각종 스포츠 장비들에 대한 그의 의견을 물어보았다. 이 질문에 데이브가 항상 마음속에 중요하게 품어오던 생각들을 이야기하면서 몇 시간이 더 지나갔다. 결국 그가 두 번째 질문에 답을 마칠 때 즈음 하루 해가 저물고 말았다. 이제는 면접관들이 퇴근할 시간이었다. 세 번째 질문을 마저 다 하지 못한 것이 안타까웠던 면접관들은 데이브에게 다음 날 다시 와줄 것을 부탁했다.

다음 날 파커는 데이브의 상상력을 시험하기 시작했다. 스포츠의 미래에 대해 어떻게 생각하는가? 신상품에 대한 아이디어를 가지고 있는가? 어떻게 나이키의 제품혁신을 이룰 것인가? 파커와 데이브는 디자인 센터에 마주 앉아 그림을 직접 그려가면서 신제품 콘셉트에 대해 의견을 나누기 시작했다. 그들은 그 자리에서 콘셉트의 일부를 수정하기도 하고 때로는 새로운 콘셉트를 추가하기도 했다. 놀랍게도 데이브는 불과 10분 만에 신발 디자인 하나를 완전히 새롭게 만들어냈다. 파커는 그의 디자인을 자세히 살펴보고 나서 말했다. "좋습니다. 한번 만들어봅시다." 그는 데이브의 디자인이 제품화되도록 바로 승인해주었다.

컴퓨터 회사에서 몇 개월이나 걸리던 개발과정에 익숙해 있던 데이브는 신속한 승인에 깜짝 놀라 아무 말도 못하고 고개만 끄덕거릴 뿐이었다. 잠시 후 파커는 데이브가 아직 자신의 의견을 끝마치지 못했던 것을 떠올리며 말했다. "데이브, 우리는 당신이 나이키에 합류해서 이 일을 마저 해주었으면 좋겠습니다." 데이브는 망설임 없이 그 자리에서 즉시 그의 제안을 받아들였다.

데이브 쉐넌의 이야기만큼 공감능력을 잘 설명해주는 예는 드물다. 데이브는 디자인을 할 때 달리는 사람들의 생각을 반영했다. 입사 면접을 본 지 불과 몇 년 만에 데이브는 나이키를 위해 수많은 신발을 디자인했다. 그와 동시에 본사에 있는 육상 트랙에서 달리기도 계속했다. 나이키에서 근무한 첫날부터 그는 스포츠에 대한 열정을 펼쳐 보였고, 나이키는 그런 열정을 바탕으로 발전할 수 있었다.

그의 경력을 살펴보면, 데이브가 나이키에서 성공할 수 있었던 것은 한때 육상선수였던 그의 경험 때문이라고 할 수 있다. 그는 철인3종 경기에 출전하여 세계 10위 안에 입상하기도 했다. 그는 자신이 디자인한 새로운 신발을 신고 빨리 뛸 수 있었고 더 나아가 새로운 신발이 시장에서 잘 팔릴 수 있는지를 본능적으로 알 수 있었다. 운동선수들이 연습과정에서 기량을 습득하듯이, 데이브에게도 자신의 과거 경험이 사업적 판단을 하는 데 있어 직감으로 작용했던 것이다. 그의 관점에서는 그가 스포츠를 어떻게 생각하느냐는 중요하지 않았다. 중요한 것은 '다른 사람들이 스포츠를 어떻게 생각하는가' 하는 문제였다.

데이브가 나이키에서 실제로 했던 일은 나이키 밖에 있는 사람들이 스포츠를 어떻게 느끼고 생각하는지 정확히 이해하는 것이었다. 그가 나이키에 합류했던 것은 자신의 생각을 주장하기 위해서가 아니었다. 그는 다른 사람들의 입장에서 달리기 위해 나이키에 입사했던 것이다. 정확히 말해 데이브가 나이키에서 성공할 수 있었던 이유는 과거 육상선수였다는 경험 때문이 아니라 다른 사람들의 느낌과 생각을 제품에 잘 반영했기 때문이다. 그는 무엇보다도 다음 세대의 어린 육상선수들을 가장 중요하게 생각했다. 그들을 통해 다음 세대들이 앞으로 어떤 육상화를 원할지 미리 알고자 했다. 1970년대 초에 고등학교를 졸업한 것이 학력의 전부였지만 데이브는 대부분의 시간을 10대들의 시각으로 세상을 바라보려고 노력함으로써 훨씬 더 중요한 정보들을 얻을 수 있었다.

그는 자신의 일을 다음과 같이 설명했다. "짧은 기간 동안 혼자만의 힘으로 제품을 만들어낼 수는 있습니다. 오히려 혼자 만들어내는 것이 더 쉬울 수도 있습니다. 하지만 그 당시 내가 원하는 것은 그게 아니었어요. 내가 원했던 것은 아주 간단했죠. 나는 아침에 일어나면 직장에 간다는 사실에 흥분되었습니다. 내가 아이들이 직면하고 있는 문제들을 해결해주어야 했기 때문이었죠. 나에게 진정한 즐거움이란 아이들과 스포츠에 대해 이야기하면서 그 아이들의 초롱초롱한 눈을 바라보는 것이었습니다. 이 일은 저

공감하는 인간, 호모 엠파티쿠스

에게 가장 매혹적이고 흥미로운 일이었습니다."

데이브는 고등학교 운동선수들이 판에 박힌 듯한 훈련과정에서 탈피하지 못하고 있다는 이야기를 들으면서 소름이 돋았다. 데이브는 그들로부터 수많은 성공과 실패에 대한 이야기를 들었다. 그는 자신의 본능과 선입견에 빠지지 않도록 전국에 있는 고등학교의 어린 선수들과 함께 되도록 많은 시간을 보내려고 노력했다. 그는 학생들이 훈련하는 육상 연습장과 체육시간 그리고 크로스컨트리cross-country race 현장을 직접 방문했다. 또한 10대들이 물건을 사는 곳에서 직접 물건을 사보고, 10대들이 북적이는 곳에도 직접 가봤다. 심지어 그는 마라톤을 자기만큼이나 좋아하는 자신의 아들과 함께 정기적으로 달리기도 했다. 그가 이렇게 행동했던 이유는 16살짜리들이 스포츠 용품에 대해 원하는 것을 제대로 이해하지 못하면, 나이키는 장기적으로 어려움에 처할 것이라는 확신이 있었기 때문이다.

데이브는 어린 운동선수들과 함께 뛰었기 때문에 그들이 느끼고 생각하는 것과 똑같이 느끼고 생각할 수 있었다. 10대들에 대한 그의 경험은 10대들의 행동양식과 사고방식에 대한 올바른 정보뿐만 아니라 밖으로 드러나지 않는 정보까지 자신의 거울신경에 끊임없이 제공해주었다. 데이브는 남의 입장에서 생각할 수 있는 자신의 능력을 더욱 향상시킴으로써 10대들이 스포츠 용품에 대해 바라는 바를 정확히 파악하고 이를 제품에 반영했다. 데이브의 이런 열정 때문에 시간이 흐르면서 나이키는 단순히 신발만을 만드는 회사가 아니라 사람들에게 스포츠에 대한 열정을 불러일으키는 회사로 성장했다. 그들은 때로는 시계, 선글라스, 심박기, 혹은 MP3의 형태로 스포츠에 대한 열정을 북돋웠다. 데이브는 1992년 나이키에 입사한 이후,

당시 회사가 생각지도 못했던 새로운 사업을 개척하는 동기를 제공했다.

만약 그가 나이키를 위해 일하지 않았다면, 다른 사람들에 대해 그렇게까지 왕성한 호기심을 가지지 않았을 것이다. 실제 그의 달리기에 대한 열정은 컴퓨터 업계에는 아무런 쓸모가 없었다. 자신의 열정과 자신의 일이 항상 일치하는 것은 아니다. 그는 컴퓨터 사용자들이 무슨 생각을 하는지 궁금해 하지 않았다. 데이브에게는 스타벅스의 경영진으로 있는 친한 친구가 있었다. 그 친구는 가끔 데이브에게 전화를 걸어 스타벅스에서 같이 일하자고 제안했지만 데이브의 대답은 한결같았다. "스타벅스? 나는 커피를 싫어하는데 어쩌지?"

먼저 고객에게 진정으로 관심을 가져라

데이브 쉐넌이 나이키에서 새로운 제품과 새로운 시장을 개발하기 위해 사용했던 접근법은 데일 카네기Dale Carnegie가 1936년 출간한 《카네기 인간관계론How to Win friends and Influence People》에서 말한 내용을 그대로 행동에 옮긴 것이다. "만약 다른 사람이 당신에게 관심을 갖기를 원한다면, 당신이 먼저 그 사람에 대해 진정으로 관심을 가져라." 만약 다른 사람들에 대해 호기심이 생기고, 그들의 삶이 어떤지 그리고 그들이 무엇을 중요하게 생각하는지 알고 싶다면, 우선 그들과 진정한 관계를 맺을 수 있는 방법부터 생각해내야 한다. 데이브 쉐넌은 더 이상 고등학교 운동선수가 아니지만 고등학교 운동선수들과 희로애락을 함께 나눔으로써 그들과 하나가 될 수 있었다.

사람들은 자신과 비슷한 사람들과 관계 맺는 일을 더 쉽게 느낀다. 그러나 이것이 우리와 다른 삶을 사는 사람들을 이해할 수 없다는 핑계가 될

공감하는 인간, 호모 엠파티쿠스

수는 없다. 우리는 거울신경 덕분에 주변 사람들을 파악하고 이해할 수 있는 능력을 가지고 있다. 우리는 단지 다른 사람들에 대해 호기심만 가지면 된다. 우리가 다른 사람들에게 진정으로 관심을 가지는 순간 그들도 우리에게 더욱 관심을 쏟게 될 것이다. 사람뿐 아니라 기업이나 조직도 마찬가지다. 기업이 바깥 세상의 관심을 끌고 싶다면 기업 자신의 생각을 잊어버리고 그들의 고객들에게 관심을 기울여야만 한다.

보고서를 버리고
몸으로 직접 부딪쳐라

정말 필요한 것은 분석이 아니다 : 메르세데스 벤츠

몇 년 전에 메르세데스 벤츠의 경영진은 미국 젊은이들이 좋아할 만한 차를 어떻게 만들 수 있는지 방법을 찾고 있었다. 그들은 메르세데스가 부유한 중년층 세대와 강한 유대를 형성하고 있어서 오히려 젊은 운전자들에게 다가서지 못한다고 믿고 있었다. 이와 같은 상황을 극복하기 위해서는 그들 자신부터 혁신할 필요가 있었다. 그래서 20명의 메르세데스 경영진은 혁신 전문가를 만나기 위해서 샌프란시스코로 출발했다. 이 방문 일정에는 점프 어소시에이츠와의 회의도 포함되어 있었다.

회의는 샌프란시스코 페어몬트Fairmont에 있는 고급 호텔에서 개최되었다. 모든 참석자들이 자리에 앉자, 나는 우선 점프 어소시에이츠가 하는 일과 우리의 철학에 대해 간단한 프레젠테이션을 했다. 그러고 나서 기업이 의사결정자의 본능적인 직감을 개선해야 하는 이유와 바깥세상에서 직접 경험을 쌓는 것이 직감을 개선하는 데 가장 효과적이라는 점을 설명했다. 그리고 나는 메르세데스 경영진에게 그들이 독일에서 캘리포니아까지 와서 왜 대부분의 시간을 호텔 회의실에 틀어박혀 지내는지 알 수 없다고 했다. 만약 그들이 정말 미국 젊은이들을 위한 차를 만들 생각이라면 직접 미국 젊은이들을 만나봐야 한다고 강조했다.

내 말이 끝나자 나의 동료들은 회의장 문을 열고 밖에서 기다리고 있던 샌프란시스코의 20대 젊은이들을 소개해주었다. 나는 그 젊은이들이 메르세데스 경영진에게 자신이 누구인지 또 그들의 삶이 어떤지 알려주기 위해 자원해서 왔다고 설명했다. 메르세데스 경영진은 두 팀으로 나뉘어 그 젊은이들과 직접 대화를 나누었다. 나는 두 팀의 경영진에게 대화를 통해 그들에 대해 조금이라도 더 알아내기 위해 최선을 다하라고 말했다. 이 만남의 목적은 메르세데스의 경영진이 미국의 젊은이들을 인간적으로 이해할 수 있도록 돕는 것이었다. 이 회의에 참가한 젊은이들에게는 미리 그들의 집이나 친구 혹은 애완동물처럼 그들이 가장 소중하게 생각하는 대상의 사진을 가져와 달라고 부탁해놓았다. 각 팀이 젊은이들을 인터뷰하고 그들의 이야기를 듣는 데 모두 30분이 주어졌다.

30분 후 나는 메르세데스의 경영진에게 인터뷰가 원활하게 잘 진행되었는지 물어보았다. 어떤 사람들은 그들이 인터뷰한 젊은이들을 잘 파악했다고 말했지만, 또 다른 사람들은 인터뷰 대상자를 잘 알기 위해서는 더 많은 시간이 필요하다고 아쉬워했다. 그러나 그들은 전혀 다른 시각으로 세상을 보는 사람들과 나눈 대화는 충격적이라고 했다. 경영진이 가장 놀랐던 것은 참가한 젊은이들 중 대부분이 메르세데스가 생산한 차에 대해 전혀 관심이 없다는 사실이었다. 그들 중 한두 명은 고급차를 살 수 있을 정도로 부유했지만 메르세데스의 차를 사지 않겠다고 대답했다. 경영진은 이 대답을 듣고 깜짝 놀랐다. 왜냐하면 메르세데스 경영진이 기존에 만났던 사람들은 대부분 그들의 차를 좋아했기 때문이다. 우리는 경영진의 직관적인 반응을 확인한 후 두 번째 실습에 들어갔다.

두 번째 과제를 위해 우리는 각 팀의 경영진에게 현금 50달러와 샌프란시스코 시내 지도를 지급하고 2시간의 여유를 주었다. 우리가 그들에게 제시한 과제는 바로 그들이 방금 만난 젊은이들을 위한 선물을 사오는 것이었다. 이 실험은 경영진이 조금 전에 인터뷰한 사람들을 얼마나 잘 이해하고 있는지 알아보려는 것이다. 그들이 준비해온 선물은 경영진이 어떤 사람인지 그리고 그들이 인터뷰했던 젊은이들을 어떻게 이해했는지 보여줄 것이다. 각 팀이 성공적으로 선물을 준비했는지 판단하는 기준은 그 선물을 받은 사람이 얼마나 만족하는가에 달려 있었다.

두 시간 후 각 팀은 예상했던 대로 다양한 선물을 가지고 돌아왔다. 어떤 팀은 평범한 여행자용 기념품을 사왔는데, 과연 샌프란시스코에 사는 사람들에게 샌프란시스코 방문 기념품은 어떤 의미가 있을까? 다른 한 팀은 밝은 빨간색의 작은 가방을 가지고 돌아왔지만, 자신들이 인터뷰했던 25살의 젊은이를 만족시키지는 못했다.

하지만 두 번째 과제를 훌륭하게 완수한 팀도 있었다. 한 팀은 실리콘밸리에 있는 첨단회사에서 근무하면서 자신만의 사업을 준비 중인 캠이라는 이름의 젊은이를 인터뷰했다. 이 팀은 그에게 기업가정신Entrepreneurship과 관련된 책을 선물했다. 그들은 책을 사고 남은 돈을 새로운 벤처사업의 밑천으로 사용하라며 책 표지 밑에 끼워주었다. 캠이 그 선물을 좋아할 것이라고 그들이 생각했던 이유는 아주 간단했다. 그들은 이미 캠을 매우 잘 알고 있었던 것이다. 그들은 캠이 인생에서 중요한 결정을 해야 하는 상황에서 느끼는 어려움이 어떤 것인지 상세히 알고 있었다. 경영진 중 몇 명은 몰래 추가로 20달러씩을 책 속에 더 넣어주기도 했다. 그들은 자기 자신의 사업을 시작하면 아무리 작은 것도 도움이 된다고 생각했던 것이다.

우리가 이 실습을 통해 메르세데스 경영진에게 전달하고자 하는 메시지는 명확했다. 첫째, 우리는 메르세데스의 경영진이 미국 젊은이들의 실제 생활이 어떤지 직접 만나서 체험해보기를 원했던 것이다. 둘째, 우리는 그들이 거리로 나가 자신의 모든 감각을 동원해 의사결정에 필요한 다양한 정보를 모으기를 원했다. 그러나 무엇보다도 경영진이 자신들이 생산한 차를 다른 시각으로 바라보기를 원했다. 어떤 면에서 보면 훌륭한 제품은 훌륭한 선물과 같다. 선물은 상호관계를 물질적으로 나타낸 것이다. 선물은 주는 사람이 어떤 사람인지 그리고 주는 사람이 받는 사람을 어떻게 생각하고 있는지를 반영하고 있기 때문이다. 만약 우리가 정말 마음에 드는 선물을 받았다면, 선물을 준 사람이 우리를 잘 이해하고 있다고 생각해도 된다. 반대로 선물이 마음에 들지 않다면, 선물을 준 사람이 우리에 대해 제대로 이해하고 있지 않다고 생각하게 된다.

제품에 있어서도 마찬가지다. 소비자들이 훌륭한 제품을 구입하면, 그 제품을 생산한 회사의 누군가가 그들을 잘 이해하고 있다고 생각한다. 반대로 엉망인 제품을 보면 그 제품을 만든 회사가 자신들에 대해 진지하게 생각하고 있는지 의문을 품게 된다. 만약 메르세데스 경영진이 바라는 것이 메르세데스 자동차에 대한 미국 젊은이들의 관심이라면, 그들은 자신의 자동차를 미국 젊은이들에게 의미 있는 선물처럼 만들어야 한다.

메르세데스 경영진은 모든 과정이 끝난 후 그들이 성공하기 위해서 필요한 것은 새로운 방식의 혁신이라는 점을 깨달았다. 즉 그들에게 정말 필요한 것은 잠재적 고객과 새로운 관계를 형성하는 일이다. 이처럼 직접적인 경험을 통해 고객과의 유대를 쌓는 일이 중요한 것처럼, 감성적인 경험 없이 오로지 새로운 차를 개발하려는 노력은 결국 실패하고 말 것이다. 고객들이 만족할 만한 선물을 만들기 위해서 감성적인 경험이 필요하다. 메르세데스 경영진은 회의장에 들어설 때만 해도 미국 젊은이들에 대한 철저한 분석이 필요하다고만 생각했었다. 그러나 회의장을 나설 때는 그들이 만난 열 명의 젊은이들이 사업의 성패에 가장 중요한 존재라는 사실을 깨달았다. 그들이 미국 젊은이들의 관심사를 알아내기 위해 싸울 용기가 없다면, 그 결과로 만들어진 자동차는 미국 젊은이들로부터 절대로 환영받지 못할 것이다.

고객에 대한 관심과 배려를 잊지 마라

메르세데스 경영진은 샌프란시스코 방문을 통해 잠재적인 고객의 삶을 엿볼 수 있었다. 경영진은 이번 체험을 통해 새로운 사업 가능성을 타진할 때, 그 사업의 타깃 고객들을 정확하게 이해하는 것이 왜 중요한지 깊이 깨달았다. 그것은 회의나 보고서에서 다룰 분석의 대상이 아니다. 보고서를 통해서만 간접적으로 접했던 미국 젊은이들을 직접 만나보는 일이 무엇보다 중요했던 것이다. 미국의 젊은이들과 나눈 대화는 경영진들이 나중에 읽게 될 그 어떤 보고서보다 더욱 큰 반향을 불러일으킬 것이다. 그들과 직접 만나 이야기를 듣는 것은 결코 비효율적이거나 무의미한 활동이 아니다.

이런 경험을 통해 얻은 감정적 기억들은 가슴 깊이 남아 신제품 개발과 같은 장기적 프로젝트에 이정표와 등대 역할을 한다. 촉망 받던 수많은 새내기 기업들이 평범한 제품을 생산하는 데 그치거나 아예 사업에 실패하고 마는 경우가 종종 있다. 그 이유는 그들이 오랜 과정을 통해 산출해낸 마지막 결과물이 그들이 처음 떠올렸던 영감과 다르기 때문이다. 이것은 자동차 산업에서 여실히 드러난다. 기존의 차들과 정말 다른 콘셉트의 차를 개발하고 만드는 데 5~7년 정도 소요되는데, 처음 떠올렸던 아이디어로부터 더 많은 콘셉트를 가져올수록 처음 세웠던 목표를 견지하는 일은 더욱 어렵게 된다.

사람들은 언제나 개발과정에서 계속 수정을 요구한다. 그리고 프로젝트가 계속 진행되기 위해서는 구성원들 간에 합의가 이루어져야 한다. 샌프란시스코의 젊은이들이 메르세데스 경영진에게 심어주었던 기억은 바로 그들이 제품 개발과정에서 수많은 타협과 협상을 거치더라도 잃지 말아야 할 핵심적인 아이디어이다. 핵심적인 아이디어는 변함없이 의사결정의 판단기준이 되어야 한다. 경영진은 어떤 의사결정을 내려야 할 때 '타깃 고객에게 바람직하기 때문에 그 방법대로 해야 합니다'라고 말할 수 있는 용기가 있어야 한다. 이처럼 직접적인 경험을 통해 가슴 깊이 간직한 기억을 바탕으로 내린 의사결정의 결과는 결국 고객의 열렬한 지지를 받게 된다. 수많은 시련에도 불구하고 원래의 목표에 도전할 수 있는 용기를 간직해야 고객을 배신하지 않게 된다.

지금까지 자신의 선입견에서 벗어나 다른 사람의 입장에서 생각함으로써 형성한 공감대가 새로운 사업 기회를 찾는 데 어떤 역할을 하는지 살펴봤다. 그러나 기회를 찾아내는 것과 그 기회를 실현하기 위해 행동으로 옮기는 것은 다른 문제이다. 찾아낸 기회를 실현하기 위해서는 항상 다른 사람들에 대해 관심을 갖고 배려해야 한다. 진정어린 관심과 배려하는 마음이 있다면 본능적으로 다른 사람들을 만족시키는 선택을 하게 된다. 또한 다른 사람에 대한 관심과 배려는 오랜 시간이 지나도 맨 처음 품은 아이디어를 계속 지켜나갈 수 있는 용기의 원천이 된다.

기업이 새로운 사업을 시작할 때는 언제나 열정과 에너지를 가지고 뛰어들기 마련이다. 그러나 점차 시간이 흐르면서 그 에너지는 약해진다. 잠재적 고객들과 감성적으로 서로 통했던 경험은 논리적인 주장보다 우리 기억 속에 오래 살아남는다. 우리들이 남을 배려하려는 인간의 본성에 따라 행동한다면, 처음 시작할 때의 열정과 에너지를 그대로 유지해나갈 수 있다.

애니메이션 제작자가 레스토랑으로 간 까닭은? : 픽사

얼핏 보면 애니메이션 〈라따뚜이Ratatouille〉는 어린이를 위한 것처럼 보인다. 이 애니메이션은 레미Remy라는 이름의 귀여운 쥐가 프랑스 최고의 요리사가 되기까지 겪게 되는 이야기를 담고 있다. 그런데 이 애니메이션이 만들어지기까지 있었던 일들이 매우 흥미롭다. 이 작품이 세계 최고 요리사의 경험과 감정을 바탕으로 만들어졌기 때문이다. 이런 점을 고려한다면 〈라따뚜이〉가 비평가들로부터 호평을 받고 흥행에서도 성공한 것은 당연한 일이다. 이 작품에 나오는 음식뿐만 아니라 개성이 강한 일류 요리사들까지 모든 것이 사실처럼 느껴진다.

사실감이 뛰어난 데는 그럴 만한 이유가 있다. 애니메이션에 나오는 대부분의 내용들이 사실이기 때문이다. 〈라따뚜이〉의 제작자인 브래드 루이스Brad Lewis는 이 작품을 만들기 위해서 프랑스 세탁소French Laundry라는 식당의 주방장인 토머스 켈러Thomas Keller로부터 직접 가르침을 받았다. 캘리포니아의 나파 밸리Napa Valley에 있는 프랑스 세탁소는 많은 사람들로부터 미국 최고의 레스토랑으로 인정받고 있다. 루이스는 그곳에서 생활하면서 요리사들의 생활과 영화에 사용할 음식을 배울 수 있었다. 루이스는 그곳 주방에서 가장 직급이 낮았다. 그는 주로 채소를 다듬고 재료들을 날랐는데, 때로는 더 높은 직급의 요리사가 도움을 필요로 하면 언제든 달려가야 했다. 그들은 루이스가 재료를 망치면 크게 고함치며 야단쳤지만 가끔은 칭찬도 해주곤 했다.

루이스는 그 식당을 떠날 때가 되자 요리사로서 맛보게 되는 성취감과 좌절, 기쁨과 슬픔이 자신의 것처럼 느껴졌다. 그는 프랑스 세탁소를 떠날 때 그곳에서 만난 모든 사람들에 대한 감성적인 기억을 갖게 되었다. 〈라따뚜이〉는 그가 주방 사람들과 깊은 공감을 통해 얻어낸 결과물인 것이다. 애니메이션의 내용은 매우 장난스러웠지만 그는 작품 속에 나오는 음식들만은 매우 신중하게 다루었다. 그것이 바로 루이스와 함께 주방에서 일했던 사람들이 자신의 일에 임하는 자세였기 때문이다. 할리우드 영화 제작 시스템에는 보통 관객과 공감하기 위해 영화에 등장하는 캐릭터에 대한 정

155

보를 모으는 담당자가 있다. 하지만 그것만으로는 불충분하다. 픽사^{Pixar}는 일반 관객에게 사실처럼 느껴지고 모든 요리사들에게 훌륭한 선물이 될 수 있는 애니메이션을 만들기 위해 제작자의 직접 경험과 감성적인 기억에 의존했던 것이다.

루이스는 프랑스 세탁소에서 얻은 경험을 픽사 스튜디오로 그대로 가져옴으로써 〈라따뚜이〉를 훌륭한 애니메이션으로 만들 수 있었다. 제작과정에서 요리사들의 세계에 대해 조금이라도 모호한 부분이 있으면 루이스가 모두 해결해주었는데, 그는 나파에 있는 요리사 동료들이 그 질문에 대해 어떻게 대답할지 이미 알고 있었던 것이다. 만약 루이스의 이런 노력이 없었다면 작품 속 요리사들의 삶은 엉터리로 묘사되었을 것이다. 제작자인 루이스의 직접 경험을 바탕으로 이 작품은 작품성과 흥행성을 모두 거머쥔 것이다.

우리는 〈라따뚜이〉가 만들어진 과정을 통해 기억이 가지고 있는 중요한 특징을 알 수 있다. 감성적인 성향이 강한 사건은 인간의 뇌에 더욱 큰 영향을 준다. 따라서 감성적인 기억은 잘 잊히지 않는다. 어떤 사람들은 감성적인 정보를 불합리한 정보로 취급해 그 중요성을 간과하는 경향이 있다. 그러나 루이스와 같은 사람들은 공감을 바탕으로 한 감성적 기억이야말로 최초 아이디어를 그대로 유지할 수 있도록 도와주는 이정표라는 사실을 알고 있다.

본디 프로젝트가 길어지면 최초 아이디어에 수정이 가해지면서 여러 혼돈과 갈등이 생기기 마련이다. 이때 고객과의 공감은 프로젝트를 원안대로 진행할 수 있는 결정력과 용기를 제공한다. 공감을 바탕으로 일을 추진하는 사람들은 고객들을 실망시키지 않는다. 인간의 뇌는 감성이 이성에 우선하기 때문이다. 따라서 고객과 공감한 사람들은 다른 사람들의 비판에 직면하더라도 그것을 극복할 힘과 판단력이 있다. 앞에서 살펴본 것처럼 우리의 뇌는 거울신경을 통해 다른 사람이 어떻게 느끼는지 알 수 있으며 그들을 이해하도록 만들어져 있다. 그러나 아쉽게도 거울신경은 오랜 기간 지속되는 기억을 형성할 수는 없다. 장기간 지속되는 기억을 형성하기 위해서는 기억과 감성을 연결해주는 뇌의 또 다른 부분이 필요하다. 바로 이 부분 때문에 인간은 타인과 공감하고 그들을 배려할 수 있는 것이다.

파충류의 뇌는 인간의 뇌와 어떻게 다른가?

인간의 뇌는 수만 년에 걸쳐 진화해온 최종 결과물이다. 따라서 뇌의 구조는 인간의 진화과정을 반영하고 있다. 우리의 뇌를 사과라고 생각해보자. 뇌의 중심에 가장 핵심적인 부분이 자리 잡고 있다. 사과로 치면 씨앗과 배아가 있는 부분이다. 뇌에서 이 부분이 가장 먼저 발달했다. 이 부분은 원래 척수의 끝부분이었는데 오랜 시간에 걸쳐 점차 뇌의 핵심으로 진화한 것이다. 인간의 경우 이것은 뇌의 일부에 불과하지만 뱀이나 이구아나 또는 악어와 같은 파충류들에게는 이것이 뇌의 전부다. 조류나 포유류처럼 더 진화한 생물들도 사람과 마찬가지로 이 부분은 그들 뇌의 한 부분에 지나지 않는다.

이 부분은 시각, 촉각, 통증, 균형감각, 온도와 같은 가장 기본적인 감각들로부터 정보를 모으는 역할을 한다. 파충류의 뇌reptilian brain라고 불리는 이 부분은 폐와 심장이 계속 운동하도록 하고 식욕과 성욕을 불러일으킨

157

다. 또한 파충류의 뇌는 공포와 같은 모든 원시적인 감정을 담당한다. 모든 동물들이 가지고 있는 투쟁 도주 반응fight or flight response도 이와 같은 공포에 바탕을 두고 있다. 동물은 갑작스런 공격에 대응해 싸울 것인가, 아니면 도망갈 것인가를 본능적으로 결정하는 이 뇌의 작용 덕분에 생명을 지키고 각종 위험을 회피할 수 있다. 물론 인간의 뇌는 생명유지와 기본적인 감각을 관리하는 파충류의 뇌보다 훨씬 더 진화했다.

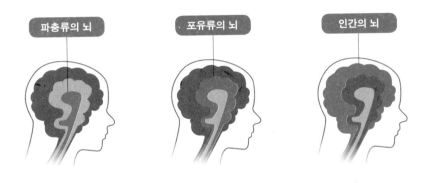

뇌에서 사과의 바깥쪽 껍질에 해당하는 부분을 신피질neocortex이라고 부른다. 신피질은 뇌에서 가장 최근에 발달한 부분이기도 하다. 이 부분은 파충류의 뇌보다 더 높은 수준의 사고를 담당하는데, 예를 들어 예절과 같은 부분을 관리한다. 하지만 포유류 중에서도 쥐처럼 진화가 덜된 설치류의 신피질은 마치 사과껍질처럼 매우 얇다. 반면 이에 비해 인간 뇌의 신피질은 훨씬 더 두꺼운데, 신피질이 뇌의 80%나 차지하고 있다. 여러 층의 구조로 형성되어 있는 이 회색의 물질은 언어, 문자, 추상화, 분석, 연역과 같은 고차원적 사고를 처리하는 시스템을 가지고 있다. 신피질의 또 다른 능

공감하는 인간, 호모 엠파티쿠스

력은 우리가 계획을 세우거나 논쟁을 할 수 있도록 도와주는 것이다. 한 마디로 말해 신피질의 진화가 인간을 매우 영리한 존재로 만든 셈이다.

뇌의 구조상 파충류의 뇌와 신피질은 완전히 다른 두 능력을 관리하고 있다. 파충류의 뇌는 생존에 반드시 필요한 부분을 관장하는 반면, 신피질은 이보다 훨씬 더 복잡한 지적 능력을 맡고 있다. 그리고 이 두 부분 사이에 또 다른 부분이 존재한다. 모두 다 알다시피 사과의 씨와 껍질 사이에는 달콤한 과육이 존재한다. 뇌에도 이 부분이 있는데 이것이 바로 변연계the limbic system다. 이 부분은 기억과 감정을 관장하는 각종 처리장치와 호르몬 통제장치의 집합체다. 바로 이 부분 때문에 다른 사람의 감정을 이해할 수 있는 것이다. 또한 우리는 변연계 때문에 본능적으로 타인을 배려하는 성향을 가지게 된다. 인간을 비롯해 말, 햄스터에 이르기까지 모든 포유류들은 이 변연계를 가지고 있다. 우리는 변연계 덕분에 단체로 여행을 할 수 있으며, 배우자와의 생활을 유지할 수 있고 아이들도 양육할 수 있다. 폴 매카트니Paul McCartney의 신피질이 그에게 불후의 명곡인 '예스터데이yesterday'의 가사를 선사했다면 우리는 변연계 덕분에 비틀즈의 흘러간 명곡을 들을 때마다 감동을 느낄 수 있다.

하지만 파충류는 다른 동족을 배려하는 것이 태생적으로 불가능하다. 파충류에게는 배려를 관장하는 변연계가 아예 존재하지 않기 때문이다. 파충류가 동족들에 대한 배려가 없다는 것은 그들의 생존방식을 지켜보면 금세 알 수 있다. 이구아나는 다른 이구아나들을 깔아뭉개면서 거침없이 기어오른다. 이구아나의 뇌에는 변연계가 없기 때문이다. 새끼 악어들은 알에서 깨어나는 순간부터 목숨을 걸고 달려야만 한다. 만약 달리지 않으면,

159

그들의 어미가 그들을 먹어버릴 수도 있기 때문이다. 변연계가 없는 파충류들은 감정과 도덕성도 없다. 그들은 이기적이고 다른 파충류들과 연대하지 않는다. 바로 이 점 때문에 파충류는 애완동물이 되기에 부적합한 것이다.

파충류와 비교해보면, 개가 인간의 가장 좋은 친구로 각광받는 이유를 금세 알 수 있다. 개들이 가지고 있는 변연계 덕분에 자신들끼리 서로 배려하는 한편 인간도 배려할 수 있기 때문이다. 우리가 기르는 개는 주인이 직장에서 안 좋은 일을 겪었는지도 직감적으로 알아차릴 수 있을 정도다. 하지만 개의 뇌 속 신피질은 당신이 하는 일이 무엇인지 그리고 어떤 힘든 일이 있었는지 이해할 수 없다. 그러나 개의 변연계는 거의 인간만큼이나 발달되어 있다. 만약 우리가 기분이 좋지 않다면 개는 그 느낌을 감지하고 우리의 기분이 좋아지기를 기다린다. 또한 개는 우리에게 자신의 감정을 전달할 수도 있다. 변연계 덕분에 개는 기분 좋을 때 꼬리를 흔들고, 슬플 때 우울한 표정을 지을 수 있다. 개들은 두려움을 느낄 때 자신의 꼬리를 다리 사이로 말아 넣는다. 그리고 용서를 구할 때는 땅 바닥에 자신의 배를 밀착시킨다. 이처럼 그들의 행동을 관찰함으로써 그들이 말하고자 하는 바를 쉽게 이해할 수 있다.

변연계는 감정적인 정보를 처리하기 위해 종합적인 시스템을 구축하고 있는데, 이 시스템은 뇌의 모든 부분을 활용한다. 뇌에는 다른 사람들을 배려하는 방법을 익히는 데 관련된 두 부분이 있다. 그것은 바로 편도선amygdala과 해마hippocampus다. 편도선은 우리 자신과 타인의 감정을 처리하는 일을 한다. 그리고 해마는 장기간에 걸쳐 기억을 형성하는 데 핵심적인 역할을 한다. 우리는 이 두 부분 때문에 다른 사람들과 오랫동안 감정적인 연대를 지속할 수 있다. 감정이 충만한 사건은 편도선에 더욱 생생하게 전달되고, 해마는 이 사건을 오랫동안 기억할 수 있도록 도와준다. 이 때문에 우리 뇌 속에는 감정적인 기억이 가장 생생하게 오래 남게 된다. 우리의 뇌가 감정적인 기억들을 처리할 때 다른 기억들을 더욱 강하게 새겨 넣기 때문이다.

이것은 사람들이 타인에 대해 깊은 충성심을 갖게 되는 생물학적인 근거가 되기도 한다. 우리의 뇌는 지속적으로 감성적인 연대를 형성한다. 그리고 이를 통해 형성된 연대는 믿을 수 없을 만큼 강하다. 우리는 태어나면서부터 다른 사람들과 연대를 맺고, 그들을 배려하도록 되어 있는 것이다. 변연계는 우리가 가족은 물론 친구들과 유대를 맺을 수 있게 한다. 우리는 감정이 충만한 기억을 다른 사람들과 함께 나눈다. 그리고 다른 사람들은 시간이 지나면서 점차 우리와 함께 고유한 감정적 기억 속에 깊숙이 빠져들게 된다. 우리는 이와 같은 과정을 거쳐 다른 사람들과 연대를 맺고, 새로운 상황과 마주칠 때 의사결정을 위한 판단을 할 수 있다. 타인과 맺은 연대는 우리들이 어떻게 행동하는 것이 적절한가, 상대방은 어떻게 대접받고 싶은가, 어떻게 하면 상대방과 긴밀한 관계를 맺을 수 있는가 등에 관한 다양한 정보를 제공한다. 우리는 타인과의 유대를 통해 상대방을 이해하는 것 이상을 이루어낼 수 있다.

기업의 뇌는 파충류 수준이 아닌가?

인간은 사회적 동물이면서 서로 배려할 줄 안다. 우리는 변연계 덕분에 다른 사람과 동물의 감정에 대해 호기심을 가질 수 있다. 다른 사람과 공감할

161

수 있는 능력은 인간과 다른 하등동물의 차이점이다. 우리는 이 능력 덕분에 다른 사람들과 대화하고 협력도 할 수 있다. 또 다른 사람들의 태도와 행동 속에 내재되어 있는 정보를 이해할 수 있다. 올바른 의사결정을 하기 위해서는 명확한 정보 외에 눈에 띄지 않고 숨어 있는 정보들이 필요한데, 공감을 통해 우리는 다른 사람의 마음속에 내재되어 있는 정보를 알아챌 수 있다.

이 기준을 놓고 본다면 대부분의 기업은 이구아나 수준의 뇌를 가지고 있다고 볼 수 있다. 마치 파충류의 뇌 다음에 형성 되어야 할 변연계를 건너 뛰어 곧바로 신피질이 형성된 것처럼 보이기도 한다. 기업은 도덕적인 측면에서 보면, 자기 보호에만 관심을 가진 동물과도 같다. 그렇다고 그들이 부도덕하다는 것은 아니다. 정확히 말하면 기업은 부도덕하지도 않고 도덕적이지도 않다. 기업은 도덕성과는 아무런 상관이 없기 때문이다.

기업은 자신의 행동이 다른 사람들에게 어떤 영향을 미칠지 크게 신경 쓰지 않는다. 이런 행동 습성은 그들의 뇌 구조를 생각해보면 당연한 일이다. 그들이 의사결정을 할 때는 파충류의 뇌에 따라 판단하고 행동하기 때문이다. 그들은 기업전략을 작성하기 위해 수준 높은 사고를 할 때만 신피질을 사용한다. 하지만 그들은 다른 사람들의 감정을 느낄 수 있는 방법이 없다. 대개 기업은 변연계가 작동하지 않기 때문에 타인에 대한 공감이나 자신의 신념을 지켜나갈 용기를 가지지 못한다. 그들은 신피질을 통해 실천하지도 않을 수많은 전략들을 열심히 분석만 하거나, 파충류의 뇌를 통해 신변의 위험을 느끼면 당면한 위기상황을 회피하려고 할 뿐이다. 파충류가 아니라 변연계를 가진 사람들로 기업이 이루어졌다는 사실을 생각하면 이

상황은 매우 불행한 일이다. 물론 그들이 생산하는 제품과 서비스를 구매하는 고객은 파충류가 아니라 사람이라는 것을 잊지 말아야 한다.

불행히도 현대 자본주의는 구조적으로 타인과 연대를 맺으려는 우리의 본능을 억누른다. 경영자와 경영학자들은 직원들에게 사람이 아닌 정보, 그 중에서도 특히 수치화되어 있는 정보를 보라고 권장한다. 경영자는 경영에 도움이 될 만한 수치화된 각종 정보를 입수하는 데 총력을 기울이고, 이를 통해 체계화된 자료를 바탕으로 의사결정을 함으로써 주주의 가치를 극대화시키기만 하면 된다. 다른 것들은 아무 상관이 없다. 오직 이 한 가지만 기억하면 된다. "개인적인 감정은 없어……. 이건 그저 비즈니스일 뿐이야."

이와 같은 사고는 정말 잘못된 것인데, 우리는 비즈니스의 본질에 대해 오해하고 망각하고 있는 것이다. 모든 비즈니스는 사람이 하는 것이다. 기계가 아닌 사람이 자본주의라는 엔진의 톱니바퀴를 움직이고 있는 것이다. 또한 기계가 아닌 사람이 기업에서 생산한 제품과 서비스를 구매한다. 소매점이나 대기업에서 영업을 해본 사람이라면 누구나 상업적 거래가 매우 불합리적으로 이루어진다고 말한다. 이 사실은 그들이 곰 인형 테디 베어 Teddy bear를 팔든 항공기 엔진을 팔든 상관없이 모두 적용된다. 보통 기업의 의사결정 과정에는 인간이 관여하는 만큼 합리성을 뛰어넘는 인간적인 부분이 개입하기 마련이다. 물론 우리 인간은 불합리해 보이는 그런 부분을 긍정적으로 활용할 수 있을 만큼 현명하다. 하지만 많은 기업들이 수량화된 정보가 주는 신뢰감 때문에 인간적인 부분을 무시해버린다.

저도 사실은 건축을 전공했어요! : 스틸케이스

가구를 만드는 회사 스틸케이스^{Steel Case}는 1990년대에 아주 흥미로운 문제를 놓고 고민하고 있었다. 그들은 사람들이 자신의 회사에서 생산한 가구를 구입하는 이유를 알 수 없었던 것이다. 스틸케이스는 사무용 가구를 생산하는 업체들 중에서 가장 큰 회사다. 사무용 가구를 구입하는 고객들은 기업에서 사무실 유지 보수를 담당하고 있는 시설관리자들이다. 기업의 시설관리자들은 기업에서 사용하는 에어컨, 카펫, 책상에 이르기까지 모든 비품들을 구입한다. 그리고 그들 중 대부분이 스틸케이스의 제품을 구매한다.

스틸케이스의 마케팅팀은 자신의 회사가 장기간에 걸쳐 성공적으로 사업을 유지해올 수 있었던 이유를 알기 위해 다양한 방법을 동원했다. 그들은 각 기업에 있는 수천 명의 시설관리자들에게, 그들이 스틸케이스가 생산한 가구를 구매하는 이유가 가격, 품질, 서비스 중 무엇 때문인지, 아니면 다른 이유가 있는지 설문조사를 했다. 마케팅팀은 이 설문을 통해 엄청난 양의 정보를 얻을 수 있었다. 그럼에도 불구하고 그들은 각 기업의 시설관리자들이 자신의 제품을 구매하는 결정적인 이유를 찾지 못했다. 오랜 시간 고민하던 그들은 결국 점프 어소시에이츠에 그 이유를 알아낼 수 있는 방법을 물어왔다.

스틸케이스의 요청을 받은 우리는 그들이 이미 대규모로 시행했던 설문조사를 다시 할 필요가 없었다. 그 대신 우리 팀은 각 기업에서 가구를 구입하는 데 관여하는 사람들과 만나 이야기를 나누기로 했다. 그리고 난 후 우리는 스틸케이스의 영업사원들이 고객을 방문할 때 동행했다. 우리는 영업사원들에게 특별한 질문은 하지 않았다. 다만 그들이 우리에게 자신의 일에 대해 자연스럽게 이야기할 수 있는 분위기를 조성하려고 노력했을 뿐이다. 우리는 그들의 영업현장에서 무슨 일이 벌어지는지 자세히 살펴보았다. 그리고 각각의 영업사원들과 고객 사이에 특별한 공통점이 있는지 유심히 관찰했다. 우리는 기업의 시설관리자와 영업사원 사이에 오가는 대화를 듣던 중 아주 재미있는 사실을 발견했다.

우리가 발견한 흥미로운 사실은 이렇다. 기업의 시설관리자들이 스틸케이스가 생산한 가구를 구입하는 가장 큰 이유는 스틸케이스 제품의 가격이나 품질, 스틸케이스의 이미지 때문이 아니었다. 누구나 조금만 관심을 기울이면 금방 알 수 있듯이 기업의 시설관리자들 중 많은 사람들이 건축학을 전공했다. 그들 대부분은 건축학교를 졸업하고 나서 세상에는 자신이 생각한 것보다 훨씬 많은 건축학 전공자들이 있다는 암담한 현실을 깨닫게 된다. 건축학 전공자들은 차고 넘치지만 건축과 관련된 일은 그렇게 많지 않다. 이 때문에 건축에 특출한 자질이 없으면, 학교를 졸업한 후 전공과 관련된 직장을 얻기가 쉽지 않다. 결국 건축학과 졸업생들은 직장을 잡지 못하고, 집 안에 틀어박혀 자괴감에 젖어 있을 수밖에 없다.

이런 상태는 생각보다 훨씬 오래 지속된다. 점차 시간이 지나면서 부모는 그들이 아무런 직장이나 빨리 취직해서 매일 아침 출근하기를 간절히 바라게 된다. 어떤 부모는 자식에게 일자리를 찾아주기 위해 신문의 구인광고란까지 뒤져본다. 그리고 그들은 자식에게 빨간 펜으로 표시한 신문의 구인광고란을 쥐어준다. 구인광고란에는 그 지역에 있는 보험회사가 시설관리자를 모집한다는 내용이 담겨 있다. 부모는 내심 못마땅해 하는 자식에게 시설관리도 건축과 비슷한 분야라며 등을 떠민다. 이런 상황에 처하게 되면, 자식들은 시설관리자라는 직업이 마음에 들지 않더라도 취업할 수밖에 없는 처지가 된다. 그들은 대개 이런 과정을 거쳐 시설관리자가 된다. 처음에는 어쩔 수 없이 회사에 입사했지만 어느 정도 다니다 보니 봉급도 나쁘지 않고, 의료보험까지 제공해주는 일자리가 그렇게 나쁘지만은 않다는 결론에 도달한다. 결국 그들은 새로운 일자리를 찾기보다 그냥 시설관리자로 남게 된다.

그리고 특별한 굴곡 없이 30년의 시간이 지나도 여전히 시설관리자로 남아 있다. 이 순간 그들은 자신의 일을 좋아할 수도 있고 그렇지 않을 수도 있다. 그들의 임무는 가능한 한 적은 공간에 최대한 많은 사람을 채워 넣는 것이다. 사람들은 끊임없이 그에게 전화를 걸어 가구에 대해 불평을 늘어놓거나 자신의 자리에서 바라보는 전망이 마음에 들지 않는다고 투덜거린다. 심지어는 CEO까지 전화를 해서, 그의 부인이 아주 괜찮은 카펫을 발견했는데 지금 사용하고 있는 카펫 대신 그 카펫을 써보면 어떻겠느냐고 제안한다. 이런 하찮은 일들로 하루 종일 시달리던 그들은 잠시나마 현실을 벗어나고 싶은 욕구에 사로잡힌다. 그러던 어느 순간 갑자기 본인이 건축학과 출신이라는 사실을 떠올린다. 자신이 건축가라는 사실을 기억해낸 그들은, 건축계의 최근 경향을 소개해주는 진보적인 건축 잡지의 구독신청을 한다. 그러고 나서 그들은 세계적인 건축가인 프랭크 로이드 라이트^{Frank} Lloyd Wright의 사진을 벽에 붙인 후 건축과 관련된 인터넷 커뮤니티에 가입한다. 이처럼 그들은 자신이 건축가라는 생각에 점점 빠져든다.

스틸케이스의 영업사원들은 시설관리자들이 자신의 삶에 대해 어떻게 느끼고 있는지 잘 알고 있었다. 그들은 시설관리자들의 사무실로 들어가면서 이처럼 말을 건넨다. "다른 사람들은 아무 것도 몰라요. 하지만 우리 둘은 건축가라서 통하는 게 있는 것 같아요." 영업사원은 가구에 대한 이야기를 꺼내기 전에 시설관리자와 30분 동안 최근의 건축 디자인 경향에 대해 이야기를 나눈다. 그리고 나면 특별히 사무용 가구에 대해 설명하지 않아도 계약은 자동적으로 이루어진다.

시설관리자들에게 접근하기 위해서는 그들이 자신을 어떻게 생각하는지 먼저 이해하고 거기에 맞춰 그들을 대할 필요가 있다. 문에 붙어 있는 직함은 중요하지 않다. 그들은 자신을 건축가라고 생각하기 때문이다. 스틸케이스는 제품의 기본적인 품질도 좋았지만, 시설관리자들이 마음속에 품고 있는 열망과 부합하는 영업전략 때문에 지속적으로 발전할 수 있었다. 스틸케이스의 영업팀은 다른 사람들의 마음속에 숨겨진 것들을 들여다볼 수 있는 능력을 활용하여 계약을 따냈던 것이다.

하지만 회사는 이런 부분을 전혀 인식하지 못했다. 과연 설문조사에서 이렇게 물어볼 수 있겠는가? "당신이 건축가로서 성공하지 못했다는 열등감이 스틸케이스 제품 영업에 얼마나 영향을 미쳤는지 1점부터 5점 사이에 표시해주세요."

스틸케이스는 자신들의 가구가 제공하는 공간 효율성이나 낮은 가격이 시설관리자들의 관심을 끌었을 것이라고 생각했다. 하지만 그런 생각은 문제의 본질을 빗겨간 것이다. 스틸케이스는 제품의 품질이나 가격 때문이 아니라 그들이 고객을 배려하는 마음을 갖고 있었기 때문에 성공할 수 있었던 것이다. 스틸케이스의 영업사원들은 단순히 가구를 팔았던 것이 아니다. 그들은 시설관리자들이 자신을 '건축가'로 느끼도록 최선을 다했다. 그

167

결과 스틸케이스는 계속 발전할 수 있었던 것이다. 시설관리자들이 자신에게 실망하고 좌절하는 것은 특별한 일이 아니다. 우리는 모두 살아가면서 직장이나 집에서 수많은 좌절을 경험한다. 하지만 기업이 좌절한 사람들과 진심으로 공감하고 그 공감대를 자신의 제품에 반영할 때, 그들의 사업은 번창하게 된다.

이 사례를 보면 가장 합리적인 기업 간의 거래도 인간적인 부분이 개입한다는 사실을 알 수 있다. 결국 모든 거래는 인간이 물건을 서로 사고파는 것이다. 하지만 많은 기업들이 미처 이 생각을 하지 못한다. 이 때문에 대부분의 기업들이 자신의 운명을 결정지을 수도 있는 가치 있는 정보를 놓치게 된다.

통계수치의 맹점을 놓치지 마라

미국에서 국가 경제의 상태를 확인하는 방법 중 하나는 노동통계청Bureau of Labor Statistics에서 매월 발표하는 일자리 증가율을 살펴보는 것이다. 경제상황이 괜찮은 달은 백만 개의 일자리가 늘어나지만, 그렇지 않은 달은 반대로 백만 개의 일자리가 줄어들기도 한다. 이 방법만큼이나 유용한 것이 장기간에 걸쳐 추세분석을 하는 것이다. 하지만 이 방법들은 실제 발생한 상황을 정확하게 보여주지 못한다. 그 이유는 이 방법들이 새로 생긴 일자리나 없어진 일자리를 일일이 계산하는 것이 아니기 때문이다.

예를 들어 한 달에 5만 개의 새로운 일자리가 생겼다고 발표된 달도, 실제로는 10만 명이 일자리를 잃은 것일 수도 있다. 만약 15만 명이 이 달에 새로운 일자리를 얻고 10만 명이 일자리를 잃었다면 결국 5만 개의 새로운 일자리가 증가한 것으로 나타나기 때문이다. 이 수치는 미국 전체 일자리의 순증가분 혹은 순감소분만을 보여주기 때문에 이것만 가지고 미국 경제 상황을 긍정적 혹은 부정적이라고 말하는 것은 옳지 않다. 경제 상황을 정확히 이해하기 위해서는 다음과 같은 다른 요소들도 함께 고려해야 한다. 없어진 일자리는 고임금 일자리인가 아니면 저임금 일자인가? 일자리가 줄어든 지역과 늘어난 지역이 서로 일치하는가? 일자리를 잃어버린 10만 명에게는 무슨 일이 발생했는가?

미국 경제를 이해하는 것은 강의실 안에서 경제학을 공부하는 것과는 전혀 다른 차원의 문제다. 실물경제는 사람들의 행위로 발생한 다양한 결과들의 유기적 복합체다. 내가 일자리를 잃은 상황에서 다른 곳에 사는 누군가가 일자리를 얻었기 때문에 총 일자리의 수는 변함없고 경제 상황도 정상이라는 논리는 옳지 않다. 노동통계청 자료에 따른 방송 보도는 전체 일자리의 순증가분 혹은 순감소분만 보여주기 때문에 실물경제에 대한 잘못된 낙관론을 불러올 수 있다. 의미가 불명확한 수치에 집중하는 대신 잃어버린 일자리로 인해 자신의 삶 자체가 변해버린 사람들에 대해 진지하게 연구할 때, 실제 세상에서 벌어지고 있는 일을 제대로 이해할 수 있다. 예전부터 전해 내려온 오랜 농담처럼 불경기recession와 불황depression의 차이점은 딱 하나뿐이다. 불경기는 옆집 사람이 직업을 잃는 것이고 불황은 내가 일자리를 잃는 것이다.

고객과의 끊어진 연결고리 잇기

우리는 다른 사람들에 대한 배려라는 개인적인 경험들을 큰 변화의 원동력으로 삼기도 한다. 그러나 불행하게도 규모가 큰 조직들은 한 사람의 경험에만 의존해서는 온전히 변화할 수 없다. 일정 수준 이상의 규모를 가진 기업은 뛰어난 통찰력을 가진 한 명의 경영자에게만 의존해서는 결코 공감이 충만한 조직을 만들 수 없다. 기업의 규모가 커지면 공감능력도 조직 내에서 폭넓게 뒷받침되어야 한다. 조직 전체가 공감능력을 업무에 접목하기란 생각만큼 그렇게 어렵지 않다. 우리 모두 본능적으로 타인을 배려하는 습성을 가지고 있기 때문이다. 따라서 조직 내에 공감을 전파하기 위해서는 사람들이 태어나면서부터 가지고 있는 배려심을 유발할 수 있는 경험을 권장하면 된다.

루 거스트너가 IBM에서 추진했던 기업회생 전략은 과거 IBM 고객이었던 자신의 경험으로부터 나왔다. 그러나 그것만으로는 IBM을 다시 회생시킬 수 없었다. IBM을 회생시키기 위해서는 공감을 중요하게 여기고 고객들과 깊은 유대를 형성할 수 있는 다수의 직원들이 필요했다. 다행히 거스트너는 자신의 경험만 가지고는 수많은 IBM 고객들의 다양한 요구를 정확히 반영할 수 없다는 사실을 알고 있었다. 이 점에 착안한 거스트너는 다양한 고객들과 폭넓은 공감을 형성하기 위해서 다양한 사업부문을 가진 회사가 필요하다는 결론을 내렸다. 그리고 그들이 고객과 형성한 폭넓은 공감대는 고객들을 위한 새로운 가치를 만들어내는 방법을 찾는 데 큰 도움을 주었다.

1993년 거스트너는 '강한 포옹 전략Operation Bear Hug'을 시행했다. 이 전략의 핵심은 간단했다. IBM의 고위 경영진 50명이 3개월 안에 IBM의 가장 큰 고객을 각자 5명 이상 만나는 것이었다. 단 경영진은 고객과 만나 제품을 팔 필요는 없었다. 그 대신 그들은 고객의 고민과 그 고민을 해결하는 데 IBM이 도울 수 있는 방법을 고객으로부터 들어야 했다. 경영진들은 200개가 넘는 보고서를 작성하여 거스트너에게 직접 제출해야 했다. 거스트너는 경영진들에게 '강한 포옹 전략'의 일환으로 만난 고객들로부터 획득한 정보를 짧게 써내라고 요구했다. 그는 경영진들이 제출한 보고서를 하나도 빼놓지 않고 모두 읽었다.

거스트너는 당시를 다음과 같이 회상했다. "내가 모든 보고서를 다 읽는다는 사실은 경영진들 사이에서 상당한 동요를 불러일으켰습니다. 내가 정말로 모든 보고서를 다 읽는다는 것을 알게 된 임원들의 행동은 그 즉시 달라졌습니다. 이후 고객과의 만남에 대한 그들의 태도는 빠른 속도로 개선되었습니다."

IBM은 '강한 포옹 전략'을 통해 입수한 고객들의 요구사항을 해결하기 위해 즉각적인 조치를 단행했다. 또한 IBM은 이 전략을 통해 최근 시장에 새롭게 등장한 수많은 과제들에 더 많은 관심을 기울일 수 있었다. 거스트너는 '강한 포옹 전략'의 효과가 지속되도록 하기 위해 자신이 참석하는 모든 회의마다 '강한 포옹 전략'에 대해 질문했다. 회의의 주제가 마케팅이든, R&D이든 또는 유통망 개선에 대한 것이든 상관없이 그는 직원들에게 항상 똑같은 질문을 던졌다. "고객들이 지금 우리에게 하고자 하는 말이 무엇입니까?" 처음에는 많은 관리자들이 그 질문에 당황했다. 그들은 거스트너가 모든 일에 왜 고객을 연관시키는지 그 이유를 이해하지 못했다. 그러나 시간이 흐르면서 고객에 대한 거스트너의 끈질긴 관심은 회사를 점차 바꾸어 나가기 시작했다. 그 결과 IBM은 시장에서 고립되지 않을 수 있었고, 거만해지지 않았을 뿐 아니라 바깥세상에 더 많은 관심을 기울이게 되었다.

관리자들은 공감능력을 바탕으로 맺은 소비자와의 깊은 유대를 통해 자신들의 결정이 소비자를 위한 것인지 아닌지를 알 수 있었다. 또한 소비자와의 공감은 그들에게 새로운 사업 기회도 제공했다. 관리자들은 대기업 고객과의 만남을 통해 그들이 인터넷의 무궁무진한 위력에 완전히 반했지만 그 능력을 제대로 활용할 수 있는 방법을 모른다는 사실을 발견했다. 그 순간 IBM은 대기업들이 인터넷을 제대로 활용할 수 있는 IT 인프라를 개발하고 제공하는 사업이 하드웨어 제품을 파는 것보다 훨씬 더 매력적이라는 점을 깨달았다. 여기에 착안한 IBM은 대기업들에게 전자상거래e-business 기반 시스템을 구축해주는 새로운 사업을 시작했다. 이 사업은 매우 성공적이었고 이후 IBM이 IT업계에서 장기적으로 성장할 수 있는 원동력이 되었다.

거스트너는 '강한 포옹 전략'이 IBM의 기업문화를 변화시킬 것이라고 확신했다. 그가 쇠퇴하던 IBM을 회생시킬 수 있었던 것은 고객들이 갑자기 IBM 제품을 사주었기 때문이 아니며, 대대적인 시장조사를 통해 해답을 찾았기 때문도 아니었다. IBM은 회사의 관리자들이 고객을 만나 그들의 이야기에 귀를 기울였기 때문에 회생할 수 있었던 것이다. 그들은 고객의 생활과 관련된 모든 이야기를 들었다. 그들은 이 과정에서 고객을 도울 수 있는 방법을 깨달았던 것이다. 거스트너는 '강한 포옹 전략'을 통해 조직 전반에 걸쳐 고객과의 연결고리를 회복시켰다. 그리고 그 연결고리를 회복하는 과정에서 고객과 폭넓게 공감할 수 있었다. 고객과 공감하는 일은 그렇게 복잡하지 않았다. IBM의 고객들에게 회사가 그들에게 관심을 가지고 있다는 것을 보여주고, 향후로도 오랫동안 함께 일하고 싶다는 것을 확실히 하는 것으로 충분했다. 시간이 흐르면서 모든 직원들은 자신의 고객에 대해 더 깊이 이해하게 되었다.

배려 지향적인 본능을 일깨워라

인간의 변연계는 직접적인 만남을 통해 자극 받을 때 더욱 강한 반응을 보인다. 픽사, 스틸케이스, IBM과 같은 기업들도 고객을 직접 만나 그들에 대해 배우려고 최선을 다하지 않았다면 지금과 같은 성공을 거두지 못했을 것이다. 직접적인 접촉을 통해 얻은 정보를 바탕으로 변연계는 신피질이 내린 의사결정이 고객들에게 어떤 영향을 미칠지 올바르게 판단할 수 있도록 도와준다. 의사결정자들은 오랫동안 흔들리지 않고 처음 아이디어를 유지할 수 있는 신념과 용기를 갖기 위해서 직접 보고 듣고 느끼며 그들의 결정에 영향을 받는 다른 사람들을 배려해야 한다. 장기적인 기억을 형성하는 작업과 개인간의 협력을 결정하는 뇌의 생물학적 작용은 시장조사를 통해 얻어진 수치만으로 작동하지 않는다. 올바른 의사결정을 위해서는 시장조사를 통해 얻어진 수치가 정확하고 의미 있는 정보로 변환되어야 한다. 그 명확한 정보는 직접적인 만남을 통해 얻을 수 있다. 종이 위에 적힌 수치만 보고 의사결정을 위한 영감을 얻을 수 있는 사람은 없다. 따라서 우리는 감성적인 기억의 이점을 활용하기 위해 고객들을 충분히 이해해야 한다.

우리는 비즈니스에서 인간적인 요소들을 제거하기 위해 최선을 다한다. 그리고 인간적인 요소들을 제거하기 위한 시스템은 다른 사람들의 감정을 알아내는 우리 신경체계만큼이나 복잡하다. 기업은 인간이 태초부터 가지고 있는 배려 본능을 인위적인 시스템으로 약화시킨다. 기업은 직원들의 배려 본능을 약화시킴으로써 자신들의 의사결정이 그럴듯하게 보이도록 만들 수 있지만 막상 그 결정이 실행되는 순간 기업에 해를 끼치게 된다. 그들은 대단히 명석한 것처럼 행동하지만 사실 변연계가 없는 이구아나와 다를 바 없다. 그들은 똑똑하지만 의사결정이 다른 사람들에게 미치는 영향을 무시하고 자신의 이익만을 위한 이기적인 결정을 내린다. 하지만 다행히 기업에 있는 사람들은 이구아나가 아니다. 그들은 감정을 가지고 있고 다른 사람을 배려하려는 본능적인 성향을 가지고 있다. 우리는 인간적인 접촉을 통해 그들이 태초부터 가지고 있는 배려 지향적인 본능을 일깨우기만 하면 된다.

우리가 고객과 직접 만나면 우리 뇌 속에 있는 변연계는 회사 발전에 필요한 감정적인 분위기를 조성하고 포착한다. 그러나 기업이 이런 인간적인 힘을 비즈니스에 활용하는 데는 한 가지 어려운 점이 있다. 그것은 한 사람의 공감능력이 자동적으로 조직 전체에 퍼지지 않는다는 것이다. 기업이 비즈니스를 하면서 공감능력에 따른 효과를 얻기 위해서는 직원들이 사무실에서 인간적으로 일할 수 있는 분위기를 만드는 것만으로는 부족하다. 기업은 전 구성원들이 공감능력을 키울 수 있도록 적절한 조치를 취해야 한다. 무엇보다 각 개인이 가지고 있는 배려 지향적인 본능을 회사의 운영 자원으로 바꿀 수 있어야 한다. 이를 통해 조직 내의 모든 사람들은 더 탁월한 성과를 낼 수 있다. 조직 내에 공감능력을 확산시키려면 우선 체계적인 시스템을 통해 조직이 자신을 둘러싸고 있는 바깥세상과 원활히 소통할 수 있도록 해야 한다.

CHAPTER

07

공감능력을
조직 안에 확산시켜라

좋은 리더를 넘어 위대한 리더로 가는 길

공감능력은 좋은 리더를 위대한 리더로 만들어준다. 공감능력이 뛰어난 리더는 경쟁자들보다 빨리 새로운 기회를 발견할 수 있고 거기에 도전하면서 마주치는 위험을 감수할 수 있다. 이런 유형의 리더들은 미래가 불확실할 때 올바른 결정을 내리기 위해 필요한 본능적인 직관도 가지고 있는 경우가 많다. 그러나 사실 인간의 뇌는 다른 사람을 이해하고 그들과 관계를 맺도록 만들어져 있기 때문에 어느 누구나 이와 같은 리더가 될 수 있다. 공감능력을 가진 훌륭한 리더가 되는 것보다 조직 전체에 공감을 확산하는 것이 훨씬 더 힘들다. 큰 기업을 구성하고 있는 수천 명의 사람들은 자신만의 내재적인 경험과 느낌 그리고 의사결정 방식에 영향을 미치는 통찰력을 계속 축적한다. 그러나 이것만으로 조직 전체에 공감능력을 전파하기에는 역부족이다.

회계 프로그램을 개발하는 회사가 있다고 가정해보자. 만약 그 회사의 CEO가 회계사라면, 그는 프로그램의 개발 방향과 시장상황 그리고 이 프로그램이 빨리 자리 잡을 수 있도록 도와줄 관련 제품에 대해서도 직관적으로 알고 있을 확률이 높다. 이 때문에 이 회계 프로그램은 다른 회계사들의 요구를 잘 반영할 수 있다. 그렇다고 해서 프로그램을 개발하는 프로그래머들이 회계사들을 완전히 이해해야 한다는 뜻은 아니다. 그러나 프로그래머들도 고객의 중요한 요구사항을 프로그램에 제대로 반영할 수 있도록 노력해야 한다. 프로그래머들이 고객에 대해 명확하게 이해하지 못하고 개인적인 경험도 없다면 훌륭한 의사결정을 내릴 수 없다. 루 거스트너가 IBM에서 시행했던 것처럼 공감의 확산은 위에서부터 시작할 수도 있다. 하지만 지속적인 효과를 얻기 위해서는 반드시 조직 내 모든 사람들에게 퍼져야 한다. 그렇다면 우리는 더 나은 의사결정을 하기 위해서 개인적인 직관을 어떻게 활용해야 할까?

재무제표를 직원들에게 공개하다 : SRC

미주리 주 스프링필드Springfield에 있는 리뉴 센터ReNew Center는 공장 문을 연 첫날부터 실패할 수밖에 없는 운명이었다. 1974년 당시 농기계, 건설 장비, 상업용 트럭 부문에서 세계 1위였던 인터내셔널 하베스터International Harvester는 자신들이 생산하는 모든 종류의 장비를 수리할 전문공장을 스프링필드에 설립했다. 그러나 불행히도 스프링필드 공장을 가동하자마자 인터내서널 하베스트의 사업은 기울기 시작했다. 설상가상으로 건설 장비에 들어가는 디젤 엔진과 변속기 그리고 회전동력 변환기를 생산하는 분야는 당초 기대했던 것보다 수익성이 훨씬 낮은 위험한 사업이라는 사실이 드러났다. 중장비 수리사업의 규모를 키운 지 5년이 지나도 스프링필드 공장은 여전히 흑자로 전환되지 않았다. 그들은 매년 2,600만 달러의 매출을 기록했지만 2백만 달러의 적자를 면치 못했다.

이런 상황에서 11년간 이 회사에 몸담아온 백전노장 잭 스택Jack Stack이 공장의 책임자로 부임하게 되었다. 그는 스프링필드 공장에 부임하기 전에는 시카고 근처에 있는 공장에서 2천 명이 넘는 기계공들을 관리한 경험이 있었다. 스택은 조직원들에게 동기부여를 잘하는 편이었는데, 인터내셔널 하베스트의 경영진은 이 점을 높이 사 그를 스프링필드 공장으로 발령한 것이었다. 경영진은 그가 스프링필드 재생 센터(Springfield Remanufacturing Center, SRC)로 새롭게 이름을 바꾼 이 공장의 운명을 바꿔주기를 기대했다. 경영진이 기대했던 대로 스택은 SRC의 책임자로 취임하자마자 즉각 성과를 내기 시작했다. 그는 불과 2년 만에 영업이익을 흑자로 전환시켰다. 매년 2백만 달러의 적자를 내던 공장을 1981년에는 백만 달러의 흑자를 내는 공장으로 변모시킨 것이다.

공장의 모든 상황들이 차츰 개선되어갔다. 그러나 SRC를 둘러싼 주변 상황은 더욱 악화되었다. 인터내셔널 하베스트는 SRC에 생산량의 3분의 2를 축소하라고 지시했다. 당시 모회사인 인터내셔널 하베스트는 중장비업체에 불어 닥친 불황으로 인해 수지를 맞추기 어려운 상황이었다. 게다가 그들은 심각한 현금 유동성 위기를 겪고 있었다. 인터내셔널 하베스트는

SRC의 생산량을 줄이면 엄청난 금액의 현금을 절약할 수 있었다. 그러나 SRC의 생산량을 줄인다는 것은 곧 공장 직원 대부분을 해고해야 한다는 것을 의미했다.

스택과 공장의 관리자들은 이 상황을 그대로 받아들일 수 없었다. 스택은 인터내셔널 하베스트에 SRC의 장기적인 성장 가능성을 증명할 수 있는 시간과 기회를 달라고 요청했다. 그와 공장의 관리자들은 인터내셔널 하베스트의 지시에도 불구하고 작업을 계속하여 침체된 경기 속에서도 공장의 수익성을 유지했다. 결국 스택과 그의 동료들은 1982년에 9백만 달러를 긁어모아 스프링필드 공장의 경영권을 인수하기에 이른다. 모회사의 회의적인 시각에도 불구하고, 그들은 다 죽어가던 스프링필드 공장을 다시 회생시킬 수 있다는 확신에 차 있었다. 공장을 인수한 그들은 SRC를 다시 살리기 위해서는 조직 내에 엄청난 변화가 필요하다는 사실을 절감하고 있었다. 조직이 대외적인 경쟁력을 갖추기 위해서는 여전히 효율성을 제고해야 했기 때문이다.

스택과 그의 동료들은 변화를 신속하게 추진할 수 있는 유일한 방법은 회사의 모든 직원들의 도움을 요청하는 벽보를 부치는 것뿐이라고 생각했다. 당시 스택과 관리자들은 상황을 호전시킬 수 있는 방법을 정확히 알고 있었지만 그들만으로는 변화를 추진할 수 없었던 것이다. 변화를 성공적으로 이루려면 모든 직원들이 회사에 대한 주인의식을 갖고 생각하고 행동해야 한다. 직원들은 스스로 자신의 행동이 회사에 미치는 영향을 알아야 하고, 더 나은 의사결정을 할 수 있는 방법을 배워야 했다. 그런 관점에서 SRC의 모든 직원들은 회사의 실적을 정확하게 알기 위해 재무제표 읽는 법을 배웠다.

직원들이 재무제표를 읽을 수 있게 되자 스택은 회사의 재무제표를 직원들에게 공개했다. 관리팀은 정기적으로 회사의 재무상황을 직원휴게실 벽과 회사 내 공공장소에 게시하는 한편, 유인물로 만들어 직원들에게 나눠주기도 했다. 회사는 누구나 재무제표가 의미하는 바를 잘 이해할 수 있도록 재무제표 교육을 실시하는 한편 수시로 실적 설명회를 열기도 했다. 그 결과 SRC의 직원들은 회사가 수익을 창출하고 있는지, 혹은 적자상태인지 명확히 알 수 있게 되었다. 회사 실적을 정확히 알게 되면서 직원들은 자신의 행동이 회사의 실적에 어떤 영향을 미치는지 이해할 수 있었다.

그들은 이 과정에서 '재무공개 경영'이라고 불리는 새로운 경영기법을 탄생시켰다. 재무공개 경영의 효과는 곧바로 나타났다. SRC 현장에 있던 기계공들은 자신이 담당하고 있는 부품조립을 빨리 끝내기, 원재료 아끼기, 그리고 공정시간 단축하기 등이 조직 전체에 어떤 영향을 미치는지 알게 되었다. 그 결과는 놀라웠다. 인터내셔널 하베스트로부터 경영권을 인수한 후, 3년 동안 SRC의 매출은 매년 40%씩 증가했다. 이와 더불어 순이익도 11%가 증가했다. 3년 후 SRC의 주식평가액은 10센트에서 8.45달러로 치솟았다. 잭 스택을 포함한 SRC의 소유주는 자신들의 돈 10만 달러만 가지고 회사를 인수했다. 나머지 890만 달러는 모두 빌려서 조달했다. SRC의 가치는 계속 상승하여 지금은 그 이상으로 올랐다. 오늘날 SRC의 연간 매출액은 3억 달러를 넘어섰으며, 1980년대 초반 120명에 불과하던 직원 수는 현재 천 명을 넘어섰다.

잭 스택이 시작한 재무공개 경영은 SRC를 벗어나 다른 기업들로 퍼져나갔다. SRC의 이야기를 들은 다른 제조업체들도 마찬가지로 직원들이 생산성을 개선하고 원가를 절감할 수 있는 능력과 재무지식을 갖출 수 있도록 교육을 강화하는 한편, 의사결정 시스템도 개선했다.

기업은 수천 개의 노를 가진 큰 배와 같다

재무공개 경영은 각 개인들이 가지고 있는 힘을 하나로 모을 수 있었기 때문에 효과를 볼 수 있었다. 공감능력 확산을 위해서는 조직 내에 있는 모든 개인들을 다 끌어안을 수 있어야 한다. 일반적인 통념과는 달리 효율적인 기업 행위는 어느 한 개인이나 훌륭한 한 가지 전략에 의해 이루어지는 것이 아니다. 기업 행위는 각 개인들이 매일 반복적으로 하는 수천 개의 의사결정이 모여서 이루어진다. 만약 그 개인들의 결정이 조직에 긍정적인 효과를 미친다면 회사는 좋은 성과를 거둘 수 있다. 하지만 반대로 그 결정이 부정적인 효과를 미친다면 회사는 어려움에 처할 수밖에 없다. 각 조직원들이 내린 결정이 서로 상충된다면 집단적인 혼란 상태가 발생할 것이다. 기업은 수천 개의 노를 가진 큰 배와 같다. 앞으로 나아가기 위해서는 모든 사람들이 일사불란하게 같은 방향을 향해 노를 저어야만 한다.

기업 전략이라는 개념을 처음 언급한 사람은 근대 전략적 계획의 아버지로 불리는 헨리 민츠버그Henry Mintzberg다. 그는 자신의 저서 《전략적 계획의 흥망성쇠The Rise and Fall of Strategic Planning》에서 다음과 같이 언급했다. "분석은 통합이 아니며, 전략적 계획은 전략을 만들어내는 것이 아니다. ……결국 전략적 계획이라는 용어는 모순된 말이다."

그는 수개월 간 공들여 만든 계획들을 모두 버리라고 충고했다. 전략적 계획의 창시자가 전략을 수립하는 데 반드시 필요한 기본적인 전제에 의문을 품으라고 말한 것이다. 민츠버그가 정말 하고 싶었던 말은 진정한 전략은 본사 고위층의 임원들과 전략기획 담당자들이 만들어낼 수 있는 것이 아니라는 점이다. 또한 외부의 전문적인 컨설턴트들이 보고서를 통해 제안할 수 있는 것도 아니다. 진정한 전략이란 모든 직원들이 매일같이 반복하는 수천 개 의사결정들의 집합체이기 때문이다. 따라서 직원들의 의사결정 과정과 결과를 개선할 수 있다면 회사의 전략도 개선될 수 있다.

잭 스택이나 헨리 민츠버그는 회사의 모든 직원들이 솔선수범하도록 만들고 싶다면, 우선 모든 직원들이 자신의 행동에 어떤 의미가 있는지 알아야 한다고 강조했다. SRC는 모든 직원들이 자신의 의사결정과 회사의 성과가 어떤 관계인지 알게 됨으로써 지속적으로 성장할 수 있었다. SRC는 내부 고객에게 더 상세한 정보를 제공하고 내부 고객의 여러 제안에 대해 즉시 답변할 수 있는 시스템을 구축함으로써, 개인들의 행동과 집단적인 성과 사이에 연결고리를 만들어냈다.

재무공개 경영은 기존 핵심사업의 매출과 수익성을 단기간에 개선하는 데 효과적인 경영기법이다. 하지만 다른 관점에서 보면 재무공개 경영이 반드시 회사의 성장을 담보해주는 것은 아니다. 단기간에 재무적인 개선을 이루어냈다고 해서 회사가 시장에 새롭게 등장한 위협을 제때 발견할 수 있다고 말할 수는 없다. 경영효율이 좋다고 해서 회사가 성장을 위한 새로운 기회를 경쟁자들보다 더 빨리 발견하고 실행할 수 있는 것도 아니다. 사실 대부분 기업들의 성장은 고객이 실제로 무엇을 중요하게 생각하는지 알고 있느냐에 달려 있다. 기업이 지속적으로 성장하기 위해서는 단순히 재무공개 경영을 시행하는 것을 넘어 회사와 고객 간에 공감이라는 의사소통이 원활해야 한다.

공감형 조직을 구축하고 전파하라

공감에 개방적인 조직Open Empathy Organization을 만든다는 것은 인간적인 정보 시스템을 구축하고 전파하는 것이다. 조직의 모든 구성원들이 직접적인 경험을 통해 고객이 무엇을 필요로 하는지, 회사가 그들의 요구를 어떻게 충족할 수 있는지 그리고 자신의 개인적인 행동이 회사의 부가가치를 높일지 혹은 떨어뜨릴지에 대한 감각을 가지고 있어야 한다. 공감에 개방적인 조직은 직원들에게 자신들의 제품과 서비스가 그것을 구매하고 사용하는 고객들에게 어떤 영향을 주는지 효과적으로 보여준다.

나이키는 공감에 개방적인 조직의 훌륭한 예다. 나이키에서 근무하는 사람들은 육상화를 만들지만 그들 자신도 직접 달리기를 한다. 이 때문에 그들은 달리기에 대한 기본적인 감각을 가지고 있다. 그리고 그런 감각 덕분에 추상적이고 허튼 보고서에 현혹되지 않는다. 따라서 그들이 생산하는 육상화는 사전 시장조사와 달리 성공하는 경우가 많다. 당연히 회사는 이런 부분을 장려하기 위해 최선을 다한다. 비버톤에 위치한 나이키 본사의 운동장은 마치 대학교 캠퍼스에서 강의실을 없애고 다양한 운동시설을 추가한 것 같은 모습을 하고 있다.

나이키 본사 안에 있는 카페테리아는 세계 각지에서 벌어지고 있는 각종 운동경기를 중계해주는 평면 TV를 갖추고 있다. 또한 그들은 운동장 주변에 설치한 진열장에 각종 유니폼과 장비 그리고 유명한 운동선수들과 평범한 팬들의 사진을 전시해 놓았다. 평일 오후에 나이키를 방문해보면 십 중팔구 직원 중 몇 명이 본사 근처 운동장에서 축구를 하고 있는 모습을 볼 수 있을 것이다. 직원들은 매일 정기적으로 달리기나 수영을 한다. 내가 만나본 상당수의 직원들도 스포츠에 대한 열정을 간직한 운동선수 출신이 었다.

직원들이 자신의 일상적인 행동이 회사 밖에 있는 많은 사람들에게 영 향을 미친다는 사실을 느끼게 되면, 본능적으로 그 사람들에게 더욱 긍정 적인 영향을 미치려는 태도를 갖게 된다. 인간은 대부분 상대방을 더 행복 하게 만드는 방법을 찾아내는 데 탁월한 본능을 가지고 있다. 그러나 이 본 능도 우리가 긍정적인 영향을 주고 싶은 상대방을 직접 만나지 않으면 아무 런 쓸모가 없다. 조직 내에서 공감능력이 확산되어야만 회사 밖에 있는 사 람들과의 연대를 다시 회복할 수 있다.

재무공개 경영과 마찬가지로 공감에 개방적인 조직의 구성원들은 개인 적으로 더 뛰어난 의사결정을 할 수 있다. 그들이 진짜 누구를 위해서 일하 는지 알게 되면 왜 자신의 일이 중요한지 저절로 느끼게 되고, 어떻게 하면 자신의 일을 더 잘 할 수 있는지 그 방법을 찾게 된다. 그리고 직원들이 개 선된 방법을 통해 프로젝트를 빨리 끝내면 회사의 수익성은 개선된다. 공감 에 개방적인 기업의 구성원들은 잠재적 고객을 포함하여 세상의 모든 고객 들이 무엇을 중요하게 생각하는지 정확히 알 수 있다.

공감에 개방적인 조직을 만드는 일은 시장조사를 하는 것과는 전혀 다 른 차원의 문제다. 이것은 조직의 변화와 관련된 문제다. 회사 내에서 공감 능력을 확산시키기 위해서는 고위경영진의 적극적인 개입이 필요하다. 또한 직원들의 교육방법을 바꿔야 하고, 심지어는 관리자들의 성과급 체계까지 바꾸어야 할 수도 있다. 이런 모든 행위들의 궁극적인 목표는 직원들이 매일 되풀이하고 있는 수천 건의 의사결정에 긍정적인 영향을 미치기 위해서이다.

창문을 활짝 열어 빌딩증후군 극복하기

기업은 어떤 관점에서 보면 건물과 흡사하다. 건물은 많은 사람들을 한 장소에 모아 바깥세상으로부터 그들을 보호해주는 동시에 그들이 효과적으로 일할 수 있는 최적의 환경을 제공한다. 그러나 바깥세상으로부터 사람들을 단절시킨다는 점에서 가장 치명적인 약점이기도 하다. 중앙냉난방장치가 갖추어진 건물은 내부 온도를 항상 쾌적한 수준으로 유지할 수 있다. 이는 훌륭한 근무환경을 제공해주는 반면 안에 있는 사람들이 바깥 기온을 전혀 알 수 없게 만든다. 만약 자신이 일하는 사무실이 건물 내부에 깊숙이 있다면 시계를 확인하지 않고서는 밤인지 낮인지도 분간할 수 없다. 또 밖에 비가 오는지도 모르기 때문에 퇴근 이후 집으로 돌아갈 때 난처한 입장이 되기도 한다.

이외에도 건물은 매우 심각한 문제를 초래할 수 있다. 1970년 이후에 지어진 대부분의 건물은 환기가 잘 되지 않는다. 이런 건물은 입주자들이 내쉬는 숨으로 산소가 희박해지고 내부 공기를 외부의 신선한 공기로 재빨리 대체하지 못한다. 이 때문에 사무실에 있는 사람들 중 한 사람이 전염병에 걸릴 경우 그 주변에 있는 모든 사람들도 감염될 수 있다. 세계보건기구(WHO)는 1984년에 기술발전에 따라 새롭게 등장한 인간전염병을 발표했는

데, 그 중 하나가 바로 빌딩증후군Sick Building Syndrome이다. WHO에 따르면 건물 안에 거주하는 사람들의 최대 30%가 만성적인 질병을 앓고 있는데, 그 이유는 무엇보다 건물의 환기가 잘되지 않기 때문이다.

인간은 기술발전과 미래에 닥쳐올지도 모르는 잠재적 위험성을 서로 맞바꾸었다. 인간은 건물 덕분에 맹수의 공격이나 추위를 피할 수 있었지만, 그 대신 우리 자신이 만들어낸 새로운 재해와 맞닥뜨리게 된 것이다. 인간이 현재 건물과 같은 밀폐된 주거지와 사무실을 개발하기 전에는 아무도 그런 위험에 대해 신경 쓰지 않았다. 그 이유는 자신들이 살고 있는 거처의 안과 바깥이 기본적으로 별 차이가 없었기 때문이다.

나무 위에 집을 짓고 살 때는 잠이 든 사이에 호랑이와 같은 맹수들이 습격해올 수도 있지만 신선한 공기가 부족해서 병에 걸리지는 않았다. 가장 좋은 건물이란 해로운 것들로부터 거주자를 보호하는 동시에, 건물 안에 살고 있는 사람들이 건물 밖에 있는 것들과 격리되지 않아야 한다. 즉 좋은 건물이란 선사시대 주거 형태의 장점과 오늘날 주거형태의 장점을 합쳐놓은 것이다. 많은 창문이 있어서 그 안에 거주하는 사람들이 시계를 보지 않고도 낮인지 밤인지 알 수 있고 바깥의 날씨가 어떤지 느낄 수 있어야 한다. 그리고 건물 거주자들이 창문들을 수시로 열어 항상 신선한 공기로 숨 쉴 수 있어야 하며, 바깥의 기온도 감지할 수 있어야 한다.

건물과 마찬가지로 회사도 바깥세상으로부터 불어오는 신선한 공기를 필요로 한다. 다만 회사가 숨 쉬는 공기는 고객들의 감정이 이입된 정보의 형태로 들어온다. 분명히 산업혁명은 인간의 생산성을 향상시켰고, 물리적 거리의 한계를 극복할 수 있도록 도와주었으며 세계경제라는 개념을 만들어냈다. 그러나 그에 대한 반대급부로 과거에 직공들이 고객과 쌓아왔던 본능적이고 직관적인 유대를 단절시켜버렸다. 이 때문에 많은 기업들이 빌딩증후군을 겪게 되었다. 대부분의 기업이 자신의 고객들을 직관적으로 이해할 수 있는 공감능력을 가지고 있지 않다. 기업은 이 문제를 해결하기 위해 소비자를 연구하는 조직을 별도로 만들었다. 그러나 이 조직은 고객과 공감할 수는 있지만 조직 내에 폭넓게 확산시키지는 못한다. 어느 방에 있는 창문을 하나 열었다고 해서 빌딩 전체에 신선한 공기가 충분히 공급되는 것은 아니지 않는가. 제한된 소수의 사람들만 고객을 연구해서는 공감에 개방적인 조직을 만들 수 없다. 직원들이 일하는 방법에 영향을 미치기 위해서는 외부의 정보가 조직의 모든 부분까지 속속들이 전해져야만 한다.

우리는 이 책을 통해 공감에 개방적인 조직들을 살펴보았다. 할리 데이비슨은 직원들이 오토바이족의 삶을 공유할 수 있도록 본사를 오토바이와 관련된 여러 가지 물건들로 가득 채웠다. 할리 데이비슨에서 일하는 사람들은 오토바이족들이 정말 중요하게 생각하는 바가 무엇인지 주변만 둘러봐도 정확히 알 수 있다. 나이키는 그들의 조직문화 자체를 운동에 대한 잠재적 열정을 일깨울 수 있도록 만들었다. IBM은 고객들이 정보기술 시스템을 향상시키고 경쟁력을 유지할 수 있도록 도와주었다. IBM은 영업력 향상을 위해 고객 서비스팀을 활용했으며 또 온라인 포털사이트를 최대한 활용하여 직원과 고객을 서로 연결시켰다.

공감능력은 눈에 보이지 않지만 이런 회사들에게 경쟁력을 제공하는 중요한 자산이었다. 또한 공감능력은 이런 기업들이 성장할 수 있는 원동력이었다. 공감에 개방적인 조직은 항상 그들의 경쟁자들보다 더 뛰어난 성과를 거둔다. 또한 그들이 지속적으로 성장할 수 있는 능력을 쌓아간다. 그들은 항상 세상과 소통할 수 있는 창문을 열어놓은 덕분에 외부의 가치 있는 정보들을 계속 접할 수 있기 때문이다.

기업은 고객을 이해하기 위해 소비자를 연구하는 별도의 조직을 만들고, 인적자원배분 시스템과 성과급제도 그리고 수천 명의 직원들이 공감대를 서로 나눌 수 있는 열린 조직문화를 구축했다. 이런 것들이야말로 기업이 지속적으로 성장할 수 있는 원천이 된다. 어떤 회사든지 약간의 변화만으로도 공감능력을 확산해나갈 수 있다. 공감능력은 쉽고 일상적인 것으로부터 형성되고, 모든 직원들이 일하면서 자연스럽게 형성할 수 있어야 공감형 조직이 된다.

직원은 동시에 고객이 되어야 한다

공감에 개방적인 조직은 지위고하를 막론하고 모든 직원들이 서로에 대해 진정한 관심을 갖고 있다. 물론 누구나 자신의 일 이외에 다른 일을 하기 싫어하기 때문에, 다른 사람들에게 관심을 갖는다는 것이 쉽지만은 않다. 그러지 않아도 할 일이 너무 많기 때문이다. 만약 직원들이 다른 사람들에 대해 관심이 있는지 확인하기 위해 직원들을 일일이 찾아가 물어보는 것은 어리석은 짓이다. 공감에 개방적인 조직은 고객과 공감하기 위해 직원들이 별도로 일하게 하지 않는다. 그런 기업은 직원과 고객이 서로 교감할 수 있는 손쉬운 방법을 개발하여 자연스럽게 공감하도록 한다. 어떤 사업이든 항상 고객의 입장에서 판단해야겠지만, 오랫동안 고객의 입장에서 생각해야 할 만큼 충분한 시간과 예산을 가지고 있는 기업은 그리 많지 않다.

바로 이런 이유 때문에 유통할인점 타깃^{Target}은 본사 바로 옆에 매장을 가지고 있다. 타깃 직원들은 본사 건물 밖으로 조금만 걸어 나가면, 자신의 고객을 만날 수 있을 뿐만 아니라 자신도 타깃 매장에서 물건을 살 수 있다. 대부분 소매기업들은 본사와 가장 가까운 매장도 몇 킬로미터나 떨어져 있다. 이 때문에 본사에 근무하는 직원들은 고객의 입장에서 판단하기가 쉽지 않다. 그런 반면 타깃의 직원들은 사무실만 걸어 나가면 바로 고객의 입장에서 직접 체험할 수 있다.

그렇다고 타깃이 모든 것을 다 잘했다는 것은 아니다. 타깃을 주로 이용하는 고객들은 대부분 라이프스타일과 가격 두 가지를 모두 중요하게 생각하는 중산층이다. 그들은 타깃에서 쇼핑할 때, 패션 감각이 있는 평상복을 주로 입는다. 타깃 본사의 풍경도 이와 크게 다르지 않았다. 상품 진열을 돕고 있는 중역들 역시 자신의 고객들과 마찬가지로 평상복을 입고 있었다.

그러나 타깃이 2004년에 모든 직원들에게 정장을 입도록 하면서 이런 모습들은 찾아볼 수 없게 되었다. 타깃은 직원들의 복장규정을 바꿈으로써 고객들과 공감하는 데 두 가지 장애요인을 만들고 말았다. 첫째, 타깃의 직원들이 더 이상 자신의 고객들처럼 보이지 않는다는 것이다. 둘째, 모든 직원들이 복장규정에 따른 옷을 구입하기 위해서는 타깃 매장이 아닌 다른 신사복 매장에서 옷을 구입해야만 한다는 것이다. 이 중에서도 두 번째 장애요인은 회사에 치명적인 해를 끼치고 말았다. 타깃이 직원들의 복장규정을 바꾼 후, 미국 내 신문들이 남성복 매장의 매출이 급증했다는 기사를 게재했을 정도였다. 타깃은 뒤늦게 사태의 심각성을 눈치 채고 자신들의 매장에서도 정장을 팔기 시작했지만 이미 상황은 벌어진 이후였다.

직원들이 직장 밖에서도 고객들과 공감할 수 있도록 도와주는 아주 손쉬운 방법이 있다. 우편으로 비디오를 대여해주는 업체인 넷플릭스Netflix는 간단하고 효과적으로 공감할 수 있는 시스템을 가지고 있다. 누구든 넷플릭스에 입사하면, 그가 담당하는 일이 프로그램 개발이든 영업이든 상관없이 DVD 플레이어를 제공하고(물론 직원들이 DVD 플레이어를 가지고 있지 않은 경우에 한해) 무료로 자신들의 비디오를 대여해 볼 수 있도록 했다. 신청한 DVD가 집의 우편함에 도착하는 순간 직원들은 고객이 평소에 느끼는 그대로 똑같이 느낄 수 있었다. 직원들은 이 과정에서 대여신청을 했던 영화를 취소하고 다른 영화로 바꾸는 방법을 알게 된다. 또 고객과 마찬가지로 영화를 신청한 후 DVD가 도착할 때까지 기다리면서 느끼게 되는 감정들도 알게 된다. 또한 보고 난 DVD를 다시 포장해서 넷플릭스로 돌려보내는 방법까지도 모두 배울 수 있다.

넷플릭스 직원들은 고객이 평소 자신들의 서비스에 대해 어떻게 느끼는지 궁금해 할 필요가 없다. 그들 자신이 바로 회사의 고객이기 때문이다. 우체국에서 넷플릭스의 우편물을 다른 집에 잘못 배달하든가 아니면 배달 시스템의 오류로 고객이 신청한 영화와 다른 DVD가 배달된다면, 이것은 영화가 아니라 골칫거리를 배달한 꼴이 되고 만다. 이런 단편적인 예를 통해 기업이 장기적으로 성장하기 위해서는 공감능력을 조직 내에 확산시키는 정책이 얼마나 중요한지 잘 알 수 있다.

넷플릭스가 직원에게 적용하고 있는 무료임대제도 덕분에 배달시간이 지연되거나 혹은 잘못된 영화가 배달되었을 때 그 즉시 문제점을 알 수 있고 이 같은 문제가 재발하지 않도록 제대로 조치를 취할 수 있다. 회사가 고객에게 제공하는 서비스를 직원에게도 제공함으로써 넷플릭스 직원들은 서비스를 개선할 수 있는 방안을 내놓을 수 있다. 이 과정에서 서비스의 가치를 더욱 높일 수 있는 새로운 아이디어를 덤으로 얻게 된다.

공감이 일상에 녹아들게 하라

기업이 조직 내에 공감능력을 확산하기 위해 추진하는 각종 행동은 평소 일상적으로 하던 일이 아니기 때문에 독특하게 보일 수 있다. 그러나 이것은 바람직하지 않은 징후다. 많은 경영자들이 공감능력을 강조하고자 출범식처럼 큰 행사를 열려고 하지만, 실제 공감에 개방적인 조직들은 공감능력 향상을 위해 특별한 행사를 하지 않는다. 이런 특별한 행사는 순간적으로 조직 구성원 사이에 긴장과 흥분을 조성하지만, 일회성 행사의 효과는 오래 지속되지 않는다. 이보다는 직원들의 일상적인 업무 속에 고객의 감정이 이입되어 있는 각종 정보를 자연스럽게 체득하도록 하는 것이 더욱 효율적이다. 장기적인 효과를 거두기 위해서는 공감능력이 직원들의 일상 속에 자리 잡아야 한다.

몇 년 전에 우연히 인텔에서 일하고 있는 토니 살바도르Tony Salvador를 만나러 갔다가 공감을 일상적인 업무의 한 부분으로 만들 수 있는 훌륭한 방법을 발견했다. 토니는 인텔이 다음에 어떤 제품을 생산해야 할지 파악하기 위해 다른 사람들의 집을 방문하여 집중적인 인터뷰를 하고 있었다. 토니와 같은 사람들에게 누군가와 공감하는 일은 매우 쉽다. 그와 인텔에 속해 있는 다른 동료들도 마찬가지로 다른 사람들의 삶이 어떤지 훤히 꿰고 있을 뿐만 아니라 기술적인 발전이 생활에 미치는 영향도 잘 알고 있다. 토니와 그의 팀은 인터뷰 과정에서 여러 사람들로부터 얻은 정보를 조직 내의 다른 사람들에게 전달하기로 했다. 그들은 사람들에 대해 깨달은 점을 다른 직원들이 쉽게 이해할 수 있도록 가공의 인물을 만들었다. 이렇게 만들어진 가공인물의 인구통계학적 특성과 개성 그리고 습관은 전부 토니와 동료들이 직접 만났던 사람들의 정보를 기초로 했다.

이 방법은 매우 효과적이었지만 한 가지 문제가 있었다. 이 가공인물이 제품 개발과정에서 표준을 제시해줄 수 있지만, 직원들이 이 가공인물과 관련된 통계를 읽지 않으면 아무 소용이 없었다. 이 때문에 토니와 그의 동료들은 자신들이 만들어 낸 가공인물을 조직 내에 퍼뜨릴 수 있는 가장 효율적인 방법을 고민하기 시작했다. 토니는 문득 사람들이 혼자서 조용히 그들만의 시간을 가질 수 있는 아주 드문 순간을 떠올렸다. 그것은 바로 화장실이었다. 인텔은 직원들이 접근하기 쉽고 읽기 편하도록 가공인물에 대한 정보를 화장실 내에 게시했다. 화장실에 간 직원들은 좋든 싫든 그 정보와 마주해야만 했다.

세계 제일의 농구공 제조업체인 스팰딩Spalding 역시 공감능력을 직원들의 일상 업무에 녹여 넣는 손쉬운 방법을 찾아냈다. 스팰딩은 매사추세츠 스프링필드에 있는 자신들의 사무실에서 제품개발 아이디어를 얻는다. 그들의 본사 바로 앞에는 농구장이 있다. 직원들에게 언제든지 농구를 할 수 있는 농구장을 제공함으로써 농구에 대한 열정을 잃지 않도록 한 것이다. 더구나 이것은 다른 방법들보다 시간과 노력 면에서 훨씬 효율적이다. 이 방법을 통해 스팰딩의 직원들은 고객이 평소 자신들의 제품을 사용할 때 느끼는 점을 그대로 경험할 수 있다.

농구장에서 농구를 하면서 직원들은 많은 것을 배운다. 그들이 농구 시합 도중에 발견한 사실 중 한 가지는 농구공에 공기를 집어넣는 일이 매우 번거롭다는 것이었다. 더구나 공기펌프를 가지고 있지 않다면 상황은 더욱 심각해진다. 농구공에 공기를 넣기 위해서는 반드시 공기펌프가 있어야 한다는 사실을 발견한 스팔딩은 농구공 자체에 작은 공기펌프가 내장되어 있는 농구공을 개발했다. 최근에는 여기서 한발 더 나아가 아예 공기를 집어넣을 필요조차 없는 농구공까지 개발했다. 그들이 이렇게까지 할 수 있었던 이유는 모든 직원들이 항상 회사에서 농구를 하기 때문이다. 공에 공기 넣을 걱정만 없다면 농구가 지금보다 훨씬 더 재미있는 운동이라는 것을 잘 알고 있었던 것이다.

인텔과 스팔딩은 조직 내 구성원들이 누구나 공감능력을 키우고 활용할 수 있도록 아주 쉽고 단순한 방법을 도입했다. 거창한 구호나 선포식 따위는 없다. 인텔과 스팔딩의 직원들은 고객과 공감하기 위해 특별히 많은 시간을 투자할 필요도 없었다. 고객과 공감하는 일이 직원들의 일상생활의 일부였기 때문이다.

바깥세상으로 나가거나 바깥세상을 끌어들이거나

직원들은 직접 경험을 통해 고객의 감정이 이입된 정보들을 얻을 수 있어야 한다. 인간의 뇌 속에 있는 거울신경과 변연계는 파워포인트나 엑셀로 만들어진 문서로는 쉽게 작동하지 않는다. 공감에 개방적인 조직은 자신의 직원들이 주변상황에 따라 고객과 상호작용할 수 있도록 만들기 위해 노력한다. 그들은 가끔 직원들에게 세상 밖으로 나가보라고 권장하기도 하고, 또 때로는 바깥세상을 사무실 안으로 끌어들이라고 요구한다.

1970년대에 설립된 원예도구 생산업체인 스미스앤호켄Smith & Hawken은 정원을 가꾸는 사람들과 가까이 있기 위해 최선을 다했다. 그들은 언제나 정원으로 나가 직접 경험하기 위해 노력했다. 캘리포니아 주 노바토Novato 에 위치한 본사에는 커다란 정원이 있다. 이 정원은 단순히 외부에 보여주 기 위해 만든 것이 아니다. 회사의 모든 직원들은 순번대로 돌아가면서 본 사 정원에서 직접 일을 해야 한다. 그것도 쉬운 일이 아니라 괭이질, 가래 질, 잡초 뽑기 등과 같이 만만치 않은 작업들이다. 얼마 지나지 않아 직원들 은 온몸이 흙으로 더러워지고 녹초가 되지만 이것은 절대로 직원들을 혼내 기 위한 처벌이 아니다. 회사는 모든 직원들이 정원을 가꾸는 사람들처럼 느낄 수 있는 본능적 직관을 갖추도록 돕고 있는 것이다.

스미스앤호켄은 소비자 테스트를 위한 특별 팀에 돈을 쓰는 대신 직원 들이 자신의 고객들처럼 되기 위해 땀과 시간을 투자한다. 이 정원 작업 제 도는 스미스앤호켄이 고객과 공감하고 연대를 형성할 수 있도록 도와주었 다. 그리고 이 연대에 힘입어 회사 규모는 4배나 커졌고, 통신판매와 새로 운 사업을 확장하면서 스미스앤호켄은 지구상에서 가장 빠르게 성장하는 소매기업 중 하나가 되었다.

나이키 역시 일본 시장으로 진출하기 전, 직접적인 경험을 통해 일본의 잠재적 고객들과 공감하고자 했다. 나이키의 디자이너들은 일본을 방문하 여 일본의 10대들과 어울려 시간을 보내면서 일본 시장에 맞는 제품을 개 발하기 위해 영감을 얻고자 노력했다. 디자이너들은 10대들이 사는 집과 학교도 직접 방문했다. 그 결과 디자이너들은 일본에서 멋지다는 것이 어떤 것을 의미하는지 이해할 수 있었다. 비버튼의 본사로 돌아온 디자이너들은 자신의 사무실을 일본에서 방문했던 10대들의 방처럼 바꾸었다. 디자이너들은 일본에서 보았던 10대들의 침실과 비슷한 방을 만들고, 유사한 색상을 가진 가구를 들여놓았으며 벽에는 그들이 좋아하는 포스터까지 붙였다. 심지어는 일본의 10대들이 가장 좋아하는 TV 프로그램까지 빠지지 않고 보았다.

그 방은 나이키 디자이너들과 영업담당자들이 아이디어를 떠올릴 수 있도록 도와주는 중요한 공간이었다. 그들은 공감하고자 하는 잠재 고객이 사는 세상에서 제품 스케치를 하고, 디자인에 대해 토론도 하고 아이디어 회의도 했다. 그 방 덕분에 나이키 디자이너들은 일본 출장에서 돌아온 이후로도 한참 동안 그들의 본능적인 직관을 계속 충전할 수 있었다. 스미스앤호켄이 직원들에게 정원이 있는 바깥세상으로 나가라고 장려한 반면, 나이키는 잠재적인 고객들이 살고 있는 바깥세상을 자신들의 사무실 안으로 끌어들인 것이다. 방법은 다르지만 두 회사 모두 자신의 직원들이 직접적인 경험을 통해 고객과 공감하도록 도운 것이다.

기업의 성장 기회는 어떻게 찾을까?

공감에 개방적인 조직을 만들기 위해서는 오랜 시간에 걸쳐 조금씩 조직을 변화시켜야 한다. 하지만 공감에 개방적인 조직을 향해 나아가는 첫 걸음은 아주 간단하다. 평소와 다름없이 하던 대로 하면 된다. 다만 직원들이 일상적인 생활 속에서 다른 사람의 입장에서 경험할 수 있도록 해야 한다. 이런 경험을 통해 그들은 자연스럽게 타인과 공감하게 된다. 큰 조직의 경우에는 우선 한 부분에서 먼저 시작해도 좋다. 마이크로소프트가 엑스박스를 개발한 것처럼 작은 팀을 만들어 시작하면 된다. 기업이 바깥세상으로 통하는 모든 창문을 다 열 수만 있다면 그 효과는 대단하겠지만 우선 건물의 한 쪽부터 신선한 공기를 채워나가면서 전체적인 변화를 도모해야 한다. 조직 내의 한 부분에서 공감능력이 확산되면 그들의 열정은 다른 부서의 구성원들에게도 전파된다. 결국 시간이 지나면 조직 내에 있는 모든 사람들은 바깥세상 사람들이 어떤 말을 하는지 들을 수 있고, 그들처럼 똑같이 느끼고 그들의 눈을 통해 세상을 볼 수 있게 된다. 공감에 개방적인 조직은 세상을 있는 그대로 볼 수 있고, 언제나 생동감이 넘치며 경쟁자들이 미처 인식하지 못하는 성장 기회를 찾아낼 수 있다.

문제해결을 위한
관점의 전환

키아누 리브스는 왜 빨간약을 골랐을까?

조직 내 구성원들이 주변 세상을 좀 더 깊이 이해한다면 매일같이 반복되는 의사결정 과정에서 훨씬 더 탁월한 결정을 내릴 수 있다. 그들은 보고서나 시장조사처럼 간접적인 자료들에 의존하는 경쟁자들보다 빨리 새로운 기회를 발견할 수 있다. 그리고 그들은 문제의 본질을 직관적으로 이해할 수 있기 때문에 쓸데없는 일에 시간을 낭비하지 않고 비용도 절약할 수 있다. 조직 내 구성원들은 공감을 통해 바깥에 있는 사람들이 정말 가치 있다고 생각하는 것이 무엇인지 깨닫기 때문에 핵심적인 업무에만 집중할 수 있고 조직의 성장을 촉진한다.

공감능력으로 충만한 조직이 누리는 효과는 시간이 지날수록 점점 더 커진다. 직원들이 매일 반복하는 수천 개의 뛰어난 의사결정들이 쌓여서 조직 전반에 걸쳐 커다란 변화를 불러오기 때문이다. 그러나 공감능력의 효과는 단순한 총합 그 이상이며 우리의 예측을 불허한다. 때로는 주변 세상과 공감하는 것만으로 다른 사람들이 전혀 알아차리지 못하는 대단한 기회를 찾아낼 수도 있다. 또 공감능력은 우리들이 세상을 보는 관점을 변화시키기도 한다.

세상을 바라보는 관점을 바꾼다는 것은 흥미롭고 소중한 데이터를 얻거나 통찰력을 향상시키는 것보다 더 큰 의미가 있다. 그것은 세상이 어떻게 돌아가는지에 대한 사고의 근본적인 전환이다. 물론 관점을 바꾸는 것만으로 모든 상황을 명확하게 파악할 수는 없다. 하지만 세상이 돌아가는 원리를 알기 위해 사용해온 기존의 방법들이 쓸모없다는 사실을 알 수는 있다. 그리고 바로 이 때문에 조직이 급속히 변화할 수 있다. 올바른 관점으로 무장된 기업은 어느 시장에서나 새로운 가치를 찾아낼 수 있다. 새로운 관점을 얻은 사람은 그 순간부터 세상이 새롭게 보이기 시작한다.

세상을 보는 관점을 바꾸는 것은 자칫 혼란스러운 경험이 될 수도 있다. 그것은 세상을 보는 관점을 바꾸고 나서 체험하는 것들이 애초의 기대와 너무 다르기 때문이다. 그렇다고 해서 지금까지 우리들이 믿어왔던 가정과 전제가 모두 틀렸다는 것은 아니다. 단지 세상을 보는 관점을 바꿈으로써 기존의 고정관념과 편견이 뒤집힐 뿐이다. 영화 〈매트릭스The Matrix〉를 보면, 키아누 리브스는 두 가지 알약 중 하나를 골라 먹어야 하는 상황과 맞닥뜨린다. 파란 알약을 먹으면 지금까지 경험했던 모든 것들을 악몽처럼 다 잊어버리고 편안히 살아갈 수 있다. 반대로 빨간 알약을 먹으면 세상을 있는 그대로 볼 수 있게 된다. 세상에 대한 진실을 너무나도 알고 싶었던 우리의 영웅은 결국 빨간 알약을 선택한다.

약을 먹은 지 불과 몇 분 만에, 그가 지금까지 살아왔던(아니 살아왔다고 믿었던) 세상은 완전히 다르게 그리고 영원히 변하게 된다. 세상의 현실을 있는 그대로 볼 수 있게 된 키아누 리브스는 끈적거리는 환상으로 가득 찬 가상현실로부터 깨어난다. 현실세계에서는 그의 피부에 섬뜩한 느낌의 튜브들이 곳곳에 연결되어 있다. 그는 지금까지 크기를 알 수 없을 만큼 거대하고 악한 컴퓨터가 자신의 주위를 둘러싸고 있다는 사실을 몰랐던 것이다. 마침내 그는 지금까지 그가 살아왔던 모든 삶이 컴퓨터가 만들어낸 환상이었음을 깨닫게 된다. 현실세계에서는 그와 대부분의 인간들은 중앙 컴퓨터에 연결되어 있었으며, 그들의 육체 에너지가 컴퓨터를 가동시키는 동안 그들은 컴퓨터가 만들어낸 환상 속에서 살아왔던 것이다. 그가 지금까지 현실이라고 믿어왔던 모든 것들이 사실이 아니었다.

매트릭스에서 본 키아누 리브스의 각성은 매우 극단적인 경우이지만 세상을 보는 관점을 바꾸면 어떤 느낌이 드는지를 잘 보여주고 있다. 세상을 보는 관점을 바꾸면, 가장 먼저 우리가 하고 있는 일과 그 일로 인해 영향을 받는 사람들을 보는 관점이 바뀐다. 또한 우리가 하고 있는 일 중에서 정말 중요한 부분이 무엇인지 다시 깨닫게 된다. 우리는 세상을 보는 관점을 바꿈으로써 비즈니스의 새로운 해법을 찾는 한편 숨어 있는 성장 기회와 경쟁우위를 확보할 수 있다. 그러나 이 모든 것들도 공감능력이 없으면 불가능하다. 세상을 보는 관점을 바꿀 수 있는 가장 좋은 방법은 다른 사람들이 세상을 어떻게 보는지 이해하는 것이다. 공감능력은 세상을 보는 관

공감하는 인간, 호모 엠파티쿠스

점을 수정하기 위한 바탕이 되고, 그 관점이 수정되면 조직은 새롭게 성장할 수 있다.

관점 전환의 세 가지 유형

관점의 전환은 비즈니스, 정치, 교육 등 모든 분야에서 엄청난 성장을 불러올 수 있는 기폭제가 된다. 세상을 보는 관점을 바꾸는 것에는 세 가지 유형이 있다. 첫 번째는 자신만의 관점에서 벗어나 세상을 있는 그대로 보는 것이다. 패티 무어가 노인들의 삶을 직접 경험했을 때 느꼈던 것들이 여기에 속한다. 두 번째는 세상 사람들 어느 누구와도 다른 독특한 관점으로 세상을 보는 것이다. 이런 유형의 관점 전환을 하면 겉으로 드러난 현상 이면에서 무슨 일이 일어나고 있는지 볼 수 있게 된다. 매트릭스에서 키아누 리브스가 관점의 전환을 통해 진실을 향한 자신만의 여정을 시작하는 것이 여기에 속한다.

마지막으로 세 번째 관점의 전환은 사람들이 문제를 해결하는 방법을 완전히 새롭게 바꿀 수 있다. 문제해결이 어려운 경우는 대부분 사람들이 똑같은 방식으로 풀려고 하기 때문이다. 알렉산더 대왕은 행군 중에 한 마을을 지나게 되었는데, 그 마을에는 당시 가장 훌륭한 현자들도 풀지 못한 고르디아스의 매듭^{Goridian Knot}이 있었다. 복잡한 매듭을 한번 쳐다본 알렉산더는 칼을 꺼내 들고 그 매듭을 반으로 잘라버렸다. 그는 문제를 해결할 수 있는 새로운 방법을 찾았던 것이다.

각 유형의 관점 전환에 대해 완전히 이해하고 나면, 관점을 전환하는 데 공감능력이 매우 중요하다는 사실과 관점의 전환을 통해서 얻을 수 있는 막대한 효과를 알 수 있다. 세 가지 유형의 관점 전환은 모두 비즈니스에 급속한 변화를 가져올 수 있다. 그러나 모든 유형의 관점 전환은 타인과 깊은 연대를 맺지 않고는 절대 이루어질 수 없다. 기업은 일반적인 관점을 수정함으로써 새롭고 흥미로운 체험을 하면서 동시에 금전적 보상의 기회도 발견할 수 있다. 반면에 세상을 보는 관점을 바꾸지 못한 사람들은 이 기회를 놓치게 된다.

기업은 관점의 전환을 통해 고객의 의견을 제품에 반영하고 조직을 변화시킨다. 이 결과로 도출된 해결책은 고객과 깊은 관계를 형성하는 데 큰 도움이 된다. 기업은 변화를 추진하자마자 곧바로 고객들의 강한 반향을 체감할 수 있다. 최근 이와 같은 변화를 이뤄낸 유통할인점 타깃은 어느 기업들보다 이 점을 잘 알고 있다. 타깃은 과거에는 특별한 차별점이 없는 일반적인 할인점에 지나지 않았지만, 오늘날은 디자인이 뛰어난 중저가상품을 판매하는 소매업계의 선두기업으로 변신했다.

대학 신입생에게 진정 필요한 것은? : 타깃

이 논쟁은 디트로이트 외곽에 위치한 대형 상점의 주방용품 파트에서부터 시작되었다. 18살이 된 대니얼은 대학에 진학하게 되어 아버지와 함께 대학생활에서 필요한 물건들을 사러 이 매장에 왔다. 가게를 둘러보던 중에 주방용품 진열대를 지나가던 대니얼은 전기 주전자를 집어 들었다. 그의 옆에 서 있던 아버지는 눈살을 찌푸리며 대학생활에서 전기 주전자는 필요 없다고 말했다. 그러고 나서 아버지는 전날 밤에 아들과 함께 작성했던 구매목록을 살펴보기 시작했다.

"아니에요. 틀림없이 전기 주전자가 필요할 거예요. 밤늦게까지 공부하다 보면 차를 마시고 싶을 때가 있으니까요." 대니얼은 자신의 의견을 다시 한 번 피력했다. "네가 머물게 될 기숙사에 주전자 하나 없겠니?" 아버지의 의심쩍은 말에 대니얼은 조금 짜증이 난 목소리로 대답했다. "기숙사에는 공용 주전자가 없어요. 그래서 모든 학생들은 자신의 주전자를 가져가야 한다니까요." 그의 말이 채 끝나기도 전에 아버지는 반론을 제기했다. "주전자는 필요하면 언제든지 살 수 있잖아." 대니얼은 아버지의 말을 바로 맞받아쳤다. "바로 그거예요. 다른 제품이 아닌 바로 이것을 언제든 살 수 있을까요?" "기숙사 룸메이트들이 너에게 주전자 하나 빌려주지 않겠니?" 아버지는 달래듯이 물었다. 대니얼은 감정을 가라앉히기 위해 숨을 크게 들이쉬고 천천히 말하기 시작했다. "아버지, 주전자 하나 사는 게 뭐가 이렇게 어렵나요? 누군가 주전자가 있다 해도 그건 제 것이 아니잖아요? 그렇지 않나요?"

그러나 데이브의 말이 끝나기도 전에 아버지는 주방용품 진열대를 떠나려고 했다. 이후로도 5분간이나 더 열띤 논쟁을 벌인 끝에 아버지와 아들은 그 전기 주전자를 진열대 위에 다시 내려놓고 말없이 주방용품 파트를 떠났다. 대니얼은 아버지가 자신의 마음을 전혀 알아주지 않는 것 같아 무척 속상했다. 아버지는 10대들이 자신만의 전기 주전자를 얼마나 갖고 싶어 하는지 이해하지 못했던 것이다.

신학기 할인판매는 미국 소매점들이 가장 좋아하는 이벤트 중 하나다. 매년 7천만 명의 학생들이 학교에 갈 준비를 한다. 신학기용 물건을 구매하는 학생들은 이제 막 유치원에 입학하는 5살짜리부터 21살짜리 대학생까지 매우 다양하다. 학생들이 신학기를 준비하는 기간 동안, 소매업체들은 도시락통은 물론이고 컴퓨터나 운동용품, 문구용품, 의류 등 수십억 달러에 달하는 물건을 팔기 위해 애쓴다. 소매업체들에게는 매년 돌아오는 신학기가 매출을 대폭 늘릴 수 있는 대목인 셈이다.

이렇게 많은 고객들이 매장을 찾는데도 불구하고, 신학기 판매 방식은 아직도 원시적인 수준에 머물러 있다. 신학기가 시작되는 8월이 되면, 미국 내에 있는 모든 할인소매점들은 한 회사의 매장처럼 비슷해 보인다. 케이마트K-Mart를 가든 월마트Wal-Mart를 가든 소비자들은 큰 차이를 발견할 수 없다. 대부분의 진열대에는 공책, 연필, 가방 등이 한 가득 쌓여 있다. 천장에 매달아 놓은 거대한 펼침막도 '신학기 세일'이라는 똑같은 문구를 크게 써 놓는다. 소매업체들은 고객들의 취향이 너무나 다양하기 때문에 어느 하나에 집중하기보다 안전하게 모든 상품을 다 취급하는 쪽을 선호하는 것이다. 다른 사람들이 파는 상품과 똑같은 것을 파는 것이 훨씬 더 쉽기 때문이다.

그러나 타깃Target이 소매점들의 이런 행태에 변화를 일으키기로 결심하면서 상황은 바뀌기 시작했다. 미국에서 두 번째로 큰 소매점인 타깃은 다른 소매점들과 차별성이 없는 과거의 안일한 전략에서 탈피하기로 결심했다. 원래부터 그들은 디자인에 중점을 둔 제품을 판매했기 때문에 신학기 세일기간 동안 다른 소매점들의 평균매출액을 상회하는 매출을 기록해왔다. 그러나 그들은 여기에 만족하지 않고 그들의 신학기 판매 전략을 완전히 새롭게 바꾸고자 했던 것이다.

타깃은 신학기 세일기간에 맞추어 새로운 상품을 몇 개 선뵈거나 재미

있는 광고를 내보내는 것보다 훨씬 더 효과 있는 판매 전략을 원했다. 즉 기존과는 전혀 다른 접근법을 찾기 위해 세상을 보는 관점을 바꾸려고 마음먹은 것이다. 이와 더불어 회사의 장기적 경영 전략을 두고 고심하던 타깃의 경영진은 점프 어소시에이츠에 의견을 물어왔다. 우리는 그들의 질문에 즉시 대답할 수는 없었지만, 새로운 전략을 수립하기 위해서는 어디서부터 시작해야 하는지 확실히 알고 있었다. 타깃의 장기적 경영 전략을 수립하는 프로젝트의 중심은 신학기 판매 전략의 변화였다.

우리는 점프 어소시에이츠가 과거에 해왔던 수많은 연구결과를 바탕으로 타깃의 새로운 전략은 신학기 세일에 초점을 맞춰야 한다고 결론 내렸다. 우리는 자신의 삶이 급격하게 변할 때 세상과 자신이 잘 맞지 않는다고 느끼곤 한다. 또 결혼을 하거나 아이를 임신하거나 이사를 하거나 심지어 집안에 개만 새로 들여도 다소 흥분상태가 된다. 그리고 바로 이 순간이 새로운 것을 받아들이기에 가장 좋은 때다. 타깃은 그들이 가장 관심을 가지고 있는 주요고객들에게 초점을 맞춰야 했다. 신학기 판매의 핵심고객은 대학에 진학하는 10대들이었고, 타깃은 그들에 대해 철저히 연구해야 했다.

이에 우리 팀은 대니얼처럼 대학에 진학하는 10대들에 대해 알아보기 위해 그들과 함께 여러 주를 보냈다. 우리는 그들의 집에서 같이 시간을 보내기도 하고, 그들과 함께 대학 진학에 필요한 물건들을 사러 다니기도 했다. 우리는 잠자리에서 일어나서 다시 잠자리에 들기까지 그들을 따라다니며 그들의 일상적인 생활이 어떤 것인지 함께 체험했다. 그 과정에서 우리는 전혀 기대하지 않았던 새로운 사실을 발견하게 되었다. 대학진학을 준비하는 것은 하룻밤 만에 끝나는 일이 아니라 때로는 토론을 불사할 정도로 주변 사람들과 지속적인 대화가 필요했다. 이런 대화는 몇 주에 걸쳐 부모와 학생 사이에서 수시로 발생하는데, 친구들과 함께 있을 때 그리고 물건을 구입하는 가게에서도 마찬가지다.

신학기는 결국 부모와 학생들이 아직 닥치지 않은 대학생활에서 필요할 것이라고 예상되는 물건을 사는 특별한 시기이다. 부모와 학생들은 앞으로 대학에서 벌어질 일들에 대해 제대로 모르기 때문에 대학생활이 어떨지 각자 나름대로 상상의 나래를 펼치게 된다. 이런 상상은 부모와 학생 간에 벌어지는 대화의 틀이 되는 동시에 궁극적으로 학생들이 어떤 물건을 살 것인지 결정하는 근거가 된다.

대니얼과 그의 아버지가 주방용품 파트에서 나눈 대화도 전형적인 신학기 대화들 중 하나이다. 우리 팀의 연구원들이 볼 때, 대니얼은 늦은 밤까지 공부를 하고 그 동안 잠을 쫓으며 차를 계속 마시는 대학생활을 상상했기 때문에 전기 주전자가 꼭 필요했던 것이다. 만약 그가 전기 주전자를 남에게 빌려 써야 한다면, 대학생활의 시작도 제대로 준비하지 못한 패배자처럼 느껴질 수 있다. 그리고 이 때문에 친구를 한 명도 사귀지 못할지도 모른다고 생각할 수 있다. 대니얼은 아버지에게 전기 주전자가 필요하다고 말했지만 사실은 앞으로의 생활이 크게 변하는 것에 대한 불안감을 표출하고 있었던 것이다. 이에 반해 그의 아버지는 대니얼이 필요한 물건들을 친구들로부터 자연스럽게 빌릴 수 있는 기숙사 생활을 상상했던 것이다.

대니얼과 아버지가 상상한 두 가지 이야기는 상충된다. 그들이 방문했던 대형 상점의 주방용품 파트에서도 그들은 입장 차이를 좁히지 못했다. 상점 측은 대니얼이 진학할 대학의 실제생활이 어떨지 아무런 정보도 제공주지 못했고 아무 생각 없이 전기 주전자를 진열대 위에 올려놓은 것이다.

우리는 여느 소매점과 마찬가지로 타깃에서 대니얼과 아버지 간의 대화가 일상적으로 벌어질 수 있다는 점을 깨달았다. 대니얼과 같은 상황에 처해 있는 다른 10대들에게, 그들이 앞으로 맞닥뜨리게 될 대학생활을 미리 보여줌으로써 그들의 대화에 끼어들 수 있다는 것이다. 타깃은 이 아이디어를 실현함으로써 천편일률적이던 신학기 할인판매 행사의 틀을 깰 수 있었다.

대학생활을 준비하던 대니얼이 겪었던 곤혹스러움은 독특한 경험이 아니었다. 대학이라는 새로운 생활을 미리 준비하고 싶은 욕구는 다른 수백만 명의 학생들도 모두 가지고 있었다. 다만 새로운 생활을 미리 준비했다는 안도감을 느끼는 수단이 대니얼에게는 전기 주전자였던 것뿐이다. 하지만 다른 누군가에게는 그것이 침낭이나 신용카드, 노트북, 휴대전화일 수도 있다. 나이에 상관없이 신학기를 맞이한 학생들에게 중요한 것은 그들이 앞으로 닥쳐올 새로운 생활에 완벽히 적응할 준비가 되었다는 느낌이었다. 이런 생각은 신학기를 바라보는 완전히 다른 관점이었다. 그리고 타깃의 신학기 판매 전략은 세상을 보는 관점을 학생들의 입장으로 바꾸는 일이었다.

이런 결론에 도달한 점프 어소시에이츠의 연구원들은 타깃과의 긴밀한 협조를 통해 학생들이 자신의 대학생활을 상상할 수 있도록 도와주었다. 이런 노력의 하나로, 타깃은 디자이너인 토드 올드햄Todd Oldham과 힘을 합쳐 학생들의 기분에 따라 '파티 중' 혹은 '공부 중'이라는 문구에 불이 들어오는 아기자기한 문패를 출시했다. 그들은 학생들이 흥미로운 대학생활을 미리 상상하고 즐길 수 있도록 전혀 다른 차원의 신상품을 잇달아 출시했다. 이런 특별한 도구는 기숙사 생활에 재미를 더해주고 친구들을 많이 사귈 것이라는 기대감을 심어주는 역할을 했다.

또한 우리는 대학에 가면 혼자서 모든 일을 알아서 해야 한다는 학생들의 막연한 불안감을 덜어주기 위해 노력했다. 이를 위해 가방 안쪽에 세탁 방법이 인쇄된 세탁가방을 출시함으로써 지금까지 한 번도 세탁을 안 해본 학생들도 전혀 고민하지 않고 스스로 세탁할 수 있도록 배려했다. 그리고 냄비부터 시작해서 프라이팬, 칼까지 학생들이 필요로 할지도 모르는 모든 주방용품들을 하나로 묶어 '키친인어박스Kitchen in a Box'라는 세트를 내놓기도 했다. 흥미로운 점은 우리들이 그 세트 안에 솥단지를 포함시키지 않았다는 것이다. 사실 대니얼은 전기 주전자가 전혀 필요하지 않을 수도 있다. 그는 단지 전기 주전자를 구입함으로써 만반의 준비를 했다는 '안도감'이 필요했던 것이다.

타깃이 신학기 시장을 새로운 관점으로 바라보는 과정에서 발견한 가능성을 토대로 수백 가지 제품들이 '토드 올드햄 돔 룸Todd Oldham Dorm Room'이라는 브랜드로 출시되었다. 이 제품들이 출시된 첫해인 2002년 3분기 타깃의 매출은 전년 대비 12%나 증가해 84억 달러를 달성했다. 이와 대조적으로 월마트는 겨우 전년 수준의 매출을 유지했고, 케이마트의 매출은 전년보다 오히려 떨어졌다. 타깃의 매출 중에서도 학생들이 앞으로 다가올 변화에 대응할 수 있도록 도와주는 데 초점을 맞춘 신제품 매출은 200%나 증가했다.

타깃은 대학교 신입생들과 같은 관점으로 세상을 바라봄으로써 성장을 위한 잠재적 기반 구축이라는 당초의 목표를 훨씬 뛰어넘어 폭발적인 성장을 이룰 수 있었다. 타깃이 세상을 보는 관점을 전환함으로써 얻은 효과는 이후로도 오랫동안 지속되었다. 그로부터 5년 후인 2007년도 신학기 시즌에는 다른 경쟁자들의 매출이 모두 감소했음에도 불구하고, 타깃만은 6%의 성장을 기록했다. 타깃은 신학기를 바라보는 자신들의 관점을 바꾸어 큰 변화를 맞이하는 학생들에게 안도감과 자신감을 심어주는 신상품을 출시했던 것이다.

다른 사람들이 보지 못하는 의미를 발견하라

타깃의 경우처럼 기업은 평범한 사람들이 자신의 삶을 바라보는 관점을 제품에 반영함으로써 중요한 성장 기회를 발견할 수 있다. 그러나 가장 매력적인 성장 기회는 다른 사람들이 자신의 삶에서 미처 인지하지 못하는 사실을 발견함으로써 잡을 수 있다. 이 경지에 도달하기 위해서는 오랫동안 고객의 입장에서 생각하고 그들의 이야기에 귀를 기울여야 한다. 무엇보다도 세상을 재구성하기 위해서는 사람들의 일상적인 삶 속에 숨겨진 가치 있는 정보를 읽어낼 수 있어야 한다.

이런 능력은 영문학 수업을 생각하면 이해하기 쉽다. 한창 강의가 진행되는 도중에 교수는 햄릿이 오이디푸스 콤플렉스Oedipus Complex를 가지고 있었다고 말한다. 셰익스피어의 글을 아무리 자세히 살펴봐도 햄릿이 '내 엄마는 너무 섹시해!'라고 말하는 구절은 절대로 찾아볼 수 없다. 책 속에는 햄릿이 왕후였던 자신의 어머니에 대해서 가지고 있었던 억압된 욕망이 글로 명확하게 언급되어 있지 않다. 하지만 여러 세대에 걸쳐 수많은 학자들이 희곡 전반에 걸쳐 나타나는 햄릿의 한 가지 행동양식을 주목해왔는데, 여기서 햄릿의 행동에 숨어 있는 잠재적인 동기를 알 수 있다. 독자들은

《햄릿》을 접할 때, 무슨 일이 펼쳐지는지 제대로 이해하기 위해서 행간의 의미를 읽어낼 수 있어야 한다. 나의 수업을 듣는 학생들도 다른 사람들이 일상생활 속에서 미처 깨닫지 못하는 것들을 찾아내기 위해서는 햄릿을 읽는 독자처럼 그 속에 숨어 있는 의미들을 추론해내야 한다.

어떤 학생들은 정말로 나의 강의 주제에 흥미를 느껴 니드 파인딩^{Need Finding} 강의를 듣는다. 그들은 신제품 아이디어나 또는 최근에 새롭게 개발된 최첨단 기술과 일반적인 사람들의 욕구 사이의 관계를 찾고 싶어 하는 특이한 학생들이다. 제품 디자인을 전공하는 학생들은 의무적으로 내 강의를 듣는다. 그 이유는 그들이 디자인과 제품에 모두 충실해야 하기 때문이다. 그들은 대부분 사람을 배려한다는 것에는 전혀 관심이 없다. 그 중 많은 학생들이 제품 디자인을 단지 그들의 창의력이나 심미안을 보여줄 수 있는 기회 정도로 생각한다. 그렇다면 그들은 다른 사람들의 필요를 해결하기 위해서가 아니라 그들 자신을 위해 디자인하는 것이다.

몇 년 전 나는 강의에서 제레미라는 한 학생을 만났다. 제레미는 수업시간에 다른 사람을 배려하는 방법을 배우기보다는 독특한 형태의 멋진 기구를 만드는 데 더욱 관심이 있는 명석한 젊은이였다. 디자이너로서 제레미는 문제를 해결하는 데는 매우 뛰어났지만, 반면 해결해야 할 새로운 문제점을 찾아내는 데는 익숙하지 못했다. 물론 모든 디자이너들이 타인의 욕구로부터 영감을 얻을 필요는 없다. 그러나 자신을 빛내줄 기회만 찾고 있는 그들은 다른 사람들의 욕구에 대해서는 전혀 관심이 없었다. 강의는 10주 동안 진행되었는데, 10주라는 시간은 자신의 일을 바라보는 관점을 근본적으로 바꾸기에 턱없이 부족했다.

제레미의 그런 태도는 학기 동안 내내 변하지 않았다. 그리고 학기말이 다가오면서 그와 동료들은 마지막 프로젝트를 준비하기 시작했다. 나의 강의는 매년 미국기업 중에서 한 회사를 선정하여 그들의 문제점을 해결할 수 있는 50가지 방법을 선정해왔다. 이 프로젝트는 연구대상으로 선정된 기업으로부터 비용 및 각종 편의를 지원받고 있었는데, 그 해에는 세제와 청소용품 등을 생산하는 클로록스^{Clorox}가 선정되었다.

클로록스가 이 프로젝트의 후원자가 되면서 학생들은 일반적인 청소방법과 다른 효율적이고 독특한 청소방법을 연구하기 시작했다. 학생들은 노인과 젊은이, 남미계와 교외에 거주하는 주부들의 청소방법까지 샅샅이 살펴보았다. 학생들은 심지어 비행을 마친 비행기의 청소부들이 어떻게 청소하는지 확인하기 위해 샌프란시스코 공항까지 직접 가보기도 했다. 몇 개의 조로 나뉜 학생들은 최근 들어 청소가 어떻게 변해가고 있는지, 그리고 그런 변화가 향후 클로록스의 비즈니스에 어떤 영향을 미칠지 나름대로 의견을 정리했다.

당시 제레미는 10대와 대학생의 청소방법을 연구하는 팀에 속해 있었다. 그의 팀은 예상대로 10대 대부분이 청소를 잘하지 못한다는 사실을 발견했다. 10대들은 너무 더러워서 도저히 더는 참지 못할 지경에 이르러서야 청소를 하는 경향이 있었다. 그들은 평소에 사물을 원래 있던 자리에 단정히 정리하거나 깨끗하게 관리하는 습관을 가지고 있지 않았다. 그들은 대부분 자신의 방이 엉망진창이라는 사실을 마주하기 싫어 눈앞의 흐트러진 물건들을 구석진 곳으로 밀쳐버리는 경우가 많았다. 상황이 최악에 이를 때까지 미루고 또 미루는 것이다. 모든 조사가 끝난 후, 그의 팀은 클로록스의 부사장을 포함한 평가단 앞에서 그들이 발견한 것들을 발표했다. 제레미가 10대들의 전형적인 청소습관에 대해 발표하던 도중에 클로록스의 부사장이 끼어들었다. "잠깐만요. 당신 나이 또래의 젊은이들은 내 나이 정도의 중년층보다 청소에 관심이 없다는 것처럼 들리는데요. 그렇다면 앞으로 클로록스는 젊은이들을 상대로 한 제품을 개발할 필요가 없다는 이야기인가요?"

부사장의 질문을 받은 제레미는 잠시 생각한 후에 대답했다.

"제가 말씀드리려는 것은 그게 아닙니다. 사람들은 경험과 학습으로 형성된 자신의 관점을 통해 세상을 본다는 사실을 말씀드리고 싶었던 것입니다. 그들이 청소를 바라보는 관점은 크게 두 가지로 나뉩니다. 어떤 사람들은 세상이 변함없이 똑같은 물건들로 채워져 있다고 생각합니다. 그들은 컴퓨터, 탁자, 의자처럼 모든 물건들이 계속 그 자리에 있을 것이라고 생각합니다. 바로 이런 생각 때문에 물건들을 보기 좋게 유지하려고 노력합니다. 이와 달리 또 다른 부류의 사람들은 자신의 주변에 있는 물건들이 곧 없어질 것이라고 생각합니다. 이 때문에 그들은 탁자에 흠집이 나더라도 전혀 신경 쓰지 않습니다. 그 탁자를 버리고 새것을 사면 되니까요. 바로 이것이 클로록스가 눈여겨봐야 할 부분입니다. 클로록스에서 생산하는 모든 제품은 물건의 항구성을 믿는 사람들에게만 어필을 합니다. 클로록스의 광고 카피는 다음과 같습니다. '클로록스는 물건을 항상 새것처럼 보이게 해줘요. 클로록스 제품을 사용하면 늘 신제품 상태로 되돌릴 수 있어요.' 이런 카피는 제품의 항구성을 믿는 기존 고객들에게만 통합니다. 이와 달리 '왜 물건들을 항상 새것처럼 보이도록 관리해야 하지? 그 물건을 버리고 새것을 사면 될 텐데'라고 생각하는 10대들에게는 의미가 없지요. 즉 지금 클로록스가 생각하는 청소라는 개념은 10대들에게는 더 이상 통하지 않습니다."

제레미가 조사한 내용은 클로록스 부사장이 세상을 보는 관점과 큰 차이가 있었다. 강의실에 들어오기 전에 클로록스 부사장은 이렇게 생각했을 것이다. '레몬이나 라벤더, 오렌지처럼 상쾌한 향을 제품에 첨가하여 청소를 즐겁게 만들고, 미생물을 없애주는 기능까지 첨가하면 청소시간을 절반으로 줄일 수 있지 않을까?' 그러나 제레미가 조사한 뜻밖의 내용을 들은 그녀는 기존의 관점과는 전혀 다르게 세상을 보게 되었다. 새로운 관점으로 바라본 세상은 두 종류의 사람으로 구성되어 있었다. 제품을 내구제로 생각하는 사람들과 소모품으로 생각하는 사람들 말이다. 이것은 제레미가 인터뷰를 했던 대상자들조차도 생각하지 못했던 것이었다. 그가 인터뷰를 했던 사람들 중 어느 누구도 그렇게 말하지 않았지만, 그들이 인터뷰에서 했던 말 이면에는 이런 뜻이 숨어 있었던 것이다. '만약 클로록스가 모든 물건을 일회용품처럼 쓰고 버리는 것이라고 생각하는 사람들에 대한 판매 대책을 세우지 않는다면 장기적으로 고전을 면치 못할 것이다.'

제레미는 나의 강의 내내 적응하지 못하고 힘들어했지만 나는 그에게 결국 A학점을 주었다. 그는 다른 사람들이 볼 수 없는 잠재적인 사실을 알아내는 방법을 배웠기 때문에 불과 10분 만에 A학점을 받은 것이다. 그는 다양한 부류의 사람들이 청소를 보는 잠재적인 관점을 찾아냄으로써 클로록스가 지금보다 더 다양한 제품을 생산해야 한다고 주장했다. 이 프레젠테이션이 있은 지 몇 달 후, 나는 길을 걸을 때마다 무의식중에 사람들을 내구재적인 사람과 소모품적인 사람으로 이분화하고 있었다. 나는 제레미의 이론을 통해 '어떤 사람은 20년이나 된 비디오테이프 플레이어를 아직도 사용하지만 또 다른 사람은 해마다 옷장을 새로 사는 이유'를 알 수 있었다. 제레미는 내가 다른 관점으로 세상을 볼 수 있도록 도와준 것이다.

문제해결을 위한 새로운 관점을 찾아라 : 코닥 필름의 변신

앞에서 살펴본 두 가지 유형의 관점 전환은 다른 사람들이 세상을 보는 관점을 이해하는 것과 눈에 보이는 현실 뒤에 숨어 있는 잠재적인 내용들도 이해하는 것이었다. 마지막으로 살펴볼 관점 전환의 유형은 창의성과 공감 능력을 모두 필요로 한다. 어떤 사람은 다른 사람들과 달리 색다른 방법을 통해 문제를 해결할 수 있는 천부적인 재능을 타고난다. 그들은 다른 사람들에 대한 깊은 이해와 타고난 천재성으로 다른 사람들이 미처 생각지도 못했던 새로운 길을 모색하고 전혀 다른 종류의 제품을 만들어낸다.

1980~1990년 사이에 수많은 기업들에게 영향을 미친 디자인 전략가였던 존 레인프랭크John Rheinfrank는 새로운 문제해결법을 찾아내는 데 탁월했다. 그의 디자인은 언제나 효율적이고 현명하면서도 무척이나 간단했다. 레인프랭크의 디자인은 사람들이 원하던 것을 꼭 들어맞게 반영했기 때문에 과거에 어느 누구도 이런 생각을 하지 못했다는 사실이 믿기 어려울 정도였다. 그의 아이디어는 제품을 사용할 사람들에 대한 통찰력이 깊어서 디자인의 의도와 목적이 명확했다.

1980년대 중반 이스트만 코닥Eastman Kodak 사는 곤경에 처해 있었다. 당시 코닥의 주력사업이었던 사진용 화학제품 및 필름 시장은 해외에 있는 경쟁사들로부터 위협받고 있었다. 그들은 코닥이 도저히 따라가기 힘든 수준의 낮은 가격으로 무장하고, 무서운 기세로 신제품을 생산하면서 코닥을 궁지로 몰아넣고 있었다. 반면 경쟁력을 회복하기 위해 노력해야 할 코닥의 기술자들은 오히려 의욕을 잃어가고 있었다. 그 이유는 필름 한 통의 원가에서 0.8센트를 절감할 수 있는 능력에 따라 그들의 연간실적이 결정되었기 때문이다. 코닥은 과거에 시장을 주도했던 것과 달리 최근에는 경쟁사들이 신제품을 개발하면 그것과 유사한 제품을 만들고 자신의 넓은 유통망을 이용해 한발 앞서 판매하는 전략을 취하고 있었다.

사진용 화학제품과 필름 시장은 코닥이 처음 만들어낸 시장이었다. 경쟁자들의 도전과 내부적인 정체로 인해 불분명한 미래를 마주하게 된 코닥은 자신들의 경영 전략을 완전히 바꾸기로 결정했다. 우선 코닥은 경쟁사들의 제품가격에 맞추어 자신들의 제품가격을 내리는 전략을 취하지 않기로 했다. 그 대신 그들은 경쟁사와 차별화할 수 있는 방법을 찾기 위해 레인프랭크의 디자인 회사를 고용했다.

레인프랭크가 해야 할 일은 코닥이 고객들을 위해 새로운 가치를 만들어낼 수 있는 기회를 찾는 것이었다. 레인프랭크의 조사 결과, 코닥이 오래전에 카메라 생산을 중단했음에도 불구하고 놀랍게도 대부분의 소비자들은 코닥이 과거에 카메라를 만들었다는 사실을 기억하고 있었다. 또 사진인화 서비스는 이미 오래 전에 코닥으로부터 분사되었음에도 불구하고 많은 사람들이 아직도 코닥이라는 이름을 들으면 사진인화 서비스를 연상했던 것이다. 가장 중요한 사실은 고객들이 코닥이라는 이름을 들으면 사진용품과 관련된 일련의 모든 것들을 연상한다는 점이었다.

사람들이 코닥에 대해 가지고 있던 이런 생각은 당시 필름제조에만 집중하고 있던 코닥에게 새로운 사업기회를 제공했다. 사진이 사람들의 일상적인 삶 속에서 차지하는 의미에 주목한 코닥은 사진용 화학제품과 필름 제조라는 기존의 사업에서 벗어나 새로운 사업기회를 실현할 수 있었다. 한 순간 반짝하는 아이템이 아니라 지속적인 성공을 이어갈 수 있는 사업을 개척하기 위해서는 고객과의 공감을 바탕으로 한 통찰력이 필요했다.

코닥은 사람들이 사진을 찍는 이유가 모호하다는 것을 깨달았다. 그래서 그들은 사람들에게 사진을 찍는 명확한 이유를 제공해주기로 결심했다. 경쟁사들이 출시한 신제품들을 검토하던 코닥은 혁신적인 일본 신제품들에서 힌트를 얻어 펀 세이버Fun saver라는 일회용 카메라를 출시했다. 펀 세이버는 단순히 플라스틱 렌즈를 가진 고기능성 일회용 카메라에 지나지 않았다. 하지만 고객들에게는 그 이상의 의미가 있었다. 일회용 카메라는 그들의 소중한 순간을 담아둘 수 있는 도구였기 때문이다. 더 나아가 레인프랭크는 코닥에게 해변에서 팔기 위한 방수용 펀 세이버를 개발하라고 권유했다. 그 후 코닥은 그랜드 캐니언Grand Canyon에서 팔기 위한 파노라마 제품도 개발하는 한편, 사진을 많이 찍는 결혼식에서 사용할 수 있도록 여러 개의 제품을 하나로 묶은 패키지도 출시했다.

코닥은 사람들이 사진을 찍는다는 것에 대해 어떻게 생각하는지 정확하게 이해했다. 그리고 이를 통해 알게 된 새로운 요구들을 신제품에 반영했다. 그들은 필름이 의미하는 바를 사람들에게 새롭게 정의해줌으로써 완전히 새로운 사업 분야를 창조해냈다. 그 결과 탄생한 펀 세이버는 코닥을 단순한 필름 제조업자에서 사람들의 일상적인 삶에 가장 가까이 있는 기업으로 변신시켰다. 또한 코닥은 펀 세이브 덕분에 경쟁자인 후지Fuji를 제치고 일회용 카메라 시장에서 선두가 될 수 있었다.

그러나 불과 몇 년 후, 코닥은 다시 한 번 위기를 겪게 된다. 이번에는 디지털 카메라의 도전이었다. 코닥은 자신들이 디지털 카메라를 처음으로 개발했음에도 불구하고, 그 기회를 살리지 못했다. 죽어가고 있는 필름시장에서 재빨리 손을 떼고 새로운 기술주도 시장으로 진입해야 했지만 그들은 이 변화에 너무 늦게 대응했던 것이다. 만약 그 당시 코닥이 레인프랭크가 이루어냈던 관점 전환을 계속 실천했더라면, 아마도 지금은 훨씬 더 좋은 상황 속에 있을 것이다. 코닥의 사업은 궁극적으로 사진을 찍는 데 연관되는 모든 것들이지 단순히 필름에 국한된 것이 아니기 때문이다.

새로운 관점은 모방할 수 없다

세 가지 유형의 관점 전환은 모두 사업을 급속하게 변화시킬 수 있는 잠재력을 갖고 있다. 세상을 있는 그대로 볼 수 있는 능력을 기르는 것, 다른 사람들이 보지 못하는 이면의 모습을 발견하는 것, 그리고 당면한 문제를 해결할 수 있는 독창적인 방법을 고안해내는 것 모두 조직에 중대한 변화를 불러오고 그 효과로 인해 기업은 장기적인 성장을 이룰 수 있다. 기업이 세상을 보는 관점을 성공적으로 전환한다면, 어느 누구도 보지 못한 세상을 발견하게 된다. 이것이 시장에서 성공하기 위한 필수조건은 아니지만 관점 전환은 차별화를 위한 다른 어떤 방법들보다 더욱 독점적이고 방어에 유리하다. 요즘 시장에서는 한 기업이 훌륭한 신제품을 만들어 성공하면, 어느새 다른 경쟁자들이 그와 유사한 제품을 출시하고 그 제품은 곧 독보적인 경쟁력을 잃고 만다.

시장에서 성공한 혁신적인 마케팅 기법들은 경쟁자들이 따라 하기 쉽다. 심지어 조직이 서로 다름에도 불구하고 효율적인 조직 운영을 위한 개선책마저도 쉽게 모방될 수 있다. 하지만 세상을 보는 관점을 전환해서 나온 결과물은 따라 하기 쉽지 않다. 그 이유는 경쟁자들이 관점을 전환한 기업의 전략과 행동을 아무리 살펴보더라도, 그 내용을 이해하기 어려울 뿐만 아니라 때로는 전혀 엉뚱하게 해석할 수도 있기 때문이다. 그 내용을 제대로 이해하기 위해서는 그들도 세상을 보는 관점을 바꿔야 한다.

　기업은 세상을 보는 독특한 관점을 개발함으로써 장기적으로 발전할 수 있는 성장잠재력을 갖출 수 있다. 또한 조직 내에서 다양한 유형의 관점 전환을 동시에 폭넓게 이루어낸다면 훨씬 더 강력한 효과를 얻을 수 있다. 문제를 해결할 수 있는 탁월한 관점을 가진 사람들이 조직 내에 여러 명이 있다면 그 조직은 절대로 실패하지 않는다.

스포츠 용품에 대한 관점을 바꾸다 : 나이키의 새로운 도전

'나이키 운동화는 당신을 더욱 **빠르게** 해줍니다.' 이것은 오리건 대학의 전설적인 육상 선수였던 필 나이트Phil Knight와 빌 바워맨Bill Bowerman이 운동화를 차에 싣고 다니면서 팔기 시작했던 1960년부터 내세운 가치였다. 당신이 어떤 수준에 있는 운동선수이건 상관없이, 나이키 운동화는 당신의 기록을 향상시켜줄 것이다. 이런 관점에서 보면 운동화의 외부 디자인은 중요하지 않았다. 나이키가 육상화를 출시했던 초창기에 운동능력을 향상시킨다는 메시지는 회사를 성장시키는 데 효과적이었다. 이 때문에 나이키는 불멸의 육상화를 처음 출시한 이후 8년이 지난 1980년까지 특별한 광고 없이도

운동화 시장의 대부분을 차지할 수 있었다. 당시에는 다른 어떤 가치보다 운동능력을 향상시킨다는 메시지에 힘입어 나이키는 빠르게 성장할 수 있었다.

이 전략은 매우 성공적이었지만 어느 정도 시간이 지나자 조직의 성장은 둔화되기 시작했다. 육상기능화 시장에서 너무 크게 성장해버린 나이키는 그 시장에서는 더 이상 성장할 여지가 없었던 것이다. 세계 최고의 스포츠 용품 회사가 되고 나면, 시장에는 그 회사의 신발을 이미 구입한 사람들만 남게 된다. 이것이 바로 데이브 쉐넌과 그의 디자인팀이 해결하려고 했던 문제였다. 데이브 쉐넌은 새로운 성장 기회를 찾는 과정에서 젊은 운동선수들이 어떤 부분에서 나이키 브랜드를 찾을지에 대해 의문이 생겼다.

1990년 어느 날, 그는 대학생들이 과거에 비해 나이키 운동화를 덜 사는 이유를 파악하기 위해 한 대학교를 방문했다. 대학 교정을 무작정 돌아다니던 데이브는 대부분의 학생들이 통이 크고 긴 청바지를 입고 다닌다는 사실을 깨달았다. 그 청바지는 너무 길어 바닥에 끌릴 정도였다. 대학생들은 대부분 청바지를 입기 때문에 그것 자체가 그리 중요한 정보는 아니었다. 데이브의 눈길을 끌었던 것은 학생들이 입는 청바지가 운동화에 미치는 영향이었다. 대학생들이 입고 있는 청바지는 너무 길어서 그들이 신고 있는 운동화를 완전히 덮고 있었다. 자세히 보지 않으면 신발을 신었는지조차도 모를 정도였다.

대학 교정은 넓고 강의실이 여기저기 흩어져 있기 때문에 학생들은 강의를 듣기 위해 상당히 먼 거리를 움직여야 한다. 이 때문에 과거에는 대부분의 학생들이 걷기 편한 청바지와 테니스화를 신었다. 그러나 데이브가 교정을 둘러보았을 때, 학생들은 테니스화가 아닌 닥터 마틴^{Dr. Martens} 구두를 신고 있었다. 이 신발은 무겁고 유연성이 떨어지고 둔해서 1킬로미터만 걸어도 2킬로미터를 걸은 것처럼 불편하게 느껴졌다. 데이브는 학생들이 굳이 이렇게 불편한 신발을 신는 이유를 알 수 없었다. 하지만 그는 분명히 무언가 중요한 발견을 했다는 생각이 들었다.

데이브는 그가 본 것을 곰곰이 생각해보았다. 그 순간 그는 왜 나이키 운동화가 대학교에서 인기가 없는지 이유를 알 수 있었다. 운동화는 학생들이 입고 있는 통이 넓고 긴 청바지와 맞지 않았던 것이다. 대학생들은 입고 있는 옷과 신고 있는 신발을 통해 자신의 정체성을 나타내고 싶어 했다. 그런데 그들이 입고 있는 청바지에 어울리는 운동화가 없다는 것이 문제였다. 통이 넓은 청바지 아래 신어도 멋있게 보이기 위해서는 신발이 엄청나게 커야 했던 것이다. 닥터 마틴은 학생들의 이동거리를 생각하면 그리 이상적인 신발은 아니었지만 청바지와 의외로 잘 어울렸던 것이다.

그 순간 데이브의 머릿속에 한 가지 생각이 번뜩 떠올랐다. 나이키가 학생들이 이동할 때 편리하고, 달리기를 하기에도 적합하며 파티에도 신고 갈 수 있을 만큼 멋진 다목적용 운동화를 만들면 어떨까 하는 것이었다. 그는 이 신발을 통해서 대학교에 또 다른 유행을 창조할 수도 있겠다는 생각이 들었다. 이 신발은 운동선수나 기록을 단축하려는 사람들이 아니라 스포츠의 감각을 패션에 적용하고 싶은 이들을 대상으로 삼았다. 데이브는 이 신발로 다시 한 번 대학 교정을 휘어잡을 수 있다고 확신했다. 그들이 해야 할 일은 자신들의 사업영역을 스포츠 용품에 국한시키지 않고 스포츠 문화를 만들어낸다는 넓은 의미로 확장하는 것이었다. 이러한 관점의 전환은 나이키에 새로운 시장을 열어주었다. 그 이전까지 나이키는 거대한 시장 규모에도 불구하고 지금까지 일상생활용 운동화를 만들기 위한 시도를 전혀 하지 않았던 것이다.

"과거에는 나이키에서 패션이라는 단어를 언급하는 것조차 이상하게 취급받았습니다." 데이브는 이처럼 회고했다. 그는 나이키가 그들만의 특징을 살려서 패션시장에 진입한다면 엄청난 성장 기회를 잡을 수 있다고 생각했다. 그러나 이와 같은 그의 아이디어는 패션사업을 하지 않는다는 나이키의 사업방침과 완전히 배치되었다. 이 때문에 그의 새로운 사업 아이디어는 실현될 가능성이 전혀 없었다. 기능성 육상화만 만들어왔던 나이키가 절대로 그런 사업을 할 리가 없었기 때문이다. 하지만 데이브는 이 기회를 절대 놓치고 싶지 않았다. 그때부터 그는 대학생들의 욕구를 채워줄 수 있으면서도 회사가 그의 아이디어를 채택하게 만들 수 있는 방법을 고민하기 시작했다. 이를 위해서는 나이키가 추구하는 고기능성 신발에 대학생들이 바라는 패션 감각까지 겸비한 운동화를 개발해야만 했다. 이것은 정말 쉽지 않은 일이었다.

고객에게 제공할 가치를 재검토하라

이에 대한 해답을 찾던 데이브는 뉴욕을 방문했다. 뉴욕시는 매년 2월이면 세계의 패션 수도로 바뀐다. 브라이언트Bryant 공원은 세계 최고의 디자이너들과 모델들이 사용하는 텐트로 가득 찬다. 그리고 새롭게 선보이는 패션 트렌드와 유명 인사들의 일거수일투족을 사진에 담기 위해 몰려든 파파라치들로 인산인해를 이룬다. 이 행사는 한겨울에 열림에도 불구하고, 각종

219

시설물을 밝은 색깔로 치장하여 사람들에게 곧 봄이 다가올 것이라는 사실을 상기시킨다. 데이브와 그의 디자인팀은 나이키가 추구하는 고기능성 신발이라는 원칙을 벗어나지 않는 범위에서 패션과 접목시키기 위해 아메리카 대륙을 횡단하여 뉴욕까지 온 것이었다. 하지만 그들은 자신들이 찾는 해답 대신 당시 패션 트렌드의 공통점을 발견할 수 있었다.

데이브는 훗날 그 당시 광경을 이처럼 묘사했다. "모든 가게들의 진열장에는 온통 검은색 제품들뿐이었죠. 길에서 만나는 사람들마다 검은색 양복에 검은색 넥타이, 심지어는 상의 윗주머니에까지 검은 광택이 나는 손수건을 꽂고 다녔습니다. 눈에 띄는 모든 것들이 검은색이었습니다."

데이브는 뉴욕의 획일적인 검은색 패션을 바라보면서 다른 사람들이 미처 생각하지 못한 사실을 깨달았다. 그 순간 그는 두 번째 유형의 관점 전환을 했던 것이다. 그는 다음과 같이 생각했다. '시간이 흐르면서 검은색으로 획일화된 세상에 사는 사람들은 곧 밝은 색에 관심을 가지게 될 것이다. 화려한 주황색과 초록색은 천편일률적으로 검은색인 사람들의 외양에 강렬한 악센트가 될 수 있다. 나이키는 다양한 색깔의 운동화를 생산함으로써 미래에 다가올 새로운 시장을 선도해야 한다.' 하지만 불행히도 이런 관점의 전환조차도 데이브가 당면한 실질적인 문제를 해결하지는 못했다. 당시 운동화 생산업체의 가장 큰 과제는 그들이 생산한 운동화를 신발가게의 진열장에 올리는 것이었다. 형형색색의 운동화를 생산한다는 아이디어는 이 부분을 더욱 어렵게 만들었다. 나이키가 패션을 가미한 운동화에 승산이 있다고 생각한 반면 신발가게들은 매우 부정적이었다.

당시 신발가게들은 진열하는 제품의 종류를 얼마나 줄일 수 있느냐에 따라 생사가 갈렸기 때문이다. 최소진열재고량(SKU, Short for stock Keeping Unit)은 가게들이 취급하는 모든 제품들을 고객들에게 보여주기 위해 진열장에 전시해야만 하는 제품의 종류를 뜻한다. 만약 두 가지 색상을 가진 어떤 제품에 5가지 사이즈가 있다면, 고객들이 선택할 수 있는 모든 가능성을 제공하기 위해서는 총 10가지의 제품을 전시해야만 한다. 따라서 SKU를 많이 가져갈수록 재고비용이 높아지기 때문에 모든 가게들은 언제나 SKU를 최소한으로 유지하려고 한다. 가게들이 SKU를 최소화하려는 노력은 나이키와 같은 제조업체들에게 매우 부정적인 영향을 주었다. 다양한 색상의 디자인을 골고루 갖추어야 한다면 인기 있는 제품은 수량이 부족하여 팔지 못하는 반면 인기 없는 제품은 재고로 계속 남기 때문이다. 그래서 가게들은 생존을 위해 고객의 관심을 끌 정도만큼만 SKU를 유지하기 위해 노력한다.

그 중에서도 신발은 특별히 많은 SKU를 필요로 하는 제품이다. 한 가지 색깔을 가진 신발만 해도 총 13가지의 SKU를 보유해야만 한다. 신발가게들은 이렇게 많은 SKU 때문에 3가지 이상의 색깔을 가진 신발을 판매하지 않으려는 경향이 있다. 소비자는 화려한 색상의 운동화를 생산하려는 데이브의 아이디어에 관심을 가질 수도 있었다. 하지만 나이키가 그의 아이디어에 과감히 투자할 수 있었을까? 투자결정을 받아내기 위해서는 임원들에게 멋진 모양의 신발도 기능성을 갖춘 운동화가 될 수 있다는 사실을 보여줘야 했다. 무엇보다도 경영진으로부터 투자결정을 받아내서 다양한 색깔을 가진 운동화를 생산한다고 하더라도 SKU를 최소한으로 유지하려는 신발가게들에게 그 신발을 취급하도록 할 방법이 없었다.

신발 디자이너의 관점에서 보면, 데이브 쉐넌은 불가능한 일을 추진하고 있었던 것이다. 지금까지 역사상 그 어떤 운동화도 그의 모든 목적을 충족한 적이 없었다. 다른 제품과 마찬가지로 신발가게들이 SKU를 많이 가져가지 않으려고 하는 상황에서 이에 반하는 운동화를 개발할 수는 없었다. 데이브는 이 문제의 해결책을 찾기 위하여 신발 외에 다른 제품들도 살펴보았다. 그 과정에서 나이키의 기술자인 토비 햇필드Tobie Hatfield와 디자이너인 케빈 호퍼Kevin Hoffer가 검토 중에 있는 신제품의 콘셉트에 대해 알게 되었다. 토비와 케빈은 7가지나 되는 SKU를 필요로 하는 무지개색깔의 제품을 개발 중이었는데, 이 제품은 소매상들이 많은 SKU를 가져가야 함에도 불구하고 부담 없이 판매할 수 있었다. 그 제품은 바로 티셔츠였기 때문에 가능했다. 도대체 왜 다양한 디자인을 가진 티셔츠는 SKU가 많이 필요함에도 불구하고 소매상들에게 아무런 문제가 없는 반면, 여러 가지 색깔을 가진 신발은 문제가 되는 것일까?

그 해답은 간단했다. 문제는 역시 다양한 사이즈였다. 운동화는 색깔 별로 13가지의 SKU를 필요로 하는 반면, 티셔츠는 소형, 중형, 대형, 특대형 단 네 가지의 SKU만 필요했던 것이다. 하지만 소매상들이 3가지 색깔의 운동화를 팔려면 색깔별로 13가지 사이즈의 운동화를 모두 보유해야 하기 때문에 총 39개의 SKU가 필요하다. 데이브는 여기서 SKU 문제를 해결할 수 있는 방법을 찾을 수 있었다. 티셔츠처럼 신발의 사이즈를 단순화 하면 SKU를 줄일 수 있다는 것이다. 이것이 바로 데이브가 적용한 세 번째 유형의 관점 전환이었다. 이제부터 문제는 육상화와 같은 기능성을 가지고 있는 일상화를 만드는 것이 아니라 지나치게 세분화된 사이즈를 대폭 줄이는 것이었다. 만약 신발 사이즈의 수를 줄일 수만 있다면, 신발가게들도 여러 가지 색깔의 운동화를 취급할 수 있기 때문이었다.

데이브는 세상을 바라보는 여러 유형의 새로운 관점들을 개발함으로써 문제를 해결할 수 있었다. 첫째, 나이키가 자신의 사업영역을 기능성 위주의 스포츠 용품에만 한정짓고 있을 때, 수백만 명의 사람들은 스포츠를 생활의 일부로 인식하고 있었다. 둘째, 모든 사람들이 검은색 운동화만 신던 시절에 다양한 색깔을 가진 운동화를 만드는 회사는 차별화를 통해 성공할 수 있다. 셋째, 시장에 다양한 색깔의 운동화를 출시하기 위해서는 티셔츠처럼 운동화의 사이즈를 단순화해야 한다. 그는 세상을 있는 그대로 보았다. 또한 다른 사람들이 미처 보지 못하던 것을 찾아냈다. 그리고 해결할 수 없을 것처럼 보이던 문제를 풀 수 있는 새로운 방법을 찾아냈다. 이처럼 세 가지 유형의 관점 전환을 통해 당면한 문제를 해결하자 모든 일들은 원활하게 진행되었다.

나이키 디자이너인 봅 메버^{Bob Mervar}는 데이브가 생각했던 제품 콘셉트를 다듬어 신축성이 있는 독특한 신발을 개발해냈다. 이 신발은 발이 좀 작은 사람들에게는 원래 크기보다 약간 줄어들지만, 반대로 발이 약간 큰 사람들에게는 크기가 늘어났다. 이로 인해 과거에는 모두 13가지 사이즈가 필요했지만 새로운 신발이 가지고 있는 신축성 덕분에 최소형, 소형, 중형, 대형, 특대형이라는 다섯 가지 사이즈만으로 다양한 발 크기를 가진 사람들에게 꼭 맞는 신발을 제공할 수 있었다. 크기 문제가 해결되고 나자 디자인팀은 흰색과 검은색, 밝은 빨강색과 주황색 그리고 녹색에 이르기까지 모두 8가지 색상으로 신발을 만들었다. 그들은 이것을 나이키 프레스토^{Nike}

^{Presto}라고 불렀는데, 이전에는 생각지도 못했던 마술과도 같은 다양한 색깔의 운동화를 생산할 수 있었다.

그러나 여전히 프레스토가 육상화로서의 기능을 가지고 있다는 사실을 증명해야만 하는 과제가 남아 있었다. 그들은 프레스토가 육상화와 일상화의 기능을 모두 갖추고 있음을 증명하기 위해 프레스토 제품의 견본을 당시 나이키의 CEO였던 마크 파커^{Mark Parker}와 나이키의 주주들에게 보냈다. 경영진은 직접 프레스토를 신고 달려본 후 그 품질과 디자인에 매우 만족했다. 신제품에 확신을 가진 경영진은 프레스토를 시장에 출시하기로 결정했다. 마크 파커는 소매상들이 프레스토 상품 중에서 일부 제품만 판매할 수 없으며, 반드시 8가지 색상에 따른 5가지 사이즈의 신발 모두를 취급해야 한다고 발표했다. 8가지 색상 전부를 취급한다 해도 소매상들은 단지 40가지의 SKU만 보유하면 되었기 때문에 큰 문제가 되지 않았다. 이 SKU는 3가지 디자인을 가진 다른 신발의 SKU와 차이가 없었다.

그 결과 모든 스포츠 용품점들은 프레스토의 전 모델을 취급하기로 합의했다. 프레스토는 2002년 시장에 출시되자마자 소비자들로부터 엄청난 호응을 얻었다. 이후 달리기를 하는 사람들도 프레스토를 신기 시작했는데, 이것이 프레스토의 기능이 믿을 만하다는 사실을 간접적으로 증명했다. 또한 사람들은 다른 색깔의 신발 두세 켤레를 한꺼번에 구입하기 시작했는데, 이것은 프레스토의 패션 감각이 뛰어나다는 것을 보여주었다. 운동화 소매상들은 모두 프레스토의 전 모델을 주문했다. 이것은 사이즈의 수를 줄인 나이키의 전략 덕분에 가능했다. 무엇보다 가장 중요한 성과는 전국에 있는 대학생들이 프레스토를 신기 시작했다는 것이었다.

나이키는 패션 감각이 뛰어난 기능성 운동화를 만들어냄으로써 불가능을 뛰어넘었다. 프레스토는 스포츠 문화상품이라는 새로운 제품영역을 개척하기도 했다. 나이키는 프레스토가 출시되기 전까지는 패션과 관련된 제품을 만들지 않으려고 했다. 그러나 프레스토가 출시된 이후, 회사의 모든 직원들은 멋지고 기능성까지 갖춘 스포츠 용품을 만들 수 있다는 사실에 만족했다. 프레스토 출시 후 얼마 지나지 않아 스포츠 문화상품 부문은 급속히 성장해서 나이키의 가장 큰 사업부문이 되었다.

이런 프레스토의 기적은 데이브가 몇 년 전에 우연히 방문했던 대학교 교정에서 첫 번째 유형의 관점 전환을 이루지 못했다면 불가능했을 것이다. 데이브와 그의 디자인팀은 대학생들과 공감함으로써 나이키의 새로운 사업영역과 엄청난 기회를 발견했다. 또한 그가 대학생들이 나이키 운동화를 신지 않는 이유에 대해 관심을 가지지 않았다면, 프레스토가 불러왔던 기술적인 발전은 물론 사업혁신도 없었을 것이다. 대학생들과 형성했던 공감대가 첫 번째 유형의 관점 전환을 가져왔고, 이어서 두 번째 그리고 세 번째 관점 전환도 불러왔던 것이다. 그가 형성한 공감대는 수많은 장애요인이 있었음에도 불구하고, 그와 자신의 팀에게 프로젝트를 계속 추진해나갈 수 있는 용기를 북돋아주었다. 데이브는 자신이 직접 학생들을 살펴보았기 때문에 자신이 추진하는 일이 올바르다는 것을 알 수 있었다.

관점의 전환은 조직을 다른 차원으로 성장시킬 수 있는 매우 효과적인 방법이다. 기업은 세상을 보는 관점을 전환함으로써 자신들이 고객에게 제공할 수 있는 가치를 다시 생각해야 한다. 이를 통해 기존 상품을 새롭게 혁신할 수 있고 자신들의 사업영역을 새롭게 설정하기도 한다. 기업이 관점을 전환하면 새로운 방향으로 재빠르게 움직일 수 있다. 하지만 이런 관점의 전환은 우연히 일어나지 않는다. 관점 전환이 눈에 보이는 근본적인 변화라고 할 때, 공감은 눈에 보이지는 않지만 관점 전환을 가능케 하는 직관적인 힘이다. 다시 말해 공감능력은 중대한 변화와 발전을 이루기 위해서 반드시 필요한 힘이다. 공감능력은 기업이 정확한 시간에 제자리에 있도록 해줌으로써 재도약을 위한 기회를 제공한다. 고객과 공감대를 형성할수록 그들의 입장에서 판단하는 일은 더욱 수월해진다. 또 고객과 더 많은 시간을 보낼수록 생산자와 소비자를 구분하는 경계선은 더욱 모호해진다. 이러한 과정을 거쳐 점차 자신들이 속해 있는 기업이 독립적인 것이 아니라 커다란 세상의 일부라는 사실을 깨닫게 된다.

우리가 그들이고,
그들이 곧 우리다

노인을 위한 디자인은 없다? : 굿 그립의 탄생

벳시 파버Betsey Farber는 요리하는 것을 매우 좋아했다. 그녀와 남편 샘Sam은 많은 시간을 부엌에서 음식을 만들면서 보내곤 했다. 그러나 그녀가 늙어가면서 요리하는 일이 점점 힘들어졌다. 벳시는 손목에 가벼운 관절염을 앓고 있었다. 관절의 통증은 그렇게 심하지는 않았지만, 요리하기 위해 칼을 사용할 때나 오이를 다지기 위해 꽉 잡을 때마다 통증을 느끼곤 했다. 물론 여전히 요리는 할 수 있었지만 예전처럼 즐거운 일이 아니었다.

1988년 어느 날, 손목의 통증이 갑자기 심해지면서 벳시는 요리를 포기해야 할지도 모른다는 생각이 들었다. 당시에 그들 부부는 두 달 동안 교외의 전원주택을 빌려 유유자적한 전원생활을 즐기고 있었다. 어느 날 벳시

227

는 감자 껍질을 벗기기 위해 사용하던 스테인리스 재질의 도구가 사용하기에 불편하다고 느껴졌다. 그 기구가 계속 손 안에서 헛돌았기 때문이다. 게다가 껍질을 벗기는 동안 감자를 잡고 있는 것도 매우 고통스러운 일이었다. 샘은 그녀가 실망하는 것을 보고 재빨리 감자를 뺏어 들고 대신 깎아주었다.

그들은 이 상황이 몹시 신경에 거슬렸다. 샘과 벳시는 이 일에 대해 이야기할수록 더 화가 났다. 틀림없이 벳시의 손은 그녀가 젊었을 때처럼 자유롭지는 않았다. 그러나 단지 그 이유만으로 그녀가 스스로 요리를 할 수 없다는 것은 도저히 납득할 수 없었다. 게다가 그 껍질 벗기는 기구는 벳시만이 아니라 샘의 손에서도 마찬가지로 편안하게 느껴지지 않았다. 그는 손목에 관절염이 없음에도 불구하고 껍질을 벗기는 기구가 불편하게 느껴졌던 것이다. 샘과 벳시는 갑자기 궁금해졌다. 지금 그들이 당면한 이 문제가 그들의 잘못이 아니라면 과연 누구의 잘못이란 말인가? 벳시가 감자 껍질 벗기는 기구를 제대로 사용하지 못하면서 느꼈던 좌절감은 그녀의 손목 관절염 때문이 아니라 그 기구가 제대로 만들어지지 않았기 때문이다! 진짜 문제는 디자이너가 노인들을 전혀 고려하지 않고 디자인을 했다는 것이다.

샘이나 벳시와 같은 경험을 해본 대부분의 사람들은 그냥 좌절하고 말지만 그들은 달랐다. 바로 샘이 요리도구를 만드는 회사인 코프코COPCO의 창립자였기 때문이다. 주방용품을 고안하고 만드는 일은 집에서도 변함없이 이어졌다. 이들은 만약 벳시가 아무런 불편 없이 사용할 수 있는 새로운 주방용품을 만들어낸다면 다른 사람들에게 매우 유용할 것이라고 확신했다.

샘은 스마트 디자인Smart Design에서 일하고 있는 그의 친구에게 연락했다. 스마트 디자인은 아름다우면서도 사용하기에 편한 각종 제품들을 개발하여 유명해진 산업디자인 회사였다. 샘은 코프코를 경영할 당시에 그들과 함께 일해본 적이 있었다. 그래서 그는 스마트 디자인이 보기에도 좋고 기능도 훌륭한 제품을 개발할 수 있을 것이라고 확신했다. 물론 그는 그 당시 스마트 디자인에 패티 무어가 근무하고 있다는 사실은 미처 몰랐다. 그때 이미 패티는 노인들의 생활을 직접 경험해보고 이를 바탕으로 만들어낸 제품들로 꽤나 유명해진 상태였다. 샘이 이 프로젝트를 의뢰하자 패티는 특별한 망설임 없이 자연스럽게 이 프로젝트를 담당하게 되었다.

새로운 주방용품을 개발하려는 샘의 이야기를 들은 패티는 자신의 어린 시절 아픈 기억을 떠올렸다. 패티는 2차세계대전 이후 급변하는 산업화시대에 뉴욕 주 버팔로Buffalo에서 자랐다. 어린 시절 가장 행복했던 순간은 일요일 저녁 부엌에서 할머니의 요리를 도와드리던 때였다. 호기심이 많은 어린 패티가 요리하는 데 방해가 되자 할머니는 그녀에게 기름종이 봉투에 한 가득 담긴 초콜릿 과자 M&M을 주시곤 했다. 그러면 그녀는 M&M에 정신이 팔려 더 이상 부엌에서 사고를 치지 않았다. 패티는 할머니로부터 받은 M&M를 가지고 부엌식탁 위에 색색의 모자이크를 만들면서 할머니와 이야기를 나누곤 했다.

어느 일요일 오후 그녀와 할머니는 평소와 다름없는 하루를 보내고 있었다. 할머니는 빵을 만들고 고기를 구우면서 바쁘게 저녁 준비를 하고 있었다. 그 동안 패티는 부엌 식탁에 앉아 사탕을 가지고 놀고 있었다. 갑자기 잊어버린 재료가 생각이 난 할머니는 냉장고로 다가가서 문을 열기 위해 냉장고 손잡이를 잡았다. 패티는 그 순간 냉장고 문을 열던 할머니가 이상한 고함 소리를 지르는 바람에 하던 말을 중간에 멈췄다. 그녀가 놀란 눈으로 할머니를 쳐다보자, 할머니는 냉장고 손잡이를 잡고 있던 손을 다른 쪽 겨드랑이 밑에 집어넣고 부엌을 나가고 있었다. 냉장고 문은 여전히 닫혀 있었다.

패티가 뒤에서 할머니를 불러보았지만 할머니는 대답하지 않았다. 놀란 그녀는 엄마에게 도움을 청하기 위해 거실로 달려갔다. 패티는 엄마와 할머니가 침실에서 무슨 말을 나누었는지 알 수 없었지만, 그들이 나지막이 울먹이는 소리를 들을 수 있었다. 몇 분 후 패티의 엄마는 침실을 나와 아무 말 없이 앞치마를 두르고 할머니가 하다만 저녁 준비를 마저 끝마쳤다. 그날 저녁 가족들은 아무 말 없이 식사를 했는데, 어느 누구도 그날 오후에 있었던 일에 대해 말하지 않았다. 정확하게 말하면 할머니가 돌아가실 때까지 가족 중 어느 누구도 그날 일을 다시는 입 밖에 꺼내지 않았다. 할머니는 그 일이 있은 후 채 1년이 못되어 돌아가셨다. 할머니는 가족들을 위해 더 이상 요리하지 못하고 급속히 쇠약해졌다. 패티는 그 순간을 다음과 같이 회상했다. "그건 마치 누군가 전기제품의 전원 플러그를 뽑은 것 같았어요."

패티는 어른이 된 이후에도 그 날을 잊을 수 없었다. 그 기억은 그녀의 머릿속에서 떠나지 않고 계속 그녀를 괴롭혔다. 하지만 그 기억은 그녀에게 강한 동기로 작용하기도 했다. 이후 그녀는 노인들의 삶을 직접 경험해보았고 노인들이 요리를 쉽게 할 수 있도록 도와줌으로써 새로운 기회를 잡았던 것이다. 또 그녀는 그 과정에서 주방용품 생산업체들로부터 무시당하고

공감하는 인간, 호모 엠파티쿠스

있던 노년층에게 자존감과 독립심을 되돌려줄 수 있는 기회를 발견했다.

패티와 샘은 주방용품들의 슬픈 현실을 바꾸기 위해서는 어떻게 해야 하는지 심층적인 조사를 시작했다. 그들은 우선 기존 제품의 기능과 한계점에 대해 광범위한 설문을 진행했다. 또한 관절염을 앓고 있어 주방용품을 사용하는 데 어려움이 있는 사람들을 면밀히 관찰했다. 이 프로젝트의 팀원들은 노인들이 당면하고 있는 문제점을 정확히 이해하기 위해 패티의 도움을 받아 직접 노인의 처지를 경험해보기도 했다. 그들은 손의 감각을 둔화시키기 위해 장갑을 끼고 저녁을 준비하면서 부자연스러운 손을 가진 노인들의 어려움을 겪어보았고, 관절을 고정시킴으로써 노인들의 제한된 행동능력을 경험할 수 있었다. 이 결과 프로젝트팀 구성원들은 원하는 대로 손을 쓰지 못하는 삶이 어떤 것인지 이해할 수 있었다.

그들은 이 문제를 해결하기 위해 견본품 제작에 착수하면서 기존 주방용품의 손잡이가 가장 큰 문제라는 사실을 깨달았다. 노인들이 주방용품을 편하게 사용하기 위해서는 손잡이 문제를 반드시 해결해야만 했다. 당시 대부분의 주방용품들은 손잡이가 가늘고 끝부분이 너무 얇아 손바닥 전체로 움켜쥘 수 없었다. 더욱 큰 문제는 이 손잡이들이 물에 젖으면 미끄러워진다는 것이었다. 그들은 이 문제를 해결하기 위해 손바닥으로 움켜쥘 수 있는 두꺼운 고무 손잡이를 개발했다. 또한 이 손잡이를 타원형으로 디자인해서 채소껍질을 벗기는 도중에 기구가 자꾸 돌아가지 않도록 했다. 그들은 이 손잡이를 적용해 거품기 및 계량스푼까지 모두 15종의 주방용품을 만들었다. 여기서 중요한 점은 디자이너들이 이 기구를 개발할 때 자신들이 쓴다는 생각으로 디자인했다는 것이다.

파버 부부는 자신들이 개발한 주방용품을 출시하기 위해 옥소^{OXO}라는 이름의 새로운 회사를 설립했다. 이 회사의 이름은 두 사람이 서로 끌어안고 키스하는 모습을 닮았는데, 당시 연인들 사이에서 사랑을 표현하기 위해서 많이 사용되는 문구에서 따온 것이었다. 옥소의 첫 작품인 굿 그립 Good Grip 제품은 출시되자마자 큰 성공을 거두었다. 이 제품은 관절염환자들뿐만 아니라 모든 사람들 사이에서 인기가 있었다. 몸의 건강상태와 상관없이 모든 연령대의 사람들이 옥소의 주방용품을 구매했다. 이 기구들은 벳시와 같이 손의 움직임이 부자연스러운 사람들을 위해 개발되었지만, 다른 일반인들도 옥소 제품이 훌륭하다고 느꼈다. 이 때문에 회사는 급속히 성장했고 얼마 지나지 않아 그들의 생산품목은 500가지로 늘어났다.

나와 바깥세상 사이의 경계선을 지워라

옥소를 탄생시킨 디자인팀은 새로운 주방용품을 개발하는 과정에서 조직 내에 공감능력을 확산시키면서 얻을 수 있는 가장 매력적인 효과 중 하나를 발견할 수 있었다. 사람들이 다른 사람들과 유대감을 형성하기 위하여 의식적으로 자신만의 관점을 벗어나려고 노력하면 자신의 주변에 중대한 변화가 발생한다. 바깥세상과 그들 사이의 구분이 점차 사라지는 것이다. 그들이 처음에 굿 그립을 생산했던 이유는 결코 장애인들이나 노인들에 대한 동정심 때문이 아니었다. 그들은 새로운 주방용품을 개발해야 할 자신만의 동기가 있었던 것이다. 벳시 파버의 경우는 계속 요리를 만들고 싶었을 뿐이다. 옥소 개발팀은 오랜 기간에 걸쳐 다른 사람들의 입장을 경험하면서 우리 모두 그런 기본적인 욕구를 가지고 있다는 사실을 깨달았다. 그들은 자칫하면 벳시만을 위한 맞춤도구를 만들 수도 있었지만, 모든 노인을 위한 여러 종류의 훌륭한 범용제품을 만들어낸 것이다. 그리고 시간이 지나면서 굿 그립은 노인뿐만 아니라 어느 누구나 선호하는 제품이 되었다.

파버 부부가 벳시만을 위한 제품을 만들려 하지 않았기 때문에 옥소는 성공할 수 있었다. 그들은 모든 사람들을 위한 도구를 만들었다. 그들은 굿 그립 제품을 개발하면서 접근방법을 결정하는 데 많은 시간을 투자했다. 그 과정에서 패티와 파버 부부 그리고 스마트 디자인의 모든 디자이너들은 벳시만을 위한 도구를 만들 수는 없다는 결론에 도달했다. 비록 벳시가 굿 그립 제품을 개발하게 된 동기를 제공하긴 했지만 그 아이디어는 그녀만을 대상으로 실현시키기에는 너무 컸던 것이다. 이런 제품에 대한 그들의 철학을 가장 잘 나타내는 단어는 바로 범용적인 디자인Universal Design이다.

패티는 옥소의 굿 그립 제품을 출시한 이후 문득 옛날 생각이 났다. 그녀가 처음 디자이너로서 경력을 시작했던 레이몬드 로위즈 스튜디오Raymond Loewy's Studio의 디자이너들이 그녀에게 자신의 할머니 같은 사람들은 잊어버리라고 했던 말이 떠올랐다. 레이몬드 로위즈 스튜디오의 한 디자이너는 그녀에게 이처럼 충고했다. "패티, 우리는 그런 사람들을 위해 디자인하는 게 아니야." 흥미롭게도 그 말은 역설적으로는 맞는 말이기도 했다. 옥소가 할머니와 같은 사람들만을 위해 디자인해서는 안 된다는 사실을 말해주었기 때문이다. 그들은 특정인이 아닌 모든 사람들을 위해 디자인해야 했다. 아이러니하게도 따뜻한 마음에서 출발했던 굿 그립 제품들은 냉철한 로위즈 스튜디오 디자이너들이 좋아하는 빈틈없는 제품 그 자체였다.

옥소 개발팀은 다른 디자이너들이 놓친 부분을 실천했기 때문에 성공할 수 있었다. 그들은 자신의 제품을 사용할 고객을 연구대상으로 삼거나 따로 구분지어 생각해야 하는 특별한 사람들이라고 생각하지 않았다. 왜냐하면 자신뿐만 아니라 고객들도 욕구와 감정을 지닌 평범한 사람들이기 때문이다. 오늘날도 옥소는 그 사실을 잊지 않기 위해 부단히 노력하고 있다. 옥소 뉴욕 사무실을 방문해보면 한 쪽 벽에 잘 정돈되어 걸려 있는 수백 켤레의 분실된 장갑들을 볼 수 있다. 예쁜 여성용 장갑, 건설현장의 인부용 장갑, 어린이용 벙어리장갑까지 종류가 매우 다양하다. 이 장갑들은 옥소의 직원들에게 '세상에는 다양한 부류의 사람들이 있으며 그들에게 도움을 주기 위해 옥소가 깊은 관심을 가지고 더 나은 제품을 제공해야 한다'는 사실을 일깨워준다.

많은 회사들이 이와 같은 진화과정을 거쳐 발전해 나가는데, 처음에는 자신이 필요한 부분을 해결하는 것으로부터 시작해서 시간이 흐르면서 다른 사람들이 필요로 하는 것으로 사업을 추진하게 된다. 기업의 창업과정을 살펴보면 대부분 창업주들이 자신에게 필요한 제품을 개발하고 상품화하는 경우가 많다. 따라서 창립 초기에는 자신들의 필요를 해결하는 데 초점을 맞춘다. 그리고 그들 중에 운이 좋은 기업들은 다른 사람들도 자신과 마찬가지로 똑같은 필요를 느끼고 있다는 사실을 알게 된다. 이 단계에 이르면 본격적으로 회사를 세우게 된다. 상품을 개발한 창업주가 회사를 운영하는 한 회사의 사업 대상과 영역은 확실하다. 반면 다른 회사들은 이런 부분이 상대적으로 부족하다. 하지만 상품을 개발한 창업주들이 설립한 회사들도 지속적으로 성장하기 위해서는 한 가지 목표에만 매달려서는 안 된다. 카리스마 있는 창업자라 할지라도 자신의 경험에서 벗어난 나머지 세

공감하는 인간, 호모 엠파티쿠스

상을 항상 정확하게 반영하지는 못한다. 창업자들이 옳을 때도 있지만 때로는 틀릴 수도 있다. 외부에 있는 사람들은 과연 회사가 창업자의 한계를 극복하고 더 오래 살아남을 수 있을지 의문을 품게 되고 투자자들은 회사에 더욱 강력한 대책을 요구하게 된다.

이 시점이 되면 회사는 나머지 세상이 진짜로 원하는 것이 무엇인지 알아내기 위해 노력하기 시작한다. 그리고 위험을 줄이기 위해 좀 더 폭넓은 의견을 듣는다. 그러나 아쉽게도 이 과정에서 최초의 열정과 추구하는 목표의 명확성을 잃어버리는 경우가 많다. 만약 그들이 거기에서 멈추면 회사는 곧 형식적인 틀에 갇히고 만다. 그들은 왜 다른 사람들의 욕구를 조사하는지도 모르는 상태에서 사람들을 만나 피상적으로 그들이 원하는 것이 무엇인지 묻곤 한다. 상호 간에 공감대 없이 피상적으로만 이해하게 되는 것이다. 바로 이 부분 때문에 어렵게 만들어낸 해결책이 쓸모없어진다. 그들 자신조차 전혀 살 마음이 없는 노인용 주방용품을 만들어내기 시작하는 것이다. 그러면서도 그들은 어깨를 으쓱거리며 이것이야말로 고객들이 원했던 것이라고 말한다. 그들은 자기 나름대로 바깥세상을 이해하고 있지만, 여전히 바깥세상을 자신과 다른 사람들로 가득 찬 별개의 장소로 인식한다. 이런 상황은 회사로서는 매우 위험하다. 불행하게도 대부분의 기업들이 이 함정에 빠지고 만다.

바깥세상을 이상하고 혼란스러운 곳이 아닌 의미 있는 곳으로 보기 위해서는 자신의 틀을 벗어나야만 한다. 일단 자신의 틀을 벗어나면, 다른 사람들과 자신이 지금까지 미처 알지 못했던 어떤 공통점을 가지고 있다는 사실을 깨달을 수 있다. 그리고 다른 사람들과 유대를 형성하면서 재미있는 일이 벌어지기 시작한다. 시간이 지나면서 안과 밖의 구분이 불명확해지는 것이다. 우리와 그들, 생산자와 소비자 그리고 안쪽과 바깥쪽을 구분하는 기준이 모호해진다. 그들도 우리와 똑같은 사람으로 느껴진다.

할리 데이비슨의 라라 리[Lara Lee]는 이렇게 말한다. "우리는 어떻게 하면 고객들에게 더 많은 제품을 팔 수 있을까를 두고 고민하지 않습니다. 단지 어떻게 하면 오토바이족들에게 더 좋은 서비스를 제공할 수 있을지만 생각합니다. 결국 우리가 그들이고 그들이 곧 우리이기 때문이죠." 우리와 나머지 세상을 구분 짓는 선이 흐려지기 시작할 때 조직은 큰 성과를 거둘 수 있다. 하지만 이런 일은 하룻밤 사이에 우연히 일어나지 않는다. 참다운 변화는 지속적인 혁신과 노력을 통해 얻어질 뿐이다.

회사가 꾸는 꿈의 일부가 되어라 : 할리 데이비슨의 부활

마이크 키퍼는 고등학교를 졸업하던 그 순간부터 10년 후 학사학위를 받던 그날까지 줄곧 세 가지 일을 계속 해왔다. 그것은 목수 일과 학교 수업 그리고 오토바이 타기였다. 특히 날씨가 따뜻한 계절에는 매우 바쁘게 움직여야만 했다. 그는 새벽에 일어나 동료들과 함께 일하는 건설현장까지 오토바이를 타고 달려갔다. 현장에 도착하면 이른 아침부터 오후 3시 30분까지 못질을 하고 지붕을 올리는 일을 했다. 그 일이 끝나면 다시 오토바이를 타고 집으로 돌아와 간단히 샤워를 한 다음 자신의 개를 트럭에 싣고 50킬로미터 떨어진 야간학교까지 운전해갔다. 이런 강행군 속에 수업을 마치고 집에 돌아오면 매우 피곤했지만 학교에서 내준 과제를 해야 했다. 그리고 다음 날 새벽이 되면 다시 일어나 오토바이를 타고 일터로 나가는 똑 같은 일상을 반복했다.

마이크는 일과 학교생활을 병행하기 힘들었지만 학교를 마치면 새로운 기회가 주어질 것이라 믿었다. 그는 아버지가 자신을 자랑스러워하길 기대하면서, 한편으로 자신의 목표를 이루고자 힘든 일정을 견디며 야간학교에 다녔다. 그러나 실망스럽게도 야간학교를 졸업해도 상황은 크게 달라지지 않았다. 그는 야간학교를 졸업한 후, 닷지^{Dodge} 사의 광고대행업을 하고 있던 광고대행사에 간신히 취직할 수 있었다.

아무리 생각해봐도 그가 지금까지 해왔던 많은 노력에도 불구하고, 그의 생활은 다시 원점으로 돌아온 듯했다. 마이크가 광고대행사에서 처음 만난 상사는 고등학교를 갓 졸업한 18살의 젊은이였다. 마이크는 회사에서 양복을 입고 넥타이를 매야만 했는데, 이것은 마치 자신의 삶을 살아가기 위해서 남의 옷을 빌려 입은 것처럼 어색했다. 그러나 어쨌든 과거 목수 일을 하던 때와 비교하면 한 걸음 더 나아간 것만은 분명했다. 적어도 화장실이 건물 안에 있는 사무실에서 일하고 있었기 때문이다.

이 생활이 야간학교나 건설현장과 비교하면 훨씬 낫긴 했지만 광고대행사의 일은 집에 자랑할 만한 것이 못되었다. 마이크는 평소 닷지를 운전하지 않기 때문에 그가 하는 일에 대해 개인적인 친숙함이나 유대감을 느낄 수 없었다. 그는 입사 후에도 오랫동안 닷지를 구입할 가능성이 있는 잠재적 고객들에 대해 많은 것들을 배워야만 했다. 이런 어려운 상황에서도 그는 여러 자료들에서 목표고객에 대한 각종 정보를 획득하고, 그 정보를 바탕으로 일을 해나가는 등 최선을 다했다. 마이크는 고객들에게 어필하기 위한 광고 메시지를 개발하는 일을 훌륭히 해냈다. 그러나 그는 자신이 만들어낸 광고가 고객들에게 미치는 영향을 완전히 이해하지 못했다. 그에게 광고는 그저 하나의 일일 뿐이었다.

　이런 상태가 몇 년간 계속 이어졌다. 그러던 1984년 어느 날, 그는 사무실에서 뜻밖의 전화를 받게 된다. 믿기 어렵게도 그 전화를 건 사람은 그에게 할리 데이비슨의 광고담당 자리에 지원할 의사가 있느냐고 물었다. 이때야말로 그의 오랜 꿈이 실현되는 순간이었다. 마이크가 가지고 있는 할리 데이비슨 오토바이는 야간학교를 다닐 때에도 늘 그의 곁을 지켜주었다. 할리 데이비슨은 그가 일하며 공부하느라 어려운 시기를 보낼 때 그를 지켜준 버팀목이었다. 그리고 지금 할리 데이비슨이 그와 면접을 보고자 연락해온 것이다. 그는 이 모든 일들이 현실처럼 느껴지지 않았다.

　갑작스런 전화를 받고 큰 충격을 받았던 마이크는 잠시 후 정신을 가다듬고 대답했다. "물론이죠." 마이크는 광고대행사에 입사하면서 난생 처음으로 양복을 입고 일을 해왔지만 여전히 마음은 오토바이족으로 남아 있었던 것이다. 그에게는 지금까지 할리족의 회원 자격을 계속 유지해온 것이야말로 자존심의 전부였다. 그런데 드디어 그가 할리 데이비슨에 직원으로 합류할 때가 찾아온 것이다. 하지만 마이크는 조금 망설여졌다. 당시 할리 데이비슨이 큰 곤경에 처해 있었기 때문이다. 회사의 매출은 곤두박질치고 있었고 엄청난 손실을 보고 있었다. 그들은 거의 부도 직전에 있었다. 그는 그때를 다음과 같이 회상했다. "당시에 나는 '할리 데이비슨에서 30일만 일할 수 있어도 좋다. 내 명함에 꼭 할리 데이비슨이라는 이름을 박아 넣고 싶다'고 생각했었죠."

　마이크는 할리 데이비슨의 마케팅 팀장을 만나기 위해 밀워키에 있는 할리 데이비슨 본사까지 직접 운전해갔다. 그는 좋은 첫인상을 주기 위해 조 끼까지 있는 양복을 입었다. 그리고 면접관이 물어보는 모든 질문에 깍듯 이 대답했다. 그런데 그 순간 그는 자신이 할리 데이비슨에 반드시 취직해 야만 하는 결정적인 동기를 찾지 못했다는 생각이 들었다. 면접이 거의 끝 나갈 때쯤 마케팅 팀장은 고개를 들고 그를 바라보면서 질문이 있는지 물 어보았다. 그는 재빠르게 대답했다 "네. 있습니다. 가능하다면 윌리 지^{Willie} ^G 씨를 만나볼 수 있을까요?"

윌리 지 데이비슨은 할리를 설립한 창업주의 손자였을 뿐만 아니라 오토 바이족에게는 전설적인 존재였다. 당시에는 오토바이를 자신이 원하는 대 로 개조하는 것이 유행이었다. 이 유행은 1950년대에 캘리포니아에서부터 시작했다. 윌리 지는 이런 유행을 할리 데이비슨 오토바이의 디자인에 반영 하여 오토바이족들로부터 우상이 되었다. 하지만 1969년, 윌리는 할리 데 이비슨이 AMF에 인수되는 것을 지켜봐야만 했다. 할리 데이비슨은 AMF 에 인수되자마자 오토바이족들과의 연대감을 잃어버리고 전형적인 오토바 이 제조사로 변해갔다. 이 모습을 안타깝게 지켜보던 윌리 지와 12명의 팀 장들은 1982년에 할리 데이비슨을 AMF로부터 되사들였다.

회사를 다시 사들인 윌리 지는 오토바이족들이 탁 트인 도로 위에서 자 유를 만끽할 수 있도록 도와준다는 회사의 전통과 가치를 다시 강조했다. 윌리 지가 할리 데이비슨을 재인수한 1980년 초반은 미국 경제가 심각한 부진에 빠져 있을 때였다. 그러나 할리의 경영진은 끝까지 자신들의 꿈을 버리지 않았다. 무엇보다 그들의 오토바이를 필요로 하는 충성심이 강한 오토바이족들도 계속 남아 있었다. 마이크가 할리에 면접을 보러온 이유도 마찬가지였다. 그는 할리가 가지고 있는 꿈의 일부분이 되고 싶었던 것이다. 이 때문에 그는 기회가 있을 때 꼭 한번 윌리 지를 만나보고 싶었다. 마이크의 요청을 받은 면접관은 그 즉시 수화기를 들고 번호를 누른 다음 말했다 "여기 누가 당신을 좀 보자는데 괜찮겠어요?" 그녀는 전화를 끊은 후 그에게 말했다. "맞은편 건물로 가세요. 마이크, 그도 무척이나 당신을 만나보고 싶어 하네요."

마이크는 두 건물 사이에 있는 좁은 정원을 가로질러 맞은편 건물로 향했다. 그가 정원을 지나 '자동차는 주차할 수 없습니다'라는 푯말이 붙어 있는 계단을 걸어 올라갈 때 그 장중한 분위기에 완전히 압도당하고 말았다. 그가 윌리 지를 만나기 위해 맞은편 건물로 가는 길은 80여 년 전에 할리 데이비슨을 설립했던 사람들이 걸어다녔던 길이기 때문에 마이크에게 무척 감격스럽고 신비한 경험이었다. 로비를 지나 윌리 지의 방 앞에 다다른 마이크는 문을 두드렸다. 기다렸다는 듯이 곧 문이 열리고 바로 그 자리에 윌리 지가 서 있었다. 더욱 반가웠던 것은 그가 양복을 입고 있지 않았다는 것이다. 윌리는 환영의 인사를 건네며 마이크의 어깨를 감싸 안고 방 안으로 안내했다.

이후 한 시간 동안, 그 둘은 자신들이 가장 중요하게 생각하는 오토바이와 멋진 오토바이족들에 대해 이야기를 나누었다. 마이크와 윌리 지는 이전에 한 번도 만난 적이 없었지만 오토바이라는 공통된 열정으로 연결되어 있었기 때문에, 만나자마자 곧바로 오토바이와 관련된 다양한 이야기들을 서로 교환할 수 있었다. 윌리 지는 마이크에게 개인취향에 따라 개량한 오토바이가 대중예술의 한 부류가 될 수 있는 이유에 대해 설명해주었다. 문명화된 사람들은 더 이상 동굴 벽에 자신들의 수렵 장면을 그리지 않는다. 그 대신 그들은 자신의 오토바이 연료통에 그림을 그리고 손잡이를 개인취향에 따라 교체함으로써 정체성을 보여주고자 한다.

전쟁이 끝난 종족들은 더 이상 상대 종족의 상징과 깃발을 뺏지 않는다. 그럼에도 불구하고 오토바이족들은 아직도 그들이 속해 있는 단체를 나타내는 티셔츠를 즐겨 입는다. 할리 데이비슨을 타는 오토바이족에게 오토바이란 그들의 정체성을 나타낼 수 있는 캔버스와 같다. 그리고 할리 데이비슨은 오토바이족들의 이런 활동을 지원해줄 필요가 있었다. 이것은 오토바이를 넘어서 더 큰 의미를 담고 있었는데, 윌리 지와 그의 동료들이 할리 데이비슨을 AMF로부터 되산 이유이기도 하다. 그들은 할리 데이비슨이 정체성이 모호한 오토바이 제조사를 넘어 더 훌륭한 존재가 될 수 있다는 사실을 알고 있었다. 마이크는 자신의 영웅과의 만남을 끝내면서 자신이 이미 할리 데이비슨에 속해 있다는 사실을 깨달을 수 있었다.

할리의 실적은 조금씩 회복되었고 얼마간의 시간이 지나자 오토바이족들과 연대를 맺기 위해 열심히 노력한 덕분에 회사는 놀라운 속도로 성장하기 시작했다. 마이크는 어느새 그 무리 속에 속해 있었다. 그리고 그는 본능적으로 어떻게 하면 할리의 사업을 성장시킬 수 있을지 알고 있었다. 그는 얼마 지나지 않아 할리 데이비슨의 정신을 대변하는 단체이자 수백만 명의 회원을 보유한 '할리를 타는 사람들의 모임(Harley Owner's Group : H.O.G)'의 회장이 되었다.

25년도 더 지난 지금 마이크 키프는 두 가지 다른 세상에서 살고 있다. 그 중 하나는 주노 월드Juneau World였는데, 주노 거리 3700번지에 위치한 할리 데이비슨의 사무실이 바로 그곳이다. 그리고 다른 하나의 세상은 그와 수백만 명의 친구들이 삶에 대한 모든 것들을 서로 나누고 배울 수 있는 자유의 땅인 H.O.G 월드였다.

"그냥 책상머리에만 앉아 있으면 H.O.G. 회원들이 무슨 생각을 하고 있는지, 무엇을 원하는지 전혀 알 수 없습니다. 하지만 사무실 밖으로 나가 그들을 직접 만나면 그들이 중요하게 생각하는 것들이 무엇인지 금방 느낄 수 있지요." 마이크는 사무실의 책상들을 가리키면서 이처럼 말했다.

마이크는 H.O.G. 조직을 이끌 수 있는 아주 이상적인 사람이었다. 그는 전형적인 할리 오토바이족이었을 뿐만 아니라 뛰어난 마케팅 매니저였기 때문이다. 그는 회사와 고객 간의 구분을 모호하게 만들었다. 그는 오늘날의 할리 데이비슨이 있기까지 가장 큰 힘이 된 할리 오토바이족들과 공감하며 강력한 연대를 형성하고 있었다. 할리 오토바이족이나 팬들과 함께 시간을 보내는 일은 그에게 가장 중요한 일이었다. 그와 그가 이끄는 팀이 주노 월드와 H.O.G. 월드 사이의 구분을 모호하게 만들었기 때문에, 할리 데이비슨은 오토바이족들이 가장 중요하게 생각하는 부분을 파악하고 또 거기에 집중할 수 있었다. 여기서 중요한 점은 오토바이족들과 시간을 보내는 일이 할리 데이비슨에게는 단순한 마케팅 활동 이상의 의미가 있다는 것이다.

윌리 지가 마이크를 처음 만났던 1984년에, 윌리는 마이크에게 오토바이가 개인의 과시욕을 실현하면서 동시에 공동체를 형성할 수 있도록 도와주는 매개체라는 사실을 보여주었다. 개인들이 각자 자신의 취향대로 꾸민 할리 데이비슨은 대중 예술로 자리 잡았다. 할리 데이비슨은 우리들이 현

공감하는 인간, 호모 엠파티쿠스

대사회 속에서 잃어버렸던 종족의 유대감을 회복시켰다. 그들이 향후 다시 난관에 봉착한다 하더라도, 흔들리지 않고 그들의 진정한 목표만 계속 유지한다면 지속적으로 발전할 수 있을 것이다.

마이크는 할리의 미래를 이렇게 말했다. "할리 데이비슨의 미래는 10000년 전의 삶을 보면 알 수 있습니다. 오늘날 사람들은 신석기시대에 살던 사람들처럼 행동하고 있습니다. 우리 중 일부는 신석기시대 인간들이 동굴 속에 그렸던 벽화를 지금도 기억하고 있습니다." 그의 말 속에는 고품질의 오토바이를 생산하는 것을 뛰어넘는 그들의 진정한 목표의식이 담겨 있다. 할리 데이비슨을 타는 오토바이족들은 영화에 나오는 것처럼 그렇게 단순하고 획일적인 집단이 결코 아니다. 실제로 그들은 수염을 기른 덩치 큰 마초들이 아니라 의사나 변호사, 정치인, 교사, 언론인은 물론 건설현장의 노동자까지 매우 다양한 사람들로 이루어져 있다. 그들은 우리와 똑같은 사람들인 것이다.

마이크와 할리에서 일하는 다른 직원들은 생산자와 소비자 사이의 경계를 허물고 오토바이족들의 욕구를 반영하기 위해 최선을 다했다. 이렇게 형성된 공감대는 회사를 단순한 오토바이 제조사에 국한시키지 않고 오토바이족들이 꿈꾸는 새로운 세상의 탄생을 도와주었다. 이것은 수백만 명의 오토바이족들과 점차 희미해져가는 사회적 유대감을 회복하려는 할리의 직원들에 의해 실현될 수 있었다. 이를 통해 할리 데이비슨은 1980년대 초반의 심각했던 부진으로부터 벗어났다. 즉 사람들과 유대를 형성하는 것이야말로 가장 훌륭한 성장 기회였던 셈이다.

그러나 공감능력을 확산시키기 위해서는 조직 내부에 있는 사람들은 물론 외부에 있는 모든 사람들에게 끊임없는 관심을 가져야만 한다. 어느 한 순간이라도 기업이 바깥세상에 있는 고객들의 요구보다 자신의 필요성에 더욱 관심을 두게 되면 점차 경쟁력을 잃게 된다. 할리도 예외가 될 수 없다. 최근에 마이크 키프를 만나기 위해 할리 데이비슨 본사를 방문했던 나는 오토바이만 주차가 가능했던 그 유명한 본사 앞 주차장에 BMW 스포츠카가 버젓이 주차되어 있는 것을 발견했다. 이처럼 조그만 결함은 사실 큰 문제가 되지 않는다. 그러나 만약 이런 조그만 것들을 지켜내지 못한 것처럼, 향후 할리가 오토바이족들의 사소한 욕구를 읽어내지 못하고 놓친다면 경쟁자들의 추격에 시달리고 말 것이다. 고객과 함께 쌓아왔던 폭넓은 공감대가 바로 오늘날의 할리를 만들었기 때문이다. 따라서 할리 데이비슨이 지속적으로 발전하기를 원한다면 자신의 가치를 계속 지켜나가야 한다. 고객과의 공감을 소홀히 하면 아무리 훌륭한 기업이라도 낙오할 수밖에 없다. 반대로 탄탄한 공감대를 유지하는 기업은 오랜 기간에 걸쳐 경쟁자들을 제치고 앞서나갈 수 있다.

오래 살아남는 기업의 장수 비결

2005년에 호주의 의학자들이 노년층들의 수명에 대해 연구한 적이 있다. 그들은 무엇이 그들의 수명을 연장해주었는지 알아내기 위해 70살 이상의 1,400명을 조사했다. 연구팀은 노인의 수명을 연장한 잠재적 요인으로 소득과 가족구성원의 수 그리고 사회활동 같은 것들도 포함시켰다. 그 결과 놀랍게도 그들은 절대 부인할 수 없는 한 가지 결론에 도달하게 되었다. 친한 친구들이 많은 사람들이 오래 사는 경향이 있다는 사실이다. 연구결과 그들은 가족관계가 좋은 사람들보다 더 오래 사는 것으로 나타났다. 친구를 사귀면 더 오래 살 수 있다는 통설이 통계학적으로 증명된 것이다.

그러나 최근에 실시된 믿을만한 의학연구 결과를 보면, 친구를 사귀는 것과 사람의 수명 사이에는 그렇게까지 밀접한 관계가 없다는 사실이 밝혀졌다. 하지만 이런 결과에 상관없이 만약 우리의 뇌가 본능적으로 다른 사람들을 찾도록 만들어지지 않았다면, 사람들이 모여 사는 복잡한 도시를 건설하거나 다른 부류의 사람들이 사는 곳을 보기 위해 먼 곳까지 여행하지 않았을 것이다.

이런 점들을 고려하면 인간은 유대감과 소속감을 바탕으로 행동할 때 더욱 발전할 수 있다는 사실을 알 수 있다. 우리는 본능적으로 다른 사람을 배려하는 성향을 가지고 있다. 흥미로운 것은 기업도 마찬가지로 친구를 사귐으로써 수명을 늘릴 수 있다는 사실이다. 기업이 다른 사람을 도우면 결국 그 기업 자신을 돕는 것이 되기 때문이다. 악명 높은 선입관을 가진 헨리 포드Henry Ford와 같은 사람들도 이런 사실을 깨달았기 때문에 T 모델을 개발한 직원들에게 상당한 임금을 지불하기로 결정했던 것이다. 그리고 이 결정은 포드가 생산하는 자동차를 살 수 있는 새로운 중산층을 형성하는 데 크게 기여했다. 이 때문에 회사의 매출이 상승했고, 더 나은 임금을 받게 된 직원들은 이전보다 더 쉽게 T 모델을 살 수 있었다. 생산자와 소비자인 직원 사이에 선순환 구조가 구축된 것이다.

회사와 직원 간에 형성된 공감대는 포드의 사업이 지속적으로 발전할 수 있도록 도와주었다. 또한 포드는 자신의 직원들이 이상적인 고객이라는 사실을 알았기 때문에 수많은 가정의 삶을 더욱 윤택하게 해줄 수 있었다.

포드는 다른 사람들을 도와줌으로써 자신에게 도움이 될 수 있는 방법을 모색했던 것이다.

기업이 안과 밖의 구분을 무너뜨리면 기업과 고객 모두 이익을 얻을 수 있다. 기업과 고객의 구분이 모호해지면 고객은 그 기업의 브랜드를 자발적으로 선전하는 열광적인 팬이 된다. 이뿐만 아니라 공급자들에게 새로운 아이디어를 제공해주기도 한다. 경쟁업체들도 서로를 추월해야 하는 적이 아니라 자신들이 속해 있는 산업 자체를 키우는 동맹자로 여기게 된다. 기업은 바깥세계와 고립되면 '경쟁자의 몫을 빼앗아야 자신이 얻는다'는 제로섬$^{zero\ sum}$ 게임 사고를 하게 된다. 그러나 외부와 연대를 형성하면 다 같이 번창할 수 있는 기회를 얻게 된다.

물론 기업과 바깥세계의 구분을 없애는 일은 그리 간단하지 않다. 우리 내면에는 고립을 선택하게 만드는 힘이 존재하고 있기 때문이다. 특히 스트레스가 심하거나 주변 사람들과 서로 반목하는 상황에서는, 우리가 공통적으로 가지고 있는 배려 지향적인 본능을 잊어버리기 쉽다. 상황이 어려워지면 사람들과 기업은 본능적으로 땅굴 속으로 들어가 외부로 연결된 통로를 차단하고 폐쇄적으로 행동하기 쉽다. 또 우리는 외부로부터 위협을 느끼면, 다른 사람들과 자신을 격리시킴으로써 훨씬 더 편안함을 느낀다. 하지만 성공하기 위해서는 이런 폐쇄적인 본능을 따르지 말고 반대로 행동해야 한다.

공감하는 인간, 호모 엠파티쿠스

상호적
이타주의의 발견

기업의 도덕 불감증 극복하기 : 시스코 시스템즈

캘리포니아 실리콘밸리에 있는 신생 기업들은 오래 전부터 미국 동부 해안 쪽에 자리잡은 기존 기업들과는 전혀 다른 기업 문화를 형성했다. 실리콘 밸리에 있는 기업들이 다른 기업들과 다른 점 중 하나는 직원들에게 스톡옵션을 제공한다는 것이다. 스톡옵션이란 직원들이 일정한 가격으로 회사의 주식을 살 수 있는 권리를 주는 제도다. 만약 그 기업의 주식 가격이 향후 몇 년간 계속 올라간다면, 직원들은 자신의 옵션을 행사하여 주식이 올라간 만큼의 차액을 받을 수 있다. 이런 제도는 직원들의 역량이 회사 발전에 크게 기여하는 산업분야에서 주로 사용되는데, 직원들이 이직하지 않고 오랫동안 근무하면서 회사의 가치를 높일 수 있는 동기를 제공해준다. 인텔이 1960년대 후반에 처음으로 이 제도를 도입한 이후 실리콘밸리에 있는 많은 기업들이 스톡옵션을 활용해왔다.

예를 들어 당신이 만약 샌프란시스코의 IT 기업 중 한 곳에 입사한다면, 입사한 날의 주식 가격이 얼마인지 상관없이 그날 가격으로 일정한 수량의 스톡옵션을 제공받을 가능성이 높다. 회사가 당신에게 그날 주식 가격인 15달러에 총 1만 주를 살 수 있는 옵션을 주었다고 치자. 그리고 옵션기간이 5년이라면, 당신은 그 회사를 그만두지 않는 한 5년간에 걸쳐 매년 2천 주의 주식을 15달러에 살 수 있는 권한을 가진다. 당연히 직원들은 회사의 주식 가격이 계속 오르기를 바란다. 3년이 지난 시점에 실제 주식 가격이 30달러이든 100달러이든 상관없이 직원들은 그 주식을 15달러에 살 수 있다. 스톡옵션의 효과는 엄청나다. 직원들의 입장에서는 회사가 성장하면서 이룬 결실을 회사와 함께 나눌 수 있는 동시에 투자 위험은 낮다. 회사로서도 훌륭한 재능을 지닌 직원들의 이직을 방지할 수 있는 수단을 갖게 된다.

그러나 스톡옵션이 무조건 수익을 보장해주는 것은 아니다. 만약 회사의 주식 가격이 생각지도 않게 2달러로 떨어지면 15달러에 주식을 살 수 있는 스톡옵션은 무용지물이 되고 만다. 스톡옵션이라는 제도는 스톡옵션 가격이 미래의 주식 가격보다 더 낮을 때에만 가치가 있다. 주식 가격은 시장에 의해 결정된다. 부작용을 방지하기 위하여 증권감독원은 회사가 직원에게 스톡옵션을 제공하는 날의 시장 주식 가격을 스톡옵션의 가격으로 정하도록 엄격히 규정하고 있다. 만약 회사가 부득이한 이유로 당시 시장의 주식 가격보다 낮은 금액으로 스톡옵션을 발행해야 한다면, 반드시 시장 가격과 스톡옵션 가격의 차이만큼을 회계장부에 비용으로 반영토록 하고 있다. 따라서 직원의 입장에서 스톡옵션을 가치 있게 만들 수 있는 유일한 방법은 열심히 일해서 회사의 가치를 향상시키는 것 외에는 없다.

하지만 이것은 법적인 해석일 뿐이다. 만약 회사가 스톡옵션을 부여한 시기를 조작한다면 더 낮은 가격에도 스톡옵션을 제공할 수 있다. 이런 방법을 소급발행Backdating이라고 부른다. 예를 들어 회사가 당신에게 6월 1일에 스톡옵션을 제공했다고 가정해보자. 그러나 불행하게도 5월 31일에 15달러였던 주식 가격이 6월 1일에 45달러까지 치솟았다면? 법대로라면 회사는 당신에게 주식을 45달러에 살 수 있는 스톡옵션을 제공해야 한다. 만약 이보다 더 낮은 가격으로 스톡옵션을 제공한다면 회사는 그 할인금액만큼을 계산하여 회계 상에 비용으로 반영해야 한다. 하지만 회사는 당신의 이익을 극대화하면서도 회계장부에 이를 비용으로 반영하지 않아도 되는 훌륭한 방법을 알고 있다. 그들이 당신에게 스톡옵션을 제공한 날짜를 주식 가격이 15달러였던 5월 30일로 바꾸면 되는 것이다. 그럴싸하게 들리지 않는가? 회사는 직원을 행복하게 만들어주고 직원은 많은 이익을 보장받을 수 있다. 아무도 손해 보지 않는 멋진 전략이다.

그런데 바로 여기에 문제가 있다. 사실 이 스톡옵션은 6월 1일자 주식 가격인 45달러로 행사되어야 한다. 그럼에도 불구하고 회사가 당신에게 15달러에 주식을 살 수 있는 스톡옵션을 제공했다는 것은 회사가 당신에게 한 주당 30달러를 지불한 것과 같기 때문에 반드시 회계장부에 비용으로 반영해야 한다. 단순히 스톡옵션 제공 날짜만 바꾸어 이를 비용으로 처리하지 않는 것은 사기이자 범법행위이다. 만약 나중에 회사가 이 스톡옵션을 정리하고 싶다면 1만 주를 주당 30달러씩 할인해서 제공했다는 사실을 밝혀야 하는데, 그러면 회사의 수익은 이 점을 고려하지 않았을 때보다 30만 달러만큼 줄어들게 된다. 그리고 이런 행위는 주주들의 불신감을 유발하게 된다. 따라서 경영자의 입장에서는 차라리 이 문제를 덮어버리는 것이 훨씬 더 쉽다. 실제로 실리콘밸리의 수많은 회사들이 소급발행을 했던 것으로 드러났다. 그들은 소급발행을 하고도 그 사실을 철저히 은폐해왔다. 증권거래소 조사관들은 2006년에 130개 이상의 기업들이 소급발행을 했음에도 이를 회계장부에 비용으로 반영하지 않은 사실을 밝혀냈다. 그리고 그들 중 대부분이 실리콘밸리에 있는 회사들이었다.

감독원이 스톡옵션을 소급해서 발행한 기업들에게 제재를 가하면서 대부분의 기업들은 소급발행에 따른 차액을 수정해야만 했다. 이뿐만 아니라 법무와 재무 담당 임원들 중 몇 명은 증권거래소에 의해 사기혐의로 고발당하기도 했다. 심지어 산 호세 네트워크 테크놀러지 컴퍼니 브로케이드San Jose Network Technology Company Brocade의 CEO인 그렉 레이즈Greg Reyes는 회사가 소급발행을 하는 데 주도적인 역할을 한 혐의로 기소되어 재판에서 유죄 판결과 실형을 선고받기도 했다.

실리콘밸리 역사상 가장 광범위하게 금융 스캔들이 발생했던 그 당시, 몇몇 회사들은 자신들이 과거에 스톡옵션을 발행하면서 아무런 문제가 없었는지 확인하기 위해 내부기록을 검토해보았다. 그 중에는 네트워킹 분야의 거대기업인 시스코 시스템즈Cisco Systems도 포함되어 있었다. 시스코는 1984년에 설립된 이후, 직원들에 대한 성과급의 한 형태로 스톡옵션을 계속 제공해왔다. 시스코의 법무팀은 자체 검사에서 소급발행을 한 적이 없는 것으로 드러났음에도 불구하고, 만약을 위해 다시 한 번 확인해보기로 했다. 시스코는 직원만 6만5천 명에 달하는 대기업이기 때문에 각 부분에서 발생하는 모든 일을 알 수 없었다. 법무팀은 회사가 발행 당시의 주가보다 낮은 가격으로 스톡옵션을 발행한 적이 있는지 알아볼 필요가 있었던 것이다.

"우리 회사 내에서 절대로 그런 일은 없었습니다. 이유는 간단합니다. 그렇게 하면 안 되기 때문이죠." 시스코의 주식 관리자는 단호하게 대답했다. 시스코는 과거에 한 번도 스톡옵션을 소급하여 발행한 적이 없었을 뿐만 아니라, 시스코의 최고경영자들은 1994년에 이런 행위를 사전에 금지시켰다. 그들은 이런 문제가 생기기 전에 이미 회사의 회계상 수익이 줄어드는 사태를 방지하기 위해 스톡옵션을 발행할 때 그 시점의 주식 가격을 정확하게 적용할 것을 문서로 엄격히 지시했다. 이 때문에 다른 기업들이 소급 발행으로 인해 얼마만큼의 회계상 손실을 입을지 걱정하는 동안 시스코는 그럴 필요가 없었다.

어떻게 시스코는 스톡옵션 소급발행이라는 함정에 빠지지 않았을까? 좁은 시각에서 보면 최고경영자가 그런 행위를 문서로 금지했기 때문에 운좋게 피할 수 있었다고 볼 수 있다. 그러나 실제로는 여기에 중요한 힘이 작용하고 있었다. 그 힘이 조직 내에 폭넓은 공감대를 형성함에 따라 시스코는 많은 혜택을 얻게 된 것이다. 시스코는 속도와 순간적인 판단력이 성패를 가르는 첨단 산업에 속해 있으면서도 장기적인 이익에 집중하는 문화를 구축해왔다. 그리고 이런 문화의 중심에는 도덕적 행동을 요구하는 강력한 규정이 자리하고 있다.

시스코의 독특한 사업방식은 시스코의 CEO인 존 체임버John Chamber로부터 많은 영향을 받았다. 체임버는 1995년에 시스코를 설립한 이후 체계적이고 지속적인 성장을 이루어냈다. 존 체임버의 경영실적이 뛰어나기는 했지만, 그를 단순히 훌륭한 경영자로만 평가할 수는 없다. 체임버가 고객을 대하는 생각과 태도는 직원들을 대할 때나 심지어 경쟁자들을 대할 때도 한결같았다. 자신이 대접받고 싶은 것처럼 다른 사람을 대접하라는 것이 바로 그것이다. 이것은 시스코의 황금률이자 존 체임버 개인의 핵심가치 중 하나이기도 하다. 또한 그는 시스코의 CEO가 된 이후 이런 사고를 조직 전반에 걸쳐 핵심적인 원칙으로 심어놓았다. 그는 자신부터 이런 자세에 대한 본보기를 보이고 나서, 조직 내에 있는 모든 구성원들이 고객과 직원들 그리고 협력업체와 주주들에게 그렇게 행동하기를 기대했다.

시스코가 추구하는 황금률의 가치는 몇 년 전에 있었던 M&A 도중에 잘 드러났다. 당시 시스코는 조그만 회사 하나를 인수하려 했다. 그리고 인수와 관련된 법적인 부분들은 마크 챈들러가 담당하고 있었다. 다른 인수과정과 마찬가지로 시스코도 피인수 회사에 대한 실사를 진행하고 있었다. 이를 통해 시스코는 그 회사의 매출, 수익, 납세실적 등 모든 사항을 알 수 있었다. 실사는 피인수 회사의 권리를 침해하고 시간이 많이 소요되는 관계로 대부분 기업들이 인수협상이 거의 종료된 시점에 가서야 시행한다. 시스코와 피인수 회사도 마찬가지로 마지막 단계에서 실사를 시작했다. 인수를 확정짓는 보도자료 초안도 이미 만들어져 있었고 다음 영업일인 월요일이 되면 그 자료를 언론에 발표할 계획이었다. 모든 일들은 아무 문제없이 진행되고 있었다.

피인수 회사는 실사가 최후의 순간에 이르렀을 때 조그마한 문제점을

공감하는 인간, 호모 엠파티쿠스

하나 털어놓으면서 시스코에서 크게 문제 삼지 않기를 요청했다. 그 회사는 회계와 관련하여 밖으로는 드러나지 않는 문제를 가지고 있었던 것이다. 하지만 그들은 시스코에게 그 문제가 크지 않다고 강변했다. 그 문제는 그들이 직원들에게 제공한 스톡옵션의 가치와 관련된 것으로 당시 실리콘밸리에 있는 회사들의 관점에서 볼 때 암묵적으로 이루어진 사소한 문제라고 할 수도 있었다. 그러나 시스코의 경영자들은 이 문제 때문에 자신들이 인수하려는 회사의 실질적인 가치를 정확히 평가할 수 없다는 사실을 발견했다. 시스코에게 이것은 작은 문제가 아니라 아주 중대한 문제였던 것이다.

시스코의 경영진들은 이 문제에 대해 어떻게 대처할 것인지 결정하기 위해 일요일 아침 7시에 비상회의를 소집했다. 그리고 회의에 참석했던 경영진의 대부분이 회계적인 문제가 해결될 때까지 인수를 연기해야 한다는 데 동의했다. 그러나 당시는 시스코의 실사가 마지막 단계에 와 있었기 때문에 몇몇 임원들은 상대 회사에 대한 실사를 계속 진행하는 한편, 아직 남아 있는 관리자 두 명의 면접도 마저 끝내자고 주장했다. 그러나 체임버는 여기에 동의하지 않았다.

"우리와 같은 사업을 하는 다른 회사가 우리 회사를 실사한다고 가정해 봅시다. 그리고 그들이 인수 작업을 계속 추진하지 않기로 결정한 후에도 우리 회사에 대한 실사와 관리자들에 대한 면담을 계속 추진했다는 사실을 알았을 때 우리의 기분은 어떨까요?" 그는 임원들에게 물었다. 체임버는 올바르다는 것과 투명하다는 것을 동일시했다. 따라서 상대방이 시스코의 의중이 무엇인지 확실히 알고 난 다음, 자신들의 내부 정보를 시스코에 계속 제공할지 결정해야 한다는 것이 체임버의 생각이었다. 인수 작업을 중단하기로 한 이후에도 계속 실사를 하는 것은 잘못된 행동인 동시에 그의 가치관에 대한 도전이었다.

체임버의 가치관에 따르면 몇몇 임원들의 제안은 받아들일 수 없었다. 오랜 휴식시간이 끝난 뒤 다시 한 자리에 모인 경영진들은 인수협상을 더 이상 추진하기 어렵다는 그들의 입장을 상대 회사에 즉시 알려주기로 했다. 만약 상대 회사가 남아 있는 두 관리자의 면담을 더 이상 하지 않겠다고 결정하면 그에 따르기로 했다. 만약 그들이 실사를 계속하는 것에 개의치 않는다면 모든 일은 계획대로 진행될 것이다.

사실 그 인수협상에서는 시스코가 모든 카드를 다 쥐고 있었다. 만약 시스코의 경영진들이 마음만 먹는다면 아무런 법적인 구속력이 없는 상태에서도 상대 회사에 대한 모든 정보를 샅샅이 알아낼 수 있었다. 그렇게 한다면 향후 다른 회사를 인수하려고 할 때도 큰 도움이 될 것이 자명했다. 하지만 그것은 옳지 않은 일이었다. 결국 그 인수 건은 취소되었다. 그러나 계약이 결렬되었음에도 불구하고 양쪽 회사 모두 전혀 감정이 상하지 않았다.

이런 솔직함과 올바름 덕분에 시스코는 오늘날의 규모로 성장할 수 있었다. 단 두 사람이 시작했던 조그만 회사가 지금은 140여 나라에 지점을 거느리며 연간 매출이 400억 달러를 넘는 대기업으로 발전한 것이다. 그러나 만약 거대한 시스코가 고객과 협력사를 정직과 배려로 대하지 않았다면, 덩치 큰 골목대장이 원하는 것을 얻어내기 위해 꼬마아이들에게 함부로 대하는 것과 무엇이 다르겠는가? 물론 시스코는 자신을 위협적인 존재로 인식하지 않았지만 사람들은 시스코의 관점이 아니라 자신의 관점으로 시스코를 대했다.

마크는 다른 사람들이 시스코를 보는 시각과 세상을 보는 시각을 이해하기 위한 시스코의 자세에 대해 다음과 같이 말했다. "우리는 다른 사람들이 우리를 보는 시각으로 자신을 보기 위해 노력합니다. 우리는 자신을 아직도 작다고 생각할 수 있습니다. 하지만 사실은 이미 상당히 커져버렸습니다. 그리고 이 상태에서 우리가 조금이라도 거만해진다면 나쁜 결과를 초래하게 될 것입니다."

이런 점 때문에 가능한 한 도덕적으로 행동해야 한다는 것이 시스코의 중요한 덕목이 되었다. 그들의 역사를 되짚어보면 시스코는 지금까지 무려 125개의 회사를 인수해왔다. 시스코가 다른 회사들처럼 합병으로 인해 유발될 수 있는 각종 문제점들을 걱정하지 않고 이 많은 회사들을 합병할 수 있었던 유일한 방법은, 상대방이 자신을 존경해주기를 바라듯이 그들도 모든 사람들을 존경으로 대하는 것뿐이었다. 시스코의 규모를 지금처럼 크게 키우는 데 가장 핵심적인 역할을 했던 사람은 다른 누구도 아닌 존 체임버였다. 그리고 그는 자신의 철칙을 시스코의 일상 업무의 표준으로 정립함으로써 시스코를 지금처럼 성장시킬 수 있었다. 그는 자신의 철칙을 조직의 표준으로 만들기 위해 스스로 시스코의 직원들에게 모범을 보였다. 체임버는 관리자들에게 그들이 지금 추진하고 있는 거래의 상대 입장이라면 어떻게 할 것인가를 반복적으로 물어보았다. 그는 시스코의 직원들이 다른 사람들의 입장에서 사고할 수 있도록 도와주는 일을 중요하게 여겼다. 상대방이 어떤 대우를 받기 원하는지 알지 못하면 절대로 그들을 만족시킬 수 없기 때문이다.

시스코는 이런 과정을 통해 공식적인 정책과 규정뿐만 아니라 가치와 도덕에 의해서 운영되는 기업문화를 구축할 수 있었다. 그들은 직원 스스로 도덕적인 행동을 할 수 있는 분위기를 조성함으로써 굳이 도적적인 행동을 유도하기 위한 사규를 별도로 제정할 필요가 없었다. 시스코의 관리자들은 신입사원이 사무실에 출근한 첫날부터 다른 사람들의 행복이 가장 중요하다는 생각을 항상 가슴 속에 새겨야 한다고 강조한다. 조직 차원의 관점에서 이것은 매우 독특한 행동이다. 왜냐하면 수많은 다른 회사들은 직원들에게 수단과 방법을 가리지 말고 목표를 달성하라고 강요하기 때문이다. 그런 회사들은 직원들이 성공하기 위해서 비도덕적인 행동을 하거나 옳지 않은 일을 해도 모른척할 수밖에 없는 분위기를 조성한다.

존 체임버는 시스코 조직 내에 행동양식의 표준을 정립했는데, 그 표준은 시스코 조직 곳곳에 스며들어 있다. 시스코의 고문으로 있는 마크 챈들러는 시스코의 모든 직원들이 황금률에 따라 의사결정을 한다고 말한다. 어느 팀에 소속해 있건 간에 시스코의 모든 직원들은 항상 행동하기 전에 다른 사람의 기분이 어떨지 먼저 생각한다. 이것은 매우 간단하면서도 효과적인 시스코의 방식이다.

최근 마크는 다음과 같이 말했다. "회사는 직원들에게 도덕을 가르칠 수 없습니다. 도덕은 가정이나 친구들과의 관계에서 배우게 됩니다. 그리고 자신의 신념을 통해서도 배우지요. 따라서 회사는 그들에게 도덕을 가르치려고 하지 말고, 그저 그들이 행동할 때 기준으로 삼을 표준만 정해주면 됩니다. 그리고 나면 직원들이 올바르게 행동할 수 있는 기업문화가 자연스럽게 구축되지요."

아주 오래된 상호적 이타주의

일단 기업이 다른 사람들은 어떻게 대접받고 싶어 하는지를 알아내는 데 집중하기 시작하면, 그 조직 내의 구성원들은 모두 그로 인한 혜택을 얻을 수 있다. 이를 통해 도덕적으로 완전히 엉망이던 회사도 유리처럼 투명해질 수 있다. 그리고 각 직급별로 의사결정의 수준이 전반적으로 향상된다. 시스코의 직원들은 CEO인 체임버의 철칙에 공감하고 집중하는 환경을 조성함으로써 도덕적으로 타락하지 않고 훌륭한 성과를 낼 수 있었다. 어떤 면에서 보면, 공감능력은 그 철칙을 실천하기 위한 필수적인 전제조건이다. 다른 사람들이 어떻게 생각하고 있는지 알지 못하면 절대로 그들의 입장이 될 수 없기 때문이다. 공식적인 정책이나 규정 등을 통해서는 결코 이것을 가능하게 할 수 없다. 공식적인 규정보다 행동양식의 기준인 철칙에 따라 자발적으로 행동하는 것이 더욱 효과적이다.

언제나 변치 않을 경영 철학을 정립한 시스코의 방식은 꽤나 독창적이지만 이런 방식이 특별한 것은 아니다. 많은 회사들이 이 방식을 기본적으로 실행하고 있기 때문이다. 사실 인간의 역사를 살펴보면 자신의 기분보다 상대방의 기분을 우선 생각하라던 체임버의 가치관은 모든 종교의 공통된 가르침이다. 과학자들은 사람들이 도덕적으로 행동하도록 이끄는 가장 기본적인 사고를 '상호적 이타주의reciprocal altruism'라고 부른다. 우리는 다른 사람들이 우리에게 도덕적으로 행동해주기를 바라기 때문에 자신도 타인들에게 도덕적으로 행동한다. 실제로 우리가 다른 사람들에게 이타적으로 행동하면 다른 사람들도 우리에게 이타적으로 행동하는 경향이 있다.

상호적 이타주의는 인간사회 어디에나 존재한다. 힌두교부터 유대교, 유교, 기독교에 이르기까지 모든 종교의 교리에는 이 상호적 이타주의가 포함되어 있다. 1893년에 40개 이상의 다양한 종교의 지도자 200명이 세계종교대회를 열기 위해 시카고에 모였다. 그 대회를 개최한 목적은 각자의 교리 안에 공통점이 있는지 확인하려던 것이었다. 각 종교의 신념을 잘 반영하고 있는 종교 지도자들은 상호적 이타주의야말로 모든 종교의 유일한 공통분모라고 공표했다. 사람들은 이 선언을 '상호윤리장전The Ethic of Reciprocity'이라고 불렀다. 그러나 이것은 전혀 놀라운 일이 아니었다. 수많은 종교 지도자들이 한 곳에 모였을 때 그들은 공통적인 신념을 찾는 것은 고사하고 저녁 메뉴를 어떤 것으로 할지조차 결정하지 못했다. 그런 상황에서도 참석자 전원이 동의하는 사실이 하나 있었다. 다른 사람의 입장에서 생각할 수 있는 인간의 능력이야말로 도덕적인 행동의 근원이라는 것이다.

오랜 옛날에 이 철칙을 이미 그들의 교리 안에 녹여 넣었던 위대한 선각자들에게 누가 될지도 모르지만, 상호적 이타주의는 어렵고 복잡한 철학이 아닌 인간의 본성이다. 상호적 이타주의에 따라 움직이려는 본능은 인간의 뇌 속에 있는 어떤 부분의 작용으로 인해 발생한다. 사람들의 도덕적 행동을 이끄는 이타적인 사고는 누군가 그에 대해 특별히 언급하기 전부터 이미 우리 안에 내재되어 있었다. 종교와 철학은 과학보다 먼저 형성되고 오랜 시간이 지난 후 과학적으로 증명되는 경우가 많다. 여러 종교에서 상호적 이타주의가 자리 잡은 지 수천 년이 흐른 뒤, 인간의 감정을 관장하는 뇌의 신경계가 사람들의 상호적 이타주의를 만들어낸다는 사실이 밝혀졌다. 우리의 뇌가 본래부터 그런 성향을 가지고 있었던 것이다.

윤리경영 지침보다 더 강력한 힘

상호적 이타주의는 사람들의 도덕적 행위를 이끈다. 그렇다면 왜 그런 것일까? 록펠러대학Rockeffeller University 신경생물학과의 교수인 도널드 파프Donald Pfaff는 상호적 이타주의가 공포와 주체성을 관장하는 인간의 신경시스템 전반에 깊숙이 자리하고 있다고 주장했다. 이 부분을 더 쉽게 이해하기 위해서 다음 이야기를 살펴보자.

점심시간이 다 되어 배가 매우 고픈 상태지만 10분 후에 회의에 들어가야 하는 상황이라고 가정해보자. 그리고 사무실 직원들이 공동으로 사용하고 있는 냉장고 문을 열고 그 안을 살펴보던 당신은 비닐봉지 안에 들어 있는 피자 두 조각을 발견했다고 치자. 그 비닐봉지에는 그의 동료인 제니의 이름이 적혀 있다. 당연히 그 피자는 당신의 것이 아니다. 하지만 당신은 지금 점심을 먹으러 밖으로 나갈 시간이 없다. 이 상황에서 당신은 그 피자를 먹을 것인가? 아니면 그 피자를 그대로 두고 배고픈 상태를 참을 것인가?

파프에 따르면, 당신의 뇌는 네 단계를 거쳐 이 고민을 해결한다고 한다. 1단계, 중앙신경시스템에서 앞으로 일어날 것으로 예상되는 행동을 검토하는데, 이 과정은 여러 가지 다양한 형태로 진행된다. 신경을 자극해 팔, 다리를 움직이고 심지어는 이런 행동으로 인해 발생하게 될 소리와 냄새까지 상상할 수 있다. 피자를 먹을까 말까를 고민하고 있을 경우, 우리의 뇌는 피자 조각을 꺼내 전자레인지에 집어넣고 데운 다음 그것을 먹기까지 일련의 과정을 모두 머릿속으로 형상화한다. 아마 그것은 배고픈 당신에게는 매우 즐거운 장면이 될 것이다. 여기까지는 피자를 먹는 것을 선택할 것처럼 보인다.

그러나 다음 단계를 살펴보자. 2단계, 당신의 뇌는 이런 과정을 거친 이후 행동의 목표를 설정한다. 뇌는 당신이 머릿속으로 상상했던 것처럼 행동한다면 다른 사람들에게 무슨 일이 생길지 상상하기 시작한다. 당신은 제니가 돌아와 냉장고를 열었을 때의 표정이 떠오른다. 그녀는 피자가 없어진 사실을 알고 놀랄까? 아니면 화를 낼까? 이도 저도 아니면 특별히 신경 쓰지 않을까? 피자가 없어진 것을 알기나 할까? 이처럼 다양한 상상을 하게 된다.

3단계, 당신의 뇌는 이타적인 목표에 집중함으로써 지금 하고자 하는 행동의 목표가 무엇인지 헷갈리게 된다. 제니가 사무실에 돌아왔을 때 피자가 없어진 것을 발견하면 어떤 반응을 보일까 상상하는 동안 당신의 뇌는 아주 멋진 일을 수행한다. 다른 사람의 입장이 되어 생각하는 것이다. 그 순간 당신은 갑자기 제니가 된다. 사무실에 돌아와 냉장고 문을 열어보고 자신의 피자가 없어진 사실을 알면 어떤 기분일까? '만약 이런 일이 나에게 벌어진다면 기분이 어떨까?'라는 질문으로 전환되는 것이다. 나는 화가 날까? 알아차리기나 할까?

4단계는 매우 간단하다. 어떻게 행동할지 결정하는 것이다. 마음속에서 당신과 제니의 구분이 모호해지면서 올바른 행동이 무엇인지 확실히 알게 된다. 결국 당신은 피자를 그대로 내버려두는 쪽을 선택하게 된다. 당신이 냉장고에 넣어둔 피자를 다른 사람이 먹은 사실을 알게 되면 당신은 화가 날 것이라고 생각하기 때문이다. 직장 동료 중 누군가가 다른 사람의 점심을 함부로 훔쳐 먹는 사무실은 끔찍하다. 동료들에 대한 신뢰가 깨지기 때문이다. 당신은 그런 상황을 만들기보다는 차라리 배고픔을 참고 제니와 친구 사이로 계속 남는 것이 더 좋다고 생각할 것이다. 당신이 배가 고픈데 점심을 못 먹었다는 사실을 제니가 알게 되면 나머지 피자 한 조각을 당신에 줄 수도 있다. 사람들은 자신에게 잘해주는 사람에게 마찬가지로 잘해주는 경향이 있다. 이것이 바로 상호적 이타주의가 작용하는 원리이기도 하다.

파프의 모델에 따르면 우리의 행동을 실제로 관장하는 것은 세 번째 단계다. 사람들이 어떤 행동을 하려고 마음먹으면 그 생각을 행동으로 옮기기 전에 자신을 상대방의 입장에 놓고 어떤 상황일지 상상해본다. 그리고 자신이 그 결과가 싫다고 느껴지면 그 생각을 행동으로 옮기지 않는다는 것이다. 우리 자신이 싫어하는 일은 다른 사람들에게도 시키지 않는다는 것이 그의 논리다. 그러나 반대로 우리가 느끼기에 그 결과가 중립적이거나 긍정적이면 그 생각을 행동에 옮길 확률이 높다. 상당히 복잡해 보이지만, 사실 우리 모두가 이런 과정을 무의식중에 하루에도 수백 번씩 반복하고 있다. 이 과정은 생각보다 무척 단순하다. 우리는 하고 싶은 행동을 상상하고, 그 행동이 영향을 미칠 사람들에 대해 생각한다. 그리고 우리가 그 사람의 입장이라면 어떻게 느낄지 생각해본다. 만약 그 결과가 긍정적으로 느껴진다면 행동으로 옮긴다. 이 과정에서 우리가 다른 사람들의 사고방식을 더욱 잘 이해할 수 있다면 올바른 결정을 내릴 수 있다.

우리는 어떤 행동을 하기에 앞서 상대방의 입장에서 먼저 생각하고 도덕적으로 행동하려는 경향이 강하다. 하지만 다른 사람의 입장에서 생각할 수 있는 능력을 가지지 못한 극소수의 위험한 사람들은 이 때문에 범죄를 저지르기도 한다. 학자들은 연쇄살인범에 대한 연구를 통해, 연쇄살인범들이 희생자가 느끼는 고통을 전혀 느끼지 못한다는 사실을 밝혀냈다. 경찰관들은 이런 범죄를 자주 경험한다. 한 뉴욕 경찰관은 83세 노인을 불구로 만든 10대 강도사건 피의자에게 왜 그런 일을 했느냐고 질문한 적이 있다. 그러자 그 소년은 무엇이 문제냐는 듯이 고개를 치켜들면서 이렇게 대답했다. "그게 나랑 무슨 상관이죠? 내가 그 할머니 사정을 알게 뭐예요."

상호적 이타주의의 효과를 제대로 알기 위해서는 먼저 인간이 그렇게 행동하게 되는 신경학적인 과정을 이해해야 한다. 그 이유는 다음 두 가지다. 첫째, 신경학적인 과정을 이해함으로써 인간이 태어나면서부터 도덕적으로 행동하도록 되어 있다는 사실을 알 수 있다. 둘째, 우리의 행동으로 인해 영향을 받는 사람들에 대해 생각할 수 있는 능력이 도덕적인 행동을 유발하는 데 깊이 관여하기 때문이다. 우리가 자신의 행동으로 인해 피해를 보거나 혜택을 얻는 사람들에 대해 아무 것도 느낄 수가 없다면 상호적 이타주의는 불가능하다.

즉 우리가 다른 사람들과 괴리되면 도덕적으로 행동하는 것이 어려워진다. 우리의 행동을 조정할 수 있는 기준이 없어지기 때문이다. 사람들은 자신의 행동에 영향을 받는 사람들을 마음속에 구체적으로 그리지 못하면 상호적 이타주의를 실천하는 데 어려움을 겪게 된다. 이것은 개인뿐만 아니라 큰 기업들에게도 마찬가지로 적용된다. 만약 시스코가 다른 사람들과 공감하는 데 집중하지 않았다면, 상호적 이타주의는 시스코의 발전을 이끌어내지 못했을 것이다. 우리는 자신의 의사결정에 의해 영향을 받는 사람들이 누구인지 정확히 알게 될 때 더욱 도덕적인 선택을 할 수 있다. 우리는 다른 사람들과 공감하는 능력 덕분에 비도덕적인 행동을 무의식중에 정당화하지 않는다. 대신 세상을 있는 그대로 선명하게 볼 수 있게 된다.

회사는 공식적인 정책이나 규정 등을 통해 직원들이 도덕적으로 행동하도록 만들려 한다. 그러나 왜 직원들이 도덕적으로 행동해야 하는지에 대해 제대로 이해하지 못하면, 아무리 지침을 내리고 윤리경영에 대해 떠들어봐야 그들을 도덕적으로 '교화'시키지 못한다. 그리고 직원들에게 도덕적으로 행동해야 하는 이유를 이해시키기에 앞서 우선 직원들이 바깥세상에 있는 사람들이 누구인지 정확하게 알아야 한다. 바로 이 때문에 공감능력이 필요하다. 그러나 아쉽게도 조직 내 구성원들에 비해 기업은 공감능력이 부족한 경우가 많다. 이 때문에 많은 회사들이 올바르게 행동하려고 노력하지만 결국 실패로 끝나는 경우가 많다.

쓰레기더미를 뒤지라고요? : 노스웨스트 항공의 실수

직원들을 해고하는 일은 관리자들이 가장 어려워하는 일 중 하나이다. 다른 사람의 생계수단을 뺏는다는 것은 어떤 이유로도 바람직하게 느껴지지 않는다. 그리고 해고된 직원들이 해고라는 위기를 극복할 수 있도록 사회적 안전망이 제대로 작동하는 것도 아니다. 이 문제가 심각하다고 느낀 노스웨스트 항공Northwest Airlines은 몇 년 전에 해고가 임박한 상황에 대처하는 색다른 프로그램을 개발했다. 과거처럼 해고 통보 후에 해고자들과의 인연을 끊고 잊어버릴 수도 있었지만, 노스웨스트 항공은 해고자들에게 해고라는 현실을 똑바로 직시하고 적절히 대처할 수 있도록 도와주기 위해 이 프로그램을 시작했다.

2006년 8월, 노스웨스트 항공은 '재정적 위기에 대처하는 법'이라는 안내서를 고객서비스 담당직원들과 수하물 관리 담당직원들에게 발송했다. 이들은 얼마 전에 회사의 경영이 어려워지면서 회사가 노동조합의 동의를 얻어 해고한 직원들이었다. 이 안내서는 모두 네 페이지에 걸쳐 회사가 보증해주는 재정지원 서비스 사용법에 대해 설명하고 있었다. 더 나아가 자신의 사업을 시작하기 위한 기초자금을 마련하는 법, 쓸데없는 비용을 절감하는 법 그리고 효율적으로 가계를 꾸려가는 법 등을 상세히 담고 있었다. 이 안내서를 만들어 해고자들에게 보내려던 의도 자체는 나쁜 생각이 아니었다. 하지만 이 안내서는 해고자들의 생활과 심정을 잘 이해하고 있는 사람이 만들어야 했다. 상대방이 어떤 입장에 있는지 알지 못하는 사람은 결코 상대방을 제대로 대할 수 없기 때문이다.

노스웨스트의 정성어린 안내서는 안타깝게도 해고자들에게 배려와는 정반대로 받아들여졌다. 그들이 느끼기에 그 안내서는 거의 모욕에 가까웠다. 안내서에 포함되어 있는 '돈을 절약하는 101가지 방법'이라는 제목의 글은 너무 어려웠다. 더 심각한 것은 '쓰레기 더미에서 당신이 원하는 것을 줍는 일을 창피하게 생각하지 말라'라는 46번째 글이었다. 한 해고자는 그 항목에 대해 이렇게 말했다. "해고자들에게 해주는 말로 이보다 더 최악의 조언을 찾기는 어려울 것 같네요. '해고에 대해 너무 걱정 말아라! 쓰레기장에 가면 원하는 것은 무엇이든 공짜로 얻을 수 있다'라니⋯⋯." 이 글을 해고자들에게 보낸 것은 정말 무지한 행동으로서 상대방에 대한 기본적인 배려가 결여되어 있었다.

'돈을 절약하는 101가지 방법'에 포함되어 있는 많은 충고들은 대출이자율을 좀 더 유리하게 바꾸기 위해 은행과 협상하라거나 옷은 제철이 지난

공감하는 인간, 호모 엠파티쿠스

다음에 구입하면 싸다든가 하는 것이었다. 이런 것들은 해고자들을 위한 조언이 되지 못한다. 에너지 절약을 위해 빈 방의 전등을 끄고 필요한 것을 얻기 위해 쓰레기통을 뒤지라고 조언하는 안내서는 해고자들과 공감하지 못하는 사람들의 작품이었다. 노스웨스트의 경영진은 직원들의 라이프 스타일은 물론 그들이 해고되었을 때 겪는 어려움을 전혀 이해하지 못했던 것이다. 겉으로만 그들을 배려하고 있다는 모습을 보여주려다가 오히려 바깥세상과 얼마나 괴리되어 있는지를 드러내고 말았다.

그 안내서에 대한 비난이 빗발치자 노스웨스트는 문제의 본질도 잘 알지 못한 채 사과를 하느라 진땀을 빼야 했다. 노스웨스트의 홍보책임자는 이 상황을 진정시키기 위해 성명을 발표했다. "우리는 안내서에 포함된 내용 중 일부에 성의가 부족했다는 점을 깨달았습니다. 그 부분에 대해 유감스럽게 생각합니다. 조금 무지한 부분이 없지는 않지만 자세히 살펴보면 유익한 내용들도 많이 들어 있습니다." 유감스럽다는 말은 직원의 결혼기념일에 초과근무를 시킬 때나 적합한 말이지 해고된 사람들의 자존심에 심한 상처를 내놓고 할 수 있는 말이 아니었다. 노스웨스트가 회사로서 저지른 이와 같은 실수를 직원들은 개인적으로 거의 저지르지 않는다. 이런 무지한 실수는 큰 조직이 다른 사람들과 괴리될 때 흔히 일어날 수 있는 일이다.

의류회사 파타고니아의 캠페인은 왜 실패했을까?

노스웨스트처럼 많은 회사들이 자신의 직원과 고객 그리고 나머지 세상을 어떻게 대해야 하는지 몰라 어려움을 겪는다. 대부분의 회사들은 도덕적으로 행동하려는 경향이 있다. 그러나 불행하게도 공감능력이 부족한 회사는 다른 사람들이 어떻게 대우받고 싶어 하는지 알지 못하기 때문에 그렇게 행동하고 싶어도 할 수 없다. 이런 회사들에게는 상호적 이타주의가 아무런 도움이 되지 않는다.

어떤 점에서 보면 상호적 이타주의는 세 가지 단계가 있다. 첫째, 가장 기본적인 단계로 '상대방이 당신에게 해주기를 바라는 대로 상대방을 대하라'는 것이다. 이 단계의 효과는 제한적이다. 이 단계는 본인과 같은 생각을 가지고 있는 사람들에게만 유효하기 때문이다. 만약 우리가 이대로만 행동한다면 자신의 생각을 주위에 알리는 것 외에 특별한 효과를 볼 수 없다. 아내의 생일선물을 이 단계에 따라 선택한 한 남편의 극단적 예를 살펴보자. 그는 아내가 생일 케이크의 촛불을 끈 다음 생일선물을 풀어보라고 했다. 선물을 풀어본 아내는 그 선물이 새로 나온 전동 톱이라는 것을 알았다. 그녀는 남편을 올려다보며 말했다. "여보, 이것은 당신이 항상 원했던 거잖아요." 자신이 대우받고 싶은 대로 다른 사람을 대우한다는 것은 당신과 매우 흡사한 사람들에게만 효과적이다.

구글Google의 좌우명이 쓸모없게 되어버린 것도 바로 이 때문이다. 구글은 '악하게 행동하지 말자!'라는 표어로 꽤나 유명세를 탔다. 그러나 시간이 지나면서 '악하게 행동하지 말자!'라는 그들의 기준을 충족하기가 너무 어려워졌다. 그들은 단순하게 구글 사이트를 방문한 고객들에게 그들이 원치 않는 광고를 노출하지 않는 것이 악하지 않은 일이라고 생각했다. 하지만 어떤 사람들은 구글이 '악하게 행동하지 말자!'라는 좌우명을 어겼다고 비난하기 시작했다. 구글이 도서관에 있는 책들을 디지털화함으로써 작가들은 자신의 책이 팔리지 않는다고 항의했다. 또한 인권단체들은 구글이 중국 정부의 검열기준을 따르기로 결정한 데 대해 강력하게 비난했다. 과연 이것은 악한 일인가, 선한 일인가? 악하다는 의미는 누구를 대상으로 하느냐에 따라 달라진다.

자신과 다른 경험과 믿음, 배경을 가진 다양한 사람들에게 도덕적으로 대하기 위해서는 그들이 어떻게 대우받고 싶어 하는지 먼저 알아야 한다. 이것이 바로 두 번째 단계의 상호적 이타주의다. '자신에게 해주고 싶은 것처럼 상대방을 대하라.' 우리는 더 많은 사람들과 공감함으로써 다른 사람들에게 무슨 일이 일어나고 있는지 알 수 있고, 그들이 어떻게 대우받고 싶은지도 알 수 있다.

그러나 단순히 다른 사람들이 원하는 대로만 그들을 대한다면 좋은 결과를 이끌어낼 수 없다. 많은 사람들이 자신이나 사회에 해로운 것들에도 관심을 가지고 있기 때문이다. 따라서 정말 도덕적으로 행동하기 위해서는 우리 자신과 주변 사람들 모두가 어떻게 대우받고 싶어 하는지에 대해 공통분모를 찾아야 한다. '우리가 우리 자신에게 하고 싶은 그대로 모든 사람을 대하라.' 세 번째 단계의 상호적 이타주의는 복잡하지만 도덕적인 행동을 유발하기 위해 가장 중요한 부분이다.

스포츠의류 제조업체인 파타고니아Patagonia는 항상 사회를 더 살기 좋게 만들기 위해 고민하는 선도적 기업이다. 파타고니아가 만드는 옷은 대부분 합성섬유로 만들어졌기 때문에 천연섬유처럼 부패되어 완전히 소멸하지는 않는다. 옷장 안에 있는 점퍼는 당신이 숨진 후에도 계속 남아 있을 것이다. 파타고니아는 이런 문제를 해결하기 위해 2005년에 의류재활용 차원에서 '실 함께 사용하기Common Thread' 캠페인을 시작했다. 이 캠페인은 고객들이 낡고 닳은 옷을 파타고니아에 반납하면, 회사는 그 옷의 폴리에스테르 섬유를 재가공해서 새로운 옷을 만든다는 것이 골자였다. 이 캠페인의 목적은 파타고니아가 헌 옷을 재활용함으로써 새로운 폴리에스테르 섬유를 적게 사용하고 결국 석유 사용량을 줄인다는 데 있었다. 그러나 파타고니아는 얼마 지나지 않아 이것이 자신들 혼자만으로는 해결할 수 없는 큰 문제라는 사실을 깨달았다. 파타고니아가 경쟁사들이 생산한 낡은 옷들까지 모두 반납 받아야 했기 때문이다.

왜 이 캠페인이 '자신에게 해주고 싶은 것처럼 상대방을 대하라'라는 두 번째 단계를 넘어선 지나친 대응이 되고 말았는가? 이유는 간단했다. 폴리에스테르 재활용은 고객들이 원했던 것이 아니기 때문이다. 그럼에도 불구하고 파타고니아는 지구에 살고 있는 한 사람으로서 책임감을 다하겠다는 의무감에 불타 이 프로그램을 시작했던 것이다. 만약 당신이 주변 사람들과 공감하고 튼튼한 연대를 형성하고 있다면 평소 당신이 대접받고 싶은 것처럼 다른 사람들을 대해도 문제없다. 하지만 기업은 '우리가 그들이고, 그들이 바로 우리다'라는 사실을 깨닫고 나서야 비로소 상호적 이타주의가 최대의 효과를 거둘 수 있다.

테러 용의자에게 물고문을 하는 것은 정당한가?

2008년 미국 대선의 공화당 후보를 뽑는 당내 경선에 출마한 후보들은 자신들이 도덕적인 딜레마에 빠져 있다는 사실을 깨달았다. 당시 미국은 이라크와 아프가니스탄에서 전쟁을 벌이고 있었다. 이 때문에 미국은 테러 집단의 공격 정보를 미리 찾아내야 한다는 강박관념에 사로잡혀 있었다. 만약 테러 용의자를 체포하면 경찰서에서는 정상적으로 조사하는 것을 넘어 무리하게 심문할 가능성이 있다. 그렇다면 조사와 고문의 정확한 경계는 무엇인가? 물고문Water-boarding이라고 알려진 조사방법은 과연 고문인가, 고문이 아닌가?(미국에서는 CIA의 비호 아래 물고문이 암묵적으로 자행되고 있다).

전 뉴욕시장이었던 루디 길리아니Rudy Giuliani는 이에 대해 의사결정을 내릴 수 없다고 했다. 그리고 이 문제는 무척 애매하다고 덧붙였다. 그는 〈워싱턴 포스트〉와의 인터뷰에서 다음과 같이 말했다. "고문이냐 아니냐는 그 방법이 누가 어떤 목적으로 어떻게 행해졌는지에 따라 결정됩니다. 그것은 당시의 환경에 따라 결정될 수 있는데, 특히 누가 했는지가 매우 중요합니다."

또 다른 경선 후보였던 미트 롬니Mitt Romney는 테러 방지를 위한 미국의 조사방법에 대해 언급하는 것은 적절치 않다고 생각했다. 그는 미국 군대의 비밀이 국가의 이익에 반할 수 있다는 점을 걱정했다. "나는 어떤 것이 고문이고, 어떤 것이 고문이 아닌지에 대해 정확히 규정할 수 없습니다. 우리에게 체포되어 조사를 받는 사람들이야말로 우리가 할 수 있는 일과 하지 말아야 할 일이 무엇인지 가장 잘 알고 있을 것입니다."

아무리 복잡하고 애매하며 예측 불가능한 시대라 할지라도 도덕은 결코 완전히 사라지지 않는다. 우리는 언제나 어떻게 행동할지 기준을 정립하지만 문제는 그 기준이 무시될 때 발생한다. 만약 당신이 아군 수천 명의 목숨과 관련된 군사 기밀을 알고 있는 적군을 체포했다고 치자. 조금만 몰아붙이면 그가 기밀을 털어놓을 것 같다면 당신은 어떻게 하겠는가? 이에 대해 많은 공화당 후보들이 더 큰 정의를 위해서는 그 방법을 선택할 수도 있다는 입장을 택했다. 그들이 말한 그 방법에는 사람을 물에 집어넣는 물고문도 포함되었다. 한 사람의 고문이 수많은 생명을 살릴 수 있다면 그 고문은 정당한 것인가? 과연 옳고 그른 것에 대한 구분은 무엇인가? 이것이 고문이 아니라면 무엇이 고문인가?

그러나 나중에 공화당 대선후보로 선출된 애리조나 상원의원인 존 매케인John McCain은 물고문의 도덕성을 판단하는 데 전혀 어려움이 없었다. "이 방법은 과거 스페인에서 사람들을 조사할 때 사용된 적이 있습니다. 또한 폴 포트Pol Pot가 캄보디아에서 대학살을 자행했을 때도 사용되었습니다. 그리고 여전히 특정 종교인들을 박해하는 데 사용되고 있다는 보도도 있습니다. 그들은 자신이 사용하는 방법이 무엇인지 정확히 알아야만 합니다. 자신이 하고 있는 행동을 정확히 이해하는 일은 그렇게 어렵지 않습니다. 그것은 바로 고문이기 때문입니다." 매케인은 〈뉴욕 타임스〉와 인터뷰에서 이렇게 말하며 동료들을 꾸짖었다. 그는 물고문의 옳고 그름을 판단하는 일이 다른 경선후보자들이 생각하는 것처럼 그렇게 애매한 일도 아니며 복잡하지도 않다고 주장했다.

매케인은 물고문의 부당성을 잘 알고 있었다. 그 자신이 전쟁포로의 경험이 있었기 때문이다. 베트남 전쟁 당시 비행기 조종사로 복무중이던 매케인은 타고 있던 비행기가 격추되어 북베트남 지역에 추락했다. 북베트남 군인들은 그를 감옥에 가두었다. 그들은 매케인의 팔과 다리가 추락 당시의 충격으로 부러졌음에도 아무런 치료를 해주지 않았다. 그들은 매케인을 독방에 가두고 음식과 물도 충분히 주지 않았다. 어느 날 그를 지키던 보초병은 몇 시간에 걸쳐 짐승을 때리 듯 그를 구타했다. 그리고 그의 온몸을 결박하여 감방 바닥에 던져놓았다. 이런 일은 일주일 동안 계속되었다. 그

공감하는 인간, 호모 엠파티쿠스

는 하루도 빼놓지 않고 두세 시간 동안 이처럼 구타를 당했다. 이 때문에 간신히 회복되던 그의 왼팔이 다시 부러지고 갈비뼈에 금이 갔다. 그를 체포한 북베트남 군인들은 그가 지은 죄를 거짓으로 자백하라고 강요했다. 매케인은 5년 동안이나 이런 고문을 당해야 했다.

하지만 이것은 약과에 불과했다. 그 당시 그는 북베트남 군인들에 의해 체포된 미국 특공대원들이 더 잔인한 방법으로 고문당하는 장면을 지켜봐야 했다. 그들은 대나무 조각을 특공대원의 손가락 밑에 찔러 넣거나 담뱃불로 그들의 가슴을 지지기도 했다. 이런 고통을 이기지 못한 매케인은 한때 자살마저 생각했을 정도였다. 그가 1973년에 석방되어 고국으로 돌아왔을 때는 너무나 심한 고문의 후유증 때문에 팔을 머리 위로 들어올리지도 못했다.

베트남에서 직접 경험했던 야만스러운 고문 때문에 매케인은 물고문의 도덕성 문제에 대해 옳고 그름을 명확히 판단할 수 있었다. 그에게는 논란의 여지가 없는 문제였다. 매케인은 자신이 전쟁포로였기 때문에 다른 전쟁포로들에 대한 깊은 공감대를 가지고 있었다. 그는 어느 누구도 자신이 베트남에서 당했던 것과 같은 야만적인 일을 당해서는 안 된다고 믿었다. 누가 했고 어떻게 했으며 왜 했는가에 따라 달라질 성격의 문제가 아니었다. 물고문은 고문의 일종이며 고문은 나쁜 짓일 뿐이었다. 그가 직접 고문을 경험했기 때문에 이처럼 명쾌하고 단순하게 자신의 입장을 정리할 수 있었다.

도덕성에 대한 문제들은 매우 복잡하게 느껴지는 경우가 많다. 이 때문에 법을 집행하고 규정을 지켜나가는 과정에서 때로는 상충되는 상황에 처하기도 하고, 특별한 기준을 요구하는 상황과 마주치기도 한다. 가끔은 중요한 목표를 위해서 다른 고려사항들을 무시해야 할 때도 있다. 특히 대규모의 다국적기업들은 옳고 그름을 판단하기가 쉽지 않다. 그러나 특별히 고민할 필요는 없다. 고객과 깊은 공감대를 형성한 조직은 상호적 이타주의라는 간단한 철칙만 따르면 되기 때문이다. 다른 사람의 입장에서 판단할 때, 사람들은 본능적으로 자신의 결정이 다른 사람들에게 어떤 영향을 미칠지 훨씬 더 잘 알 수 있다. 그리고 회사가 직원들에게 이 부분을 명확히 인식시켜 고객과 견고한 유대를 형성하도록 할 때 비로소 직원들의 일이 더욱 의미 있고 즐거운 일상이 된다.

CHAPTER

11

공감의 나비효과

호텔 룸 메이드에게 자부심을
어떻게 심어줄까? : 주아 드 비브르 호텔

젊은 시절 칩 콘리Chip Conley는 쉽게 받아들이기 힘든 어려움에 직면했다. 칩은 샌프란시스코에 있는 호텔그룹 주아 드 비브르Joie de Vivre를 설립한 열정과 카리스마를 겸비한 경영인이었다. 그는 여행객들에게 잠자리를 제 공하는 단순한 호텔을 넘어 집을 떠나온 사람들을 헌신적으로 보살펴줄 호텔을 만드는 것이 꿈이었다. 그러나 시간이 지나면서 그는 직원들이 그 의 꿈에 동참해주지 않는다면 절대로 그 꿈을 이룰 수 없다는 사실을 깨닫 기 시작했다. 호텔처럼 종업원들의 이직률이 높은 사업 분야에서 종업원들 에게 그의 꿈을 불어넣기란 매우 어려운 일이었다. 호텔에 입사한 직원들의

273

60%가 입사한 첫해에 직장을 그만둔다. 칩은 직원들의 이직을 방지할 수 있는 방법이 필요했다.

직원들의 이직을 막을 수 있는 한 가지 방법은 직원들에게 높은 임금을 지불하는 것이지만, 이 방법도 일시적인 효과밖에 없었다. 그가 임금을 올리면 경쟁자들도 곧바로 따라서 임금을 올리기 때문이다. 게다가 그렇게 높은 임금을 지불하기 위해서는 호텔의 숙박비도 그만큼 높여야만 했다. 칩이 자신의 책에서 언급했듯이, 그는 주아 드 비브르(JDV)를 미국 최고 수준의 호텔리어들이 가장 일하고 싶어 하는 곳으로 만들고 싶었다. 이 목표를 달성하기 위해서는 직원들에게 경쟁력 있는 급여를 제공하고 즐거운 근무환경을 만들어주는 것 이상이 필요했다. 직원들이 하는 일의 의미를 더 뜻 깊게 만들어줄 무언가가 필요했던 것이다.

칩과 JDV의 임원들은 직원들이 하고 있는 일을 정확히 이해하기 위해 방 청소를 담당하는 룸메이드들이 방을 정리할 때 동행하기로 했다. 임원들은 직원들과 마찬가지로 침대를 정리하고 진공청소기로 바닥을 깨끗이 청소하는 한편 사용한 타월을 수거했다. 그리고 룸메이드들이 하는 말에 귀를 기울였다. 임원들은 그 즉시 방 청소가 고객의 쾌적한 숙박을 위해 매우 중요한 일이라는 사실을 알 수 있었다. 방을 청소하는 룸메이드야말로 객실의 수준을 JDV의 브랜드에 걸맞게 해주는 중요한 일을 담당하고 있던 것이다. 만약 고객의 객실이 깨끗이 청소되어 있지 않고 준비가 엉망이라면 JDV에 머물렀던 투숙객들의 기억은 좋지 않을 것이다. 만약 룸메이드가 자신의 일을 제대로 수행하지 않는다면 JDV의 고객들은 즐겁고 평온한 느낌을 가질 수 없다. 결국 고객의 여행에 즐거움을 제공한다는 JDV의 가장 중요한 모토를 달성할 수 있느냐는 그 직원들에게 달려 있었다. 하지만 안타깝게도 룸메이드들은 자신의 일이 그렇게 중요하다는 사실을 인식하지 못하고 있었다.

JDV의 임원들은 룸메이드들에게 자신의 일이 얼마나 중요한지 보여주기 위해 한 가지 실험에 참가하라고 지시했다. 그 실험은 이틀 동안 룸메이드들이 호텔의 규정대로 일하지 않는 것이었다. 그들이 열심히 일하지 않고 요령껏 일하는 것이 실험의 전부였다. 룸메이드들은 대충 청소를 하면 어떤 일이 발생하는지 지켜보면 되었다. 이 실험에 호기심을 느낀 직원들은 열정적으로 실험에 참여했다. 그들은 베개를 예전처럼 정성껏 부풀리지 않고 대충 처리하는 한편, 욕조도 전과 달리 광이 날 정도로 닦지 않았고 수건도 가지런히 정리해놓지 않았다. 이틀 동안 룸메이드들은 모두 일에 대한 열정 없이 평범하게 일했다.

그 결과는 즉각적으로 나타났다. 어느 한 가지도 빠트리지 않았지만 마음이 담기지 않은 서비스를 한 지 불과 이틀 만에 그 실험의 피해가 고스란히 투숙객들에게 돌아간 것을 알 수 있었다. 손님들은 예전에 비해 '감사합니다'라는 표현을 잘 쓰지 않았다. 또한 안내 데스크 직원들에게 룸서비스를 부탁할 때도 퉁명스럽게 말했을 뿐 아니라 아침을 먹을 때 팁도 조금만 남겼다. 평소 주아 드 비브르의 고객들은 호텔의 서비스에 대해 만족스러워 했었지만 이제는 더 이상 직원들을 친근하게 대하지 않았다. 이 실험 후 회사는 고객들에게 호텔에 머무는 동안 경험했던 서비스의 질에 대해 어떻게 느꼈는지 물어보았다. 모든 투숙객들은 지난 이틀이 참을 수 없을 정도는 아니었지만 작은 부분들이 아쉬웠다고 대답했다. 사실 어느 누구도 자

275

신의 베개가 정성껏 부풀려 있기를 원하지 않았지만 막상 그런 서비스가 없어지자 아쉬웠던 것이다. 그런 작은 부분들이 좋은 호텔을 더 훌륭한 호텔로 변모시키는 원동력이다. 룸메이드들은 투숙객들의 대답을 들으면서 자신이 하고 있는 일이 얼마나 중요한지 느낄 수 있었다.

주아 드 비브르는 직원들이 자신의 행동이 고객에게 어떤 영향을 미치는지 깨닫게 함으로써 짧은 시간 안에 미국 최고의 호텔 그룹으로 자리 잡을 수 있었다. 칩은 직원들이 일에 대한 의미를 찾을 수 있도록 도와주는 것이야말로 경영자의 가장 중요한 임무라고 생각했다. JDV의 직원들은 경영자로부터 적절한 권한을 위임 받음으로써, 자신이 맡은 일에 책임감을 가지고 훌륭히 해낼 수 있었다. 그러나 무엇보다 자신이 맡고 있는 일이 호텔의 전반적인 분위기와 친근감에 어떤 영향을 미치는지 명확하게 인식했던 것이야말로 가장 큰 성과였다. 칩은 직원들 중 누군가 자신의 일의 중요성을 깨달으면 항상 다음과 같이 말해주었다. "매일 여덟 시간 이상 일하고도 지치지 않고 오히려 힘이 난다면 당신이 옳은 결정을 했다고 느낄 것입니다. 마음이 담기지 않은 일은 당신을 지치게 만들지만 소명에 따라 하는 일은 오히려 힘을 줍니다. 전문적인 직업과 그렇지 않은 직업의 차이는 바로 이것입니다."

당신은 일의 의미를 찾았는가?

주아 드 비브르의 청소 직원들만이 아니라 우리 모두 자신의 행동이 다른 사람에게 미치는 영향을 알게 되면 더욱 충만한 경험을 할 수 있다. 누구나 급여가 높고 가족들의 미래를 보장해주면서 스트레스는 적은 직업을 원한다.

더불어 우리는 스스로 중요하다는 느낌을 받을 수 있는 일을 원한다. 자신의 개인적인 행동이 세상에 더 큰 영향을 미치길 바라기 때문이다.

우리는 이 책의 앞부분에서 주변 세상에 대한 폭넓은 공감이 개인과 조직의 성장을 돕고 더 나은 의사결정을 도와준다고 밝혔다. 하지만 공감은 이런 것들 외에 또 다른 효과를 가지고 있다. 공감은 우리들이 매일 하고 있는 일의 의미를 제공해주는데, 대부분 사람들은 자신이 하는 일의 의미를 잘 알지 못한다. 공감을 바탕으로 고객과 유대를 형성하면 자신의 일이 만들어내는 가치를 느낄 수 있게 된다. 공감은 단순한 일을 전문적인 일로 바꿔주고, 전문적인 일을 소명에 찬 일로 승화시킨다. 칩 콘리가 깨달았던 것처럼 어느 회사나 직원들에게 더 높은 임금을 제공하고 더 나은 혜택을 줄 수 있다. 하지만 그것만으로는 직원들의 이직을 막을 수 없다. 사람들이 일하기 위해 선택하는 직장은 그들에게 일의 의미를 제공할 수 있어야 한다. 이것이 바로 공감을 확산시킴으로써 얻을 수 있는 나비효과다. 공감은 조직뿐만 아니라 그 조직을 위해 일하는 개인들도 성장시킨다.

많은 사람들이 겪는 경험이 하찮은 것일 수도 있다. 하지만 이 경험은 그들에게 왜 지금 이 일을 해야만 하는지 생각하게끔 한다. 이를 통해 그들이 다른 사람들과 연결되어 있음을 깨닫고, 자신의 일을 소명에 따라 하게 된다. 인간은 자신의 행동에 영향을 받는 사람들에 대해 인식하게 되면, 그 과정에서 변연계가 자극을 받아 기대하지도 않았던 본능적인 반응이 일어난다. 갑자기 자신이 훨씬 더 큰 세상의 일부분이라는 점을 자각하게 되는 것이다. 이 자각의 순간이 삶의 변화를 가져오고 때로는 세상을 바꾸기도 한다.

삼등칸에서 마주한 현실 : 마하트마 간디

마하트마 간디Mohandas Gandhi는 1893년 남아프리카에 도착했을 때, 자신을 대영제국에 공헌하고 있는 고귀한 사람이라고 생각하고 있었다. 인도에서 태어난 간디는 런던대학 법학과를 졸업하고 변호사로 일하기 위해 남아프리카 프레토리아Pretoria 지역으로 왔다. 그러나 간디는 당시 영국의 식민지였던 남아프리카로 가는 며칠 동안, 그가 받은 교육과 변호사라는 지위가 남아프리카 관료들에게는 아무런 상관이 없다는 사실을 깨달았다. 그들에게 간디는 삼류시민인 인도인이었을 뿐이었다. 이런 생각은 프레토리아로 가는 기차를 타려는 순간 더욱 확실해졌다. 간디는 일등석 표를 구입했으니 당연히 일등석에 앉아야 한다고 주장했지만, 철도 경비원은 다른 유색인종들과 마찬가지로 삼등석으로 가라고 요구했다. 간디는 그 요구를 거절했고 결국 기차에서 쫓겨나고 말았다.

이런 대우에 화가 난 간디는 남아프리카에 사는 인도인들의 권익을 되찾겠다고 다짐했다. 인도인도 대영제국의 시민이기 때문에 그에 맞는 대접을 받을 권리가 있었다. 그는 남아프리카에 거주하는 인도인의 공동체를 만들기 위해 헌신적으로 노력하면서 각종 언론에서 유명인사가 되었다. 그는 인도인의 권익을 되찾기 위해 여러 언론사에 칼럼을 기고하고 편지쓰기 운동을 하는 한편 시위도 주도했다. 이 때문에 여러 번 체포되기도 했지만, 그는 절대로 폭력을 쓰지 않았고 그렇다고 물러서지도 않았다. 그는 시간이 흐르면서 남아프리카의 사회변혁을 이끄는 조용하고 강력한 힘이 되었다. 간디는 영국의 지성에 호소하면 인도인들의 권익을 되찾을 수 있을 것이라고 생각했다. 만약 간디가 여기에서 그쳤다면 지금의 우리는 그를 알지 못했을 것이다. 그가 세계적으로 유명해진 것은 고향인 인도에서 빈민 및 학대받는 사람들과 함께 지내면서 그의 진정한 소명을 깨달은 이후부터다.

1901년 간디는 영국의 지배로부터 인도를 독립시키려는 정치인들의 모임에 참석하기 위해 증기선을 타고 캘커타Calcutta로 갔다. 그는 재외인도인 대표 자격으로 그 회의에 참석했다. 캘커타로 가는 여정은 그가 인도를 이끌게 되는 계기가 되었다. 간디는 인도인들을 차별하는 남아프리카 정부의 정책을 비난하는 결의안을 통과시키기 위해 인도 국회를 소집하고자 했다. 그 결의안은 지금까지 남아프리카에서 인도인들의 권익을 되찾기 위해 싸워왔던 노력의 결정체였다. 결국 그 결의안은 쉽게 통과되었지만 그가 얻은 승리는 기쁘면서도 괴로운 것이었다.

간디는 다른 의원들과 함께 시간을 보내면 보낼수록 점점 더 회의를 느꼈다. 아무리 의회장을 둘러보아도 비싼 영국제 양복을 차려 입고 외제 담배를 피우고 있는 돈 많은 인도인들밖에 없었다. 그 중 많은 사람들이 영국에서 교육을 받았고, 영국으로부터 많은 영향을 받았다. 그들은 인도의 상류층 엘리트였기 때문에 서민들이 겪는 학대와 억압을 이해하지 못했다. 그들은 대부분 허드렛일을 하는 하인을 고용하고 있었다. 어느 날 간디는 그들이 한가롭게 앉아 하인들이 드넓은 의회장을 청소하는 것을 지켜보다가 하인들의 행동이 굼뜨다고 불평하는 장면을 보았다. 그 순간 간디는 자리에서 일어나 직접 빗자루를 집어 들고 하인들이 의회장을 쓰는 것을 도와주었는데, 그의 행동은 다른 엘리트들을 무척이나 놀라게 했다. 잠시 후그가 화장실마저 직접 청소하자 상류층 엘리트들은 큰 충격을 받았다.

간디는 이런 행동을 통해 자신이 지난 8년간 싸워왔던 것들이 모두 허상이었음을 깨달았다. 그 동안 그는 인도인들의 권익을 되찾기 위해 싸워왔지만 그들에 대해서는 아무 것도 몰랐던 것이다. 그가 당시 인도인에 대해 알고 있던 것이라고는 자신처럼 회사를 운영하던 귀족들뿐이었다. 인도가 영국으로부터 독립하더라도 또 다른 엘리트들의 손에 정치를 맡긴다면 길거리에 있는 사람들의 삶은 하나도 나아지지 않을 것이라고 확신했다.

이런 고민 속에서 새로운 길을 찾고 있던 간디는 캘커타를 떠나 봄베이Bombay 근처 푸나Poona로 갔다. 푸나는 당시 독립운동에서 상당한 영향력을 행사하던 고팔 크리사나 고칼레Gopal Krishna Gokhale가 살고 있는 곳이었다. 고칼레는 인도의 다른 정치인들과는 달리 부유한 집에서 태어나지 않았다. 그는 평범한 환경에서 성장하여 존경 받는 학자이자 영향력 있는 실천적인 지식인이 되었다. 두 사람은 그들이 태어난 땅인 인도와 그 땅에 살고 있는 인도인들에 대해 며칠간에 걸쳐 깊은 대화를 나누었다. 고칼레는 간디에게 인도를 제대로 이해하려면 권력층들이 사는 세상을 떠나 평범한 사람들과 함께 지내봐야 한다고 말했다. 간디는 기차를 직접 타보고 그의 상상과 달리 현실이 어떤 것인지 알아야만 했다. 고칼레의 충고를 가슴 깊이 새긴 간디는 그 길로 바로 기차표를 사서 그의 인생에 있어 가장 중요한 여정을 떠나게 된다. 이번에는 기꺼이 삼등칸 표를 샀다.

간디는 기차를 타고 서민들의 삶 속으로 깊이 들어가면서 그들의 실제 삶이 어떤 것인지 피부로 느낄 수 있었다. 그가 탄 객실은 사람들로 꽉 차서 숨을 쉴 수가 없을 지경이었다. 그는 할 수 없이 다른 승객들과 함께 기차의 지붕으로 올라가야 했다. 그는 뜨거운 태양 아래 익어가면서 바람이 그의 몸을 무섭게 스쳐지나가는 것을 느꼈다.

기차여행을 마친 간디는 사람들이 굶주림으로 죽어가는 마을에서 오랜 시간을 그들과 함께 보냈다. 영국이 인도의 농부들에게 현금상환 작물만을 재배하도록 강요함에 따라 농부들의 삶은 극도로 악화되었고 지주들에게 낼 지대조차 마련할 수 없었다. 거기서 그는 어린아이들과 가족들이 쉴 곳조차 없이 더러운 오물 속에서 지내는 모습을 목격했다. 게다가 그들이 살고 있는 공동체는 힌두교 대 무슬림, 남방인 대 북방인 식으로 각각 쪼개져서 서로 반목이 심했다. 그는 그곳에서 외세의 힘에 의해 정복당하고 분열된 인도의 현실을 볼 수 있었다. 간디는 왜 인도 의회장에 있을 때 그렇게 불편하게 느껴졌는지 이유를 알 수 있었다. 그 의회장의 양복을 잘 차려 입은 사람들은 진정으로 인도인들을 대표하는 사람들이 아니었기 때문이다. 그들은 영국 귀족집단을 대표하고 있었던 것이다. 만약 그들이 인도를 이끌게 된다면 지금과 같은 분열과 반목이 계속 이어질 수밖에 없었다.

간디가 남아프리카에서 처음 기차를 타려고 했을 때 그는 자신이 산 기차표에 해당하는 일등칸에 타려고 싸웠지만 인도인의 현실을 직시하면서부터 그의 사고의 폭은 더욱 넓어졌다. 진정한 인도인들을 만나고 난 후, 간디는 자신에게 더 큰 소명이 있다는 사실을 깨우쳤다. 간디는 인도에서 기차를 타보기 전에는 가난한 사람들보다 잘 교육받고 부유한 엘리트들과 더 많은 공통점을 가지고 있었다. 그러나 삼등칸을 타고 그들과 함께 생활하면서 얻은 경험 덕분에 평범한 사람들과 깊은 연대감을 형성했다. 이를 통해 그는 평범한 인도인들이 진정으로 바라는 것이 무엇인지 알 수 있었다. 평범한 인도인들의 바람을 실현시키는 것이 곧 자신의 소명임을 깨달았다. 영국인들처럼 차려 입고 인도를 이끌어가는 것은 서민들의 힘든 삶에 아무런 변화도 가져오지 못한다는 사실도 알았다.

이렇게 생각한 간디는 평소 입고 다니던 양복을 벗고, 그가 길 위에서 만나는 평범한 인도인들처럼 입기 시작했다. 그는 한 장의 천을 허리에 둘러 다리를 가리고 옆구리에 매듭을 지어 고정시키는 인도 서민들의 의상인 두티Dhoti를 입고 손으로 짠 투박한 천을 어깨에 둘렀다. 처음에 그는 상당한 명망을 가진 공동체의 리더로서 여행을 시작했지만, 마지막에는 인도의 평범한 사람이 되는 것으로 여정을 끝낸 것이다.

이후 그는 영국에서 수입하는 물건들 때문에 인도 경제가 영국에 예속된다는 사실을 깨닫고, 인도인들에게 국산품을 사용하라고 권장하기 시작했다. 그는 영국으로부터 정치적으로 독립하기 위해서는 우선 경제적으로 자립할 수 있어야 한다고 주장했다. 역설적이지만 간디는 인도에서 가장 미천한 신분이 됨으로써 인도의 아버지가 될 수 있었다. 부유한 친구들과 함께 사회 변혁을 위한 법을 만들기 위해 노력하던 젊은이가 자신의 나라에서 가장 가난한 사람들의 삶을 살아가기로 결정함으로써 세계를 바꾸는 위인으로 성장한 것이다.

저관심 분야 제품에도 관심을 가져야 한다

우리가 자신의 경력을 간디와 비교한다는 것은 무모한 짓이다. 잠자리에서 일어나면서 혁명을 생각하는 사람은 거의 없다. 더구나 국가의 정신적 지도자가 되겠다고 생각하는 사람도 없다. 하지만 우리가 수행해야 할 미천한 소명을 직접적인 경험을 통해 배우는 것은 얼마든지 가능하다. 이 소명은 간디가 평범한 사람들과 함께 기차를 탔을 때 느꼈던 것만큼이나 심오한 것이다. 우리가 자신의 행동이 다른 사람들에게 미치는 영향을 정확하게 이해할 때 이 소명을 비로소 느낄 수 있다. 우리는 대부분 자신이 생각하는 것보다 훨씬 더 많은 사람들에게 영향을 주고 있다. 이 책의 앞부분에서 산업혁명이 어떻게 생산자와 소비자 사이에 벽을 만들어 놓았는지 이야기한 바 있다. 하지만 산업혁명이 가져다준 풍요와 번영을 고려하면, 산업혁명이 반드시 나쁜 것만은 아니다.

나는 지금까지 많은 대기업들과 함께 일했다. 그리고 나는 언제나 그들의 제품이나 서비스가 다른 사람들의 삶을 개선할 잠재력을 가지고 있다고 생각한다. 하지만 나는 병원이나 학교와 함께 일해본 적이 없다. 나의 경험은 대부분 제과업이나 첨단섬유소재 그리고 금융서비스 분야에 집중되어 있다. 경험상 나와 함께 일한 기업이나 조직들의 행동에 의해 심각하게 영향을 받는 사람들은 항상 존재했다. 단조로운 일상적 활동조차도 다른 사람들에게 중대한 영향을 미칠 수 있는 잠재력을 가지고 있다. 그렇다고 해서 다른 사람들에게 미치는 영향을 쉽게 알 수 있다는 것은 아니다. 오히려 이런 영향을 알아내는 일은 쉽지 않다. 이보다 더 큰 문제는 자신들의 작은 결정과 행동이 세상에 영향을 미치지 않는다고 생각하는 사람들이 많다는 점이다. 이것은 개인이나 조직 모두 마찬가지다.

미국 경제를 언급할 때 사용하는 가장 실망스러운 전문용어 중 하나가 바로 '저관심 분야low-interest category'이다. 상당수의 최고경영자들은 이 용어를 소비자들이 특별히 관심을 보이지 않는 제품이라고 규정한다. 이런 경영자들의 관점으로 보면, 세상에는 돈을 벌어주는 것 외에는 아무런 의미도 없는 수많은 쓰레기와 같은 제품들이 존재하는 것이다.

반대로 고객의 입장에서 보면, 이 상품들은 배우자가 우연히 구입목록에 적어 놓았기 때문에 아무런 생각 없이 그냥 구매한 것이 된다. 이런 논리에 따르면 사람들은 특정한 이유 없이 그 물건을 사기 때문에 그것을 개선하려고 노력할 이유가 없다. 이것은 과거 미국의 인스턴트커피 제조사들이 고품질 커피를 싸구려 로부스타 품종으로 대체했던 것과 똑같은 사고방식이다. 관심이 낮은 종목으로 분류된 제품은 높은 가격을 받기 어렵다. 따라서 그 제품들을 차별화하는 것은 거의 불가능하다. 이런 이유 때문에 회사들은 그런 제품에 대한 투자나 개선을 소홀히 함으로써 그 제품이 더 이상 성장할 수 없도록 만들고 만다.

이런 생각이 경영자 사이에 널리 퍼져 있음에도 불구하고, 저관심 분야 제품들은 여전히 신화를 만들어나가고 있다. 경영자들의 입장에서 보면 아무런 이유도 없이 계속 팔리는 것이다. 그러나 사람들은 특정한 이유 없이 돈을 쓰지 않는다. 가끔 자신이 사는 물건에 특별한 관심을 기울이지는 않을 수 있다. 하지만 그들도 자신이 그 물건을 살 수 있는가에 대해서는 생각해보기 마련이다. 저관심 분야의 제품들은 제품 자체에 문제가 있다기보다는 소비자들이 그 제품을 만든 회사에 대해 흥미가 없기 때문에 관심을 끌지 못하는 경우가 많다. 회사가 고객과 공감하고 유대를 형성하면 신기하게도 고객들이 높은 관심을 보인다. 그리고 그 영향력은 더욱 커진다.

욕실 청소제품을 만드는 클로록스, '엄마'에 집중하다

회의실의 스크린에 비친 영상은 시카고 외곽 마을에 살고 있는 중산층의 안락한 거실을 보여주면서 시작한다. 30대 후반의 기혼자인 존과 크리스티는 10대 아들인 브라이언, 선과 함께 커피테이블 주위에 둘러 앉아 있다. 인터뷰를 하는 사람은 가족들에게 집안에 잡다한 일이 얼마나 많은지 물어본다. 그 순간부터 가족들 간의 대화는 불편해지기 시작한다. 크리스티는 가족들을 쳐다보면서 그들 모두가 집안일을 해야만 한다고 주장했다. "이 집에 살고 있는 가족 구성원 모두 함께 더러운 것들을 치우고 집을 깨끗이 해야 해요." 이 말에 선이 불만을 나타내자 그의 형인 브라이언이 그를 놀리기 시작한다. 결국 크리스티는 좌절하고 만다. "너희들을 모실 수 있게 해줘서 고맙다, 얘들아."

그녀는 아이들에게 이처럼 건조하게 말하고 나서 인터뷰를 하는 사람 쪽으로 돌아 앉아 마치 사과라도 하듯이 설명을 시작한다. "우리들은 이렇게 가깝게 모여 앉아 있는 것에 익숙하지 않아서요. 식사시간을 제외하고는 모두 각자의 방에서 따로 지내거든요. 제 생각에 우리는 서로를 별로 좋아하는 것 같지 않아요." 그녀의 말에 존이 반발했지만 그녀는 별 대꾸를 하지 않았다.

인터뷰를 하는 사람은 계속해서 질문한다. "그럼 가족들의 뜻이 일치하는 경우는 언제인가요?" 이 질문에 그들은 서로를 쳐다보며 어색하게 웃기 시작한다. 모두 그 질문에 대한 답을 찾기 위해 노력해보지만 쉽게 답을 찾지 못한다. 휴가여행을 떠나는 것? 돈? 마침내 존이 한 가지를 생각해낸다. "우리 모두의 뜻이 일치하는 경우는…… 많지는 않지만 우리 셋은 축구를 좋아합니다." 이 말을 들은 크리스티가 돌아앉자 그는 그녀에게 고갯짓을 하면서 아들들을 둘러본다. "축구를 좋아하지? 안 그래? 넌 축구를 좋아하잖아?" 아이들은 웃으면서 고개를 끄덕인다. 이에 존은 으쓱하며 말한다.

"애들 엄마는 어쨌든 잘 참아내고 있어요."

크리스티는 아이들에게 그들이 쇼핑을 좋아한다는 사실을 상기시키면서 어떻게든 아이들과 뜻이 맞는 부분을 생각해내려고 애썼다. 그러나 그것도 쉽지 않다. 그녀는 이미 가족들 간의 대화에서 제외되고 말았던 것이다. 크리스티는 아이들을 외면하고 앉아 커피테이블 위에 있는 커피 잔만 만지작거린다. 그녀는 아들과 같은 소파에 앉아 있지만 서로 다른 방에 앉아 있는 것처럼 보인다.

이 인터뷰 영상이 끝나자 나는 청중들에게 돌아섰다. 회의실에는 클로록스의 마케팅 담당자들과 상품개발자 25명이 앉아 있었다. 점프 어소시에이츠는 흔히 저관심 분야로 알려진 욕실청소 제품을 개선하기 위해 몇 달 동안 클로록스와 함께 일하고 있었다. 그리고 지금은 몇 달 동안에 걸친 프로젝트의 결과를 발표하는 마지막 자리였다. 우리는 일회용 화장실 청소솔부터 시작해서 클로록스가 참여할 수 있는 모든 종류의 신사업 아이디어에 이르기까지 새로운 제품 콘셉트를 발표했다. 회의 참석자들은 이 아이디어에 대해 긍정적인 반응을 보였다. 이제 회사가 더욱 성장할 수 있는 기회에 대해 토론할 시간이 다가온 것이다.

회의 참석자들은 크리스티와 존 그리고 두 아들에 대한 영상을 보는 동안 왠지 모를 불편함을 느꼈다. 화면 속의 아이들은 엄마에게 너무 못되게 굴었고, 아빠는 거기에 대해 아무런 도움도 주지 못했다. 그 장면은 정말 실망스러운 상황이지만 안타깝게도 특별한 상황이 아니었다. 가족들에게 존중 받지 못하고, 괴리되는 엄마들이 단지 크리스티 뿐만은 아니다. 이와 같은 문제는 모든 미국 가정에서 일어날 수 있다. 나는 클로록스가 이 문제를 해결하는 데 무엇인가 기여할 수 있기 때문에 이 영상을 회의 참석자들에게 보여준 것이다.

우리는 예로부터 엄마가 대부분의 집안일을 해왔다는 사실을 알고 있다. 크리스티와 같은 수백만 명의 엄마들에게는 욕조를 청소하는 일이 사랑하는 가족을 위해서 해야 하는 지겨운 일 중 하나다. 이런 일들 중에서 쿠키 굽기와 같은 몇 가지 일은 가족들로부터 존중 받고 그 가치를 인정받는다. 하지만 욕실을 청소하는 일은 그렇게 취급 받지 못한다. 수백만 명의 엄마들에게 있어 청소는 사랑의 표현이다. 그러나 보통 이런 사랑은 보상받지 못한다. 쿠키를 만드는 일은 엄마를 영웅처럼 만들어줄 수 있지만, 화장실 청소는 엄마를 건물 관리인처럼 만들어버릴 뿐이다. 세상의 모든 엄마들은 다른 가족들이 쾌적하게 지낼 수 있도록 수시로 집을 청소한다. 이처럼 가족들을 위해 헌신하고 있음에도 불구하고 엄마들은 가족을 제대로 돌보지 못한다는 말을 듣고 있다. 가족들조차 엄마가 일상적으로 힘겹게 해내고 있는 일을 쉽게 생각한다. 클로록스는 이런 상황을 바꾸기 위해 어떤 일이든 해야만 했다.

우리는 세상에 만연되어 있는 이와 같이 '엄마의 비극'을 되짚어보면서 에이즈, 암, 전쟁과 같은 대량살상을 불러오는 재난들과 비교해보았다. 이런 것들과 비교하면 엄마의 고통을 들어주는 일은 훨씬 더 쉽게 느껴졌다. 그러나 막상 현실은 그렇지 않았다. 이 일은 엄마들이 수시로 느끼는 죽고 싶을 만큼 힘든 고통을 다독여야 하는 일이었기 때문이다. 어떤 엄마들은 가족들이 그녀의 일을 당연하게 생각하고 무시하는 것에 익숙해져 있었다. 이 때문에 그들의 고통은 시간이 흐르면서 축적되어 속에서 곪아가고 있었다. 이 고통은 어느 날 갑자기 잠자리에서 일어나 남편에게 이혼을 요구하거나, 한 마디 말도 없이 가족을 떠나버리게 만들 만큼 만성적인 것이었다. 클로록스는 이 고통을 줄여줄 수 있는 기회를 가지고 있었다. 크리스티와 같은 엄마들은 욕실 세제 속에 레몬향을 첨가하는 것을 원하지 않는다. 대신 그들은 조금이라도 자신을 인정해주길 바란다. 그들은 누군가 자신과 자신이 하는 일의 가치에 관심을 가져주길 원했던 것이다.

이런 상황을 면밀히 분석한 점프 어소시에이츠는 언제나 가족에게 베풀기만 하는 엄마들을 도와줄 수 있는 기본적인 전략을 수립했다. 우리는 모든 엄마들이 겪고 있는 상황을 밖으로 드러내어 강조함으로써 클로록스 브랜드가 전달하고자 하는 메시지를 강하게 심어줄 수 있는 방법을 제시했다. 또한 클로록스가 욕실을 깨끗하게 해줄 뿐만 아니라 엄마를 영웅으로 만들어줄 수 있는 제품을 개발할 수 있는 방법도 보여주었다. 나는 프레젠테이션을 마치면서 왜 이 전략이 클로록스의 사업에 크게 도움이 되는지, 왜 클로록스를 차별화할 수 있는지 그리고 왜 이 전략이 클로록스 브랜드와 잘 부합하는지 다시 한 번 강조했다.

마지막으로 나는 이 전략이 좋은 아이디어가 될 수 있는 가장 중요한 이유를 언급했다. 몇 달 전에, 나는 클로록스 직원들과 함께 많은 시간을 보내면서 클로록스의 직원들이 모두 점잖고 똑똑할 뿐만 아니라 쓸데없는 데 시간을 허비하기에는 아까운 인재라는 사실을 알 수 있었다. 그러나 그들은 이 세상에서 더 중요한 일을 할 수 있는데 그런 기회가 자신들에게 없다고 느끼는 것 같았다.

내가 발언을 마칠 때쯤 뜻밖의 일이 발생했다. 회의실이 순간 조용해지고 참석자 중에 몇 명은 서로를 불안한 눈빛으로 쳐다보았다. 심지어 그들 중 몇 명은 울기까지 했다. 이 반응에서 알 수 있듯이, 크리스티 가족의 인터뷰 영상은 성공이 약속된 기회를 제공해주었다. 그뿐만 아니라 자신들이 매일 직장에 출근하는 이유를 알려주기도 했다. 이 영상 한 편으로 인해 오랫동안 사람들이 관심 없어하는 일을 한다는 말만 들어왔던 직원들이 소명에 찬 전문 직업인으로 거듭날 수 있었다. 이 영상은 회의 참석자들에게 왜 그들의 일이 중요한지 보여주었고, 그들이 세상을 더 살기 좋은 곳으로 만들 수 있다는 가능성을 제시했기 때문이다.

프레젠테이션이 끝난 후 클로록스의 한 임원이 나에게 다가와 말했다. "나는 당신이 보여준 그런 회사의 한 축이 되고 싶습니다. 그러나 지금 내가 일하고 있는 회사는 그런 회사가 아닙니다. 그리고 나는 지금의 회사를 어떻게 하면 당신이 말한 그런 회사로 바꿀 수 있는지 그 방법을 모르겠습니다." 그녀의 말은 옳았다. 클로록스와 같은 큰 회사를 하룻밤 만에 변모시키는 것은 불가능하다.

클로록스가 이를 달성하기 위해서는 가장 먼저 엄마들이 모욕감을 느끼게 만드는 행위를 당장 그만두어야 했다. 그 당시 클로록스는 TNN이 일주일 내내 방영하는 제임스 본드 시리즈를 후원하고 있었는데, 그 시리즈에 등장하는 여성들은 대부분 성적 매력을 비현실적으로 한껏 뽐내고 있었다. 주부들을 위한 제품을 생산하는 클로록스가 이런 방송을 후원하고 있었던 것이다. 어느 기업이든 남성 우월주의를 지원하는 행위는 불쾌한 일이다. 더구나 자신들의 제품을 사주고, 자신들에게 봉급을 주며 자신들의 연금을 적립해주는 사람들을 불편하게 하는 행위는 절대 현명하지 않다. 클로록스 직원들이라면 누구나 직감적으로 이 점을 이해할 수 있었다. 클로록스는 회사의 관심을 엄마들에게 집중함으로써 회사의 성장 기회를 만들어내고, 수많은 사람들의 삶을 더 행복하게 만들 수 있었던 것이다.

몇 년이 더 걸리기는 했지만, 클로록스는 엄마들의 삶을 더 충만하고 보람되게 만들기 위한 작업에 착수했다. 자신들을 다시 되짚어본 클로록스는 녹색운동Green Works을 시작했다. 이에 따라 그들은 세정 효과가 탁월하면서도 코코넛 기름, 레몬즙, 옥수수 알코올 등과 같은 천연원료를 사용해서 만든 자연친화적 제품을 생산하기 시작했다. 엄마들은 이 세제가 자신의 집을 깨끗이 해주면서도 그녀의 아이들이 독성화학물질에 노출되지 않도록 해줄 것이라고 믿었다. 녹색운동은 사회적 측면이 아니라 개인적인 측면에서 집안 청소를 바라본 것이다. 여기서 가장 중요한 점은 클로록스의 경영자, 제품 연구원, 포장 디자이너 그리고 마케팅 담당자까지 모두 누구를 위해 일하는지 명확하게 인식하고 있었다는 것이다. 그들에게 클로록스는 자신의 가족을 돌보기 위해 열심히 일하는 엄마들을 도와주기 위해 최선을 다하는 조직이었다.

공감능력은 더 나은 세상을 만드는 원동력이다

클로록스의 임원들은 자신들이 생산한 천연제품이 주부들에게 엄청난 영향을 미치자 그 중 몇몇은 눈물을 흘리기도 했다. 주아 드 비브르 호텔의 룸메이드들은 잘 정돈된 방이 투숙객들에게 얼마나 중요한지 알게 되면서 자신의 일에 최선을 다할 수 있었다. 누구나 중요한 일을 하고 싶어 하기 마련이다. 그런 바람을 실현하기 위해서는 주위에서 기대하는 것 이상의 사람이 되어야만 한다. 사람들은 자신이 가지고 있는 영향력에 대해 알게 되면, 무엇이 자신의 일을 훌륭하게 만드는지 알 수 있다. 근무시간이 얼마나 되는가, 휴가는 며칠인가, 급여수준은 어떤가 하는 것들은 그들이 누구를 위해 열심히 일해야 하는지를 깨닫는 것에 비하면 그다지 중요하지 않다. 이것은 사업은 물론 정치, 교육 그리고 다양한 사회운동에서도 마찬가지로 적용된다.

바깥세상에 대한 공감이 이 책에 등장하는 많은 사람들의 목적의식을 불러일으켰다. 바깥세상과 공감함으로써 개인적인 욕구가 사회적 소명으로 점차 바뀌어가는 것도 볼 수 있었다. 니나 플랭크는 자신의 요리에 쓸 신선한 채소를 찾고 있던 도중에 가족형 농장들을 도울 수 있는 방법을 찾아냈다. 데이브 쉐넌은 나이키에 입사할 때, 육상화 디자인 업무를 원했었지만 결국 그 운동화를 신는 젊은 운동선수들에게 빠져들고 말았다. 마이크 키프는 할리 데이비슨에서 면접을 볼 때, 자신의 이름이 박힌 할리 데이비슨 명함을 갖는 것이 소원이었지만 그 후로 수십 년이 지난 지금에는 오토바이족들의 문화를 바꾸는 관리자로 변신했다. 즉, 다른 사람들과의 직접적인 접촉이 그들에게 사회적 소명을 제공한 것이다.

나는 긍정적이고 뛰어난 영감까지 갖춘 위대한 사람들을 만나 함께 일하면서 알게 된 것들을 이 책에서 풀어냈다. 그들은 모두 자신을 훨씬 더 큰 세상의 일부분이라고 느꼈다. 이를 통해 그들은 세상을 진정으로 변화시키고 다른 사람들의 삶을 가시적으로 변화시킬 수 있는 힘을 얻었다. 전체적으로 볼 때, 그들이 이루어낸 성과는 매우 놀랍다. 그들은 수백만 명의 건강 증진과 다이어트에 일조했다. 또한 젊은 운동선수들에게 열정과 성취감을 심어주기도 했다. 그들은 우리 인생을 가장 행복한 시간으로 만들어주기 위해서 최선을 다했다. 이를 위해서 공동체의식을 함양하고 그것을 전 세계로 확산시키기도 했다. 그들은 자신의 일에 적극적으로 임했기 때문에 전 세계에 긍정적인 영향을 미칠 수 있었다.

우리는 공감능력이 기업의 성장을 도모하고 도덕적으로 행동할 수 있도록 도와준다는 사실을 알 수 있었다. 또 공감을 통해 우리는 세상을 더 살기 좋은 곳으로 바꿀 수 있다. 우리는 모두 본능적으로 다른 사람들을 배려하려는 성향을 가지고 있다는 점을 잊지 말아야 한다. 개인의 이런 성향을 조직 차원으로 발전시키면 우리에게 주어진 소명이 바뀌게 된다. 우리가 고객과 진정한 공감을 형성하면, 우리의 일은 소명으로 바뀌게 된다. 회사는 돈을 버는 것 이외에 더 큰 목적을 추구해야 한다. 다른 관점에서 보면 우리가 아니라 우리가 사는 세상을 풍요롭게 만듦으로써 부를 창출할 수 있다. 공감능력은 우리 안에 잠재되어 있는 더 큰 힘을 일깨워 일상생활에 변화를 불러온다. 그러나 이것은 우리가 자신의 고정관념을 깨고 나가 다른 사람들의 시각으로 세상을 볼 때에만 가능하다.

지은이

데브 팻나이크 Dev Patnaik

기업의 성장전략을 컨설팅하는 점프 어소시에이츠(Jump Associates)를 설립했다. 그는 휴렛-패커드, 타깃, 나이키, 제너럴일렉트릭 등에서 컨설팅을 진행해왔으며 세계 유수의 기업에서 초빙하고 싶은 1순위 강연자이자 컨설턴트이다. 이노베이션과 비즈니스 전략과 관련하여 비즈니스위크와 포브스 등에 칼럼을 기고했다. 그는 현재 스탠퍼드 대학에서 조사방법론에 근거하여 디자인과 비즈니스를 접목하여 가르치고 있다. 그의 저서는 2010년 비즈니스철학 분야 올해의 책(美 액시엄 비즈니스북어워드)에 선정되기도 했다.

옮긴이

주철범

한양대학교 경영학과를 졸업하고 1991년 한화케미칼에 입사하여 유럽 지역전문가 과정을 수료하고 국제사업추진팀과 해외영업팀을 거쳐 세계1위 태양광업체인 한화큐셀 상해사무소로 자리를 옮겨 글로벌 마케팅을 담당했으며 현재는 한화토탈에서 커뮤니케이션 담당 상무로 재직중이다.